VERKEHRSGESCHICHTE

Autorenkollektiv
unter Leitung von Hans Röper

Die Harzquer- und Brockenbahn

nebst einem Anhang zur
Südharzeisenbahn

2., durchgesehene Auflage

trans
press

Das Titelbild zeigt einen Personenzug kurz vor dem
Haltepunkt Tiefenbachmühle.
Foto: B. Sprang, Juli 1983

Die Wappenzeichnung auf dem Rücktitel ist dem
Lexikon „Städte und Wappen der DDR" entnom-
men; der Abdruck erfolgt mit freundlicher Genehmigung des VEB Verlag Enzyklopädie, Leipzig.

Die Mitglieder des Autorenkollektivs:
Helmut Becker, Werner Dill, Hans Röper, Gerhard
Zieglgänsberger

Die Harzquer- und Brockenbahn: nebst e. Anh. zur
Südharzeisenbahn/Autorenkoll. unter Ltg, von
Hans Röper. – 2., durchges. Aufl.
Berlin: Transpress, 1990 – 208 S.: 275 Bilder, 33 Tab.
(Transpress-Verkehrsgeschichte)
NE: Röper, Hans [Mitarb.]

ISBN 3-344-00501-4

2., durchgesehene Auflage 1990
© 1986 by transpress
Französische Straße 13/14, Berlin, 1086
VLN 162
LSV 3819
Einband: Günter Nitzsche
Typografie: Ingrid Romanowski
Printed in the German Democratic Republic
Gesamtherstellung: Sachsendruck Plauen
567 575 7

Vorwort

Der Harz mit seinen Sehenswürdigkeiten und Natur-
schönheiten ist ein beliebtes Urlaubsgebiet. Kommt
der Besucher auf Straße oder Schiene in die Stadt
Wernigerode im Norden des Harzes, grüßt ihn
schon von weitem das hoch über der Stadt gelegene
Feudalmuseum Schloß Wernigerode. Und weit hinten im Land sieht man den höchsten Berg des Harzes, den Brocken.

Vom Südrand des Harzes aus, von der über tausend-
jährigen ehemaligen Reichsstadt Nordhausen, fährt
der Besucher erst durch das Harzvorland, bevor er
beim Ort Eisfelder Talmühle die höheren Berge erreicht.

Früher besaß der Harz in dieser Gegend drei
Schmalspurbahnen, von denen heute noch zwei in
Betrieb sind. Die längste und interessanteste davon
ist die inzwischen unter Denkmalschutz gestellte
Harzquer- und Brockenbahn – früher „Nordhausen-
Wernigeroder-Eisenbahn" genannt. Sie überquert
das mächtige Harzmassiv zwischen den beiden genannten Städten. Im Bahnhof Drei Annen Hohne
zweigt die Strecke in Richtung Brocken ab. Weit ab-
seits der Landstraßen des Harzes, durch verschwie-
gene Wälder und zerklüftete Felsen, führen die
Gleise der Bahn und vermitteln dem Reisenden so
ein eindrucksvolles Naturerlebnis.

Tonangebend im wahrsten Wortsinne ist noch
immer die gute, alte Dampflokomotive. Wenn ein
Wanderer das Läutewerk oder die Dampfpfeife ver-
nimmt, stört ihn das kaum. Vielmehr gibt dies der
ansonsten recht stillen Landschaft einen ganz besonderen Reiz – vor allem, wenn es sich bei dem
Wanderer um einen Eisenbahnenthusiasten handelt. Ein solcher ist der Berliner Hobbyfotograf Burk-
hard Sprang, der eine Wanderung entlang den Gleisen unserer Bahn unternahm. Die Geschichte seiner
Reise, die – von den Autoren mit einigen Ergänzungen versehen – mehr als eine simple Streckenbeschreibung ist, kann der Leser auf den folgenden
Seiten miterleben.

In Sorge wird der Wanderer an die Stelle kommen,
an der einst die Südharzeisenbahn die Gleise der
Harzquerbahn kreuzte. Auch diese Bahn nahm für
sich in Anspruch, die „Schönste" zu sein. Die Südharzeisenbahn, die größtenteils über das Gebiet der
heutigen Bundesrepublik Deutschland führte, ist inzwischen abgebaut. Sie nicht der Vergessenheit an-
heimfallen zu lassen, soll der Sinn des Anhangs
sein, der ihre Historie noch einmal aufrollt.

Der Leser wird bemerken, daß die Entwicklung auf
allen drei Harzbahnen – also auch auf der Selketalbahn – ähnlich verlief, daß manches nicht voneinander zu trennen ist. Dies erklärt Angaben, die sich
nicht auf den eigentlichen Gegenstand dieses Buches beziehen, ohne die aber die Geschichte der
Harzquer- und Brockenbahn sowie der Südharzeisenbahn nicht verständlich genug wäre.

Einen besonderen Dank allen denen, die beim Zu-
standekommen dieses Buches behilflich waren, und
denen, die wertvolle Hinweise gaben.

Die Autoren

Dampflokromantik mitten in der Stadt: Die 99 0240 auf der Westerntorkreuzung in Wernigerode.

Foto: Seeger

Inhalt

Beim Verlassen des Haltepunkts Sorge, Juni 1984.

Foto: Sprang

1. Eine Harzwanderung entlang den Gleisen der Harzquer- und Brockenbahn

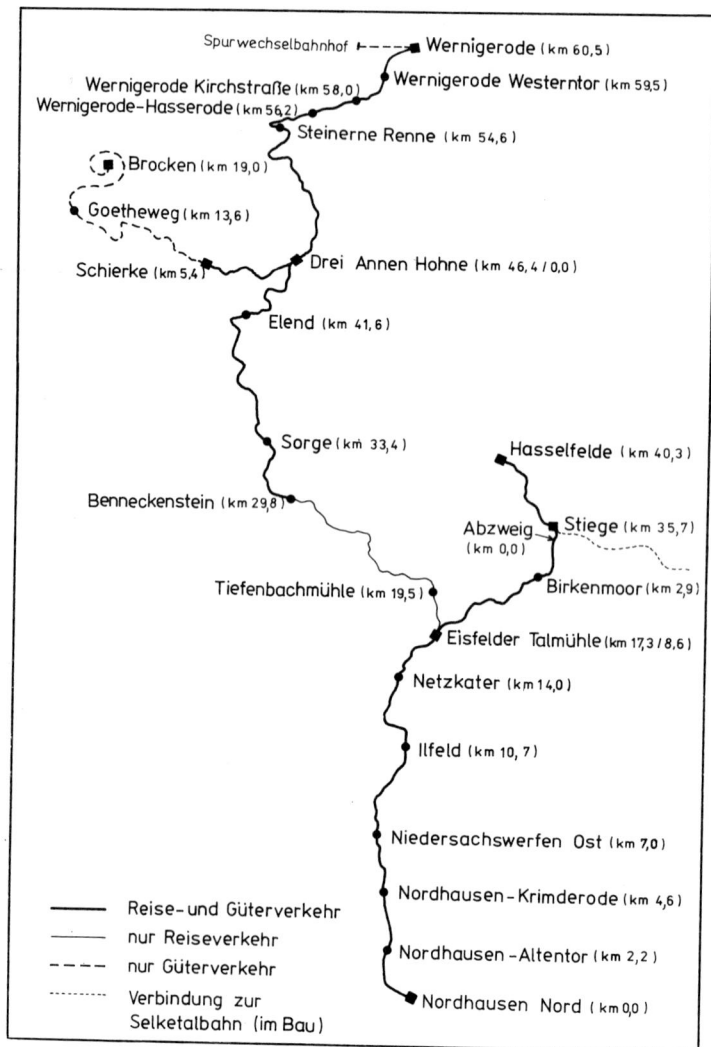

Spurwechselbahnhof ⊢--→■ Wernigerode (km 60,5)

● Wernigerode Westerntor (km 59,5)

Wernigerode Kirchstraße (km 58,0)

Wernigerode-Hasserode (km 56,2)

Steinerne Renne (km 54,6)

(■) Brocken (km 19,0)

Goetheweg (km 13,6)

● Drei Annen Hohne (km 46,4 / 0,0)

Schierke (km 5,4)

Elend (km 41,6)

Sorge (km 33,4)

Hasselfelde (km 40,3)

Benneckenstein (km 29,8)

Abzweig (km 0,0)   Stiege (km 35,7)

Tiefenbachmühle (km 19,5)

Birkenmoor (km 2,9)

Eisfelder Talmühle (km 17,3 / 8,6)

Netzkater (km 14,0)

Ilfeld (km 10,7)

Niedersachswerfen Ost (km 7,0)

Nordhausen-Krimderode (km 4,6)

Nordhausen-Altentor (km 2,2)

Nordhausen Nord (km 0,0)

Reise- und Güterverkehr

nur Reiseverkehr

nur Güterverkehr

Verbindung zur Selketalbahn (im Bau)

Bild 1.1.
Streckenverlauf der Harzquer- und Brockenbahn, Stand 1985.
Zeichnung: Sprang

Irgendwann kam es mir in den Sinn, die Harzquer- und Brockenbahn nicht nur als Reisender zu erleben, sondern die gesamte Strecke mit ihren so unterschiedlichen Reizen zu Fuß kennenzulernen. Natürlich versprach ein mehrtägiger Fußmarsch auch eine Reihe interessanter Fotos von dieser faszinierenden, schmalspurigen Gebirgsbahn mit 1000 mm Spurweite. Und irgendwie haftete der Idee ein gewisser Hauch von Abenteuer an: Wie wird wohl das Wetter sein? – Wo werde ich übernachten können? – Ob es möglicherweise Schwierigkeiten geben wird?

Mein Plan sah vor, in Nordhausen zu starten, weil die Streckenkilometrierung von Nordhausen (km 0,0) nach Wernigerode (km 60,5) verläuft. Günstig erschienen mir bei dieser Wanderrichtung auch die meist im Rücken stehende Sonne – falls sie scheint – und die Vorfreude auf die erst später an der Strecke zu erwartenden landschaftlichen und eisenbahntechnischen Höhepunkte.

Mittwoch, 6. Juni
BAHNHOF NORDHAUSEN NORD (km 0,0)

Nach starkem, nächtlichem Gewitter erscheine ich am frühen Morgen auf dem Schmalspurbahnhof Nordhausen Nord. Und der Himmel bleibt den ganzen Tag über trübe. Kein optimistischer Start! Das erste, was mir sofort angenehm ins Auge fällt: der noch recht frische Fassadenanstrich am Empfangsgebäude des Personenbahnhofs. 1913 eingeweiht, war es bis 1916 gleichzeitig Sitz der Verwaltung der

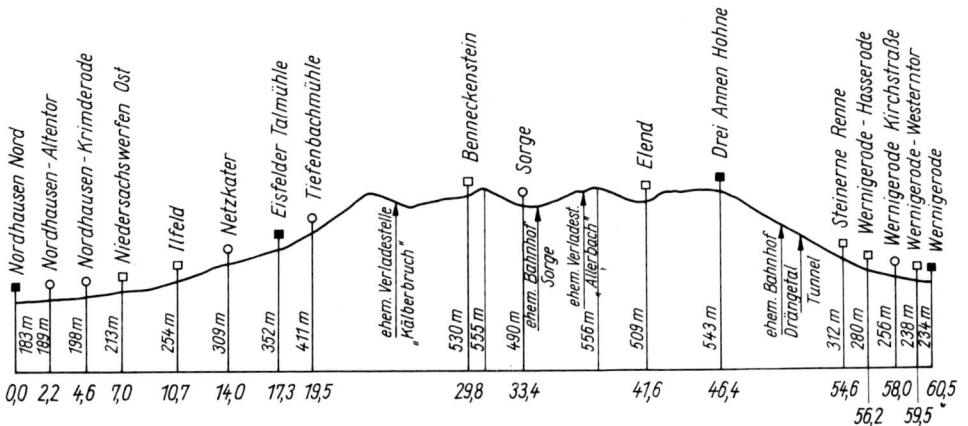

Bild 1.2.
Längen- und Höhenprofil der Harzquer- und Brockenbahn: Die Strecken Nordhausen Nord –Wernigerode, Eisfelder Talmühle–Hasselfelde und Drei Annen Hohne–Brocken, Stand 1985.
Zeichnung: Sprang

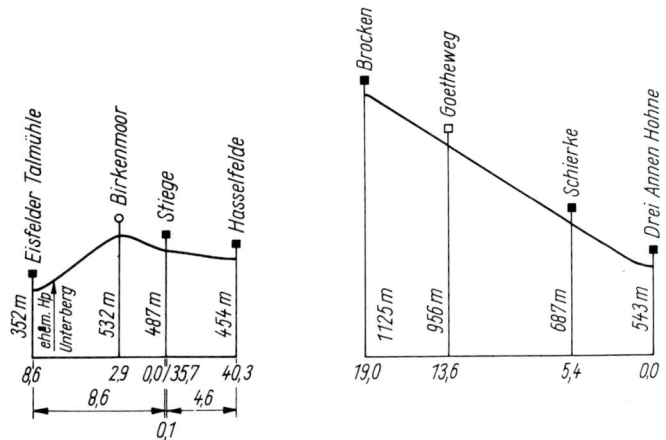

Bild 1.3.
Das renovierte Emp-
fangsgebäude des
Bahnhofs Nordhausen
Nord, 1983.
Foto: Sprang

NWE. Heute beherbergt es neben den Diensträumen eine Gaststätte und Wohnungen.

Ich sehe mich nun auf den Gleisanlagen um. Auf der linken Seite hinter dem hochgebauten Stellwerk und dem Verwaltungsgebäude bemerke ich die Restaurationsanlagen für die Dampflokomotiven der Harzquerbahn. Dort befindet sich ein zweiständiger Lokschuppen – 1900 gebaut, 1940/41 erneuert und seitdem ständig genutzt –, davor sind Drehscheibe und Wasserkran angeordnet. Einige Werkstattgebäude und die ehemalige Garage für zwei Busse – heute als Kulturraum des Bahnhofs genutzt – runden das Bild ab. Der alte, noch vorhandene Kohlekran konnte einige Zeit pausieren, nachdem Ende der 70er Jahre die Babelsberger Neubaulokomotiven auf Ölhauptfeuerung umgestellt worden waren. Inzwischen werden die Lokomotiven wieder mit Kohle betrieben.

Einige Schritte weiter, am Kilometer 0,5 und schon im Bereich des Güter- und Umladebahnhofs, befindet sich die Rollbockgrube, an der ich das Aufbocken mehrerer normalspuriger Kesselwagen beobachten kann. Hier also kommen die Fahrzeuge vom höher gelegenen Normalspurgleis auf die kleinen, zweiachsigen Schmalspurfahrgestelle, Rollböcke genannt. Zwei hochklappbare Gabeln umfassen die Achse des aufgebockten Fahrzeugs und sichern so seine unverrückbare Lage. An Anfang und Ende eines Rollbockverbands werden Handbremswagen eingereiht, die für den Pufferausgleich zwischen Schmalspurlokomotive und Normalspurfahrzeug sorgen.

Rollbockverkehr, der früher ohnehin nur zwischen Nordhausen und Eisfelder Talmühle sowie Wernigerode und Steinerne Renne möglich war, gibt es heute nur noch an den beiden kaum geneigten Endpunkten der Strecke zur Bedienung schmalspuriger Anschlußbahnen.

Nachdem ich, dem Ausfahrgleis folgend, die stark frequentierte Fernverkehrsstraße F 80 überquert habe, erreiche ich am Kilometer 1,0 die für Rollwagen bestimmte Spurwechselanlage – eine niedrige Kopframpe, an deren äußersten oberen Kanten das Normalspurgleis endet und die Fahrbühne des Rollwagens beginnt. Der Rollwagenverkehr ist seit 1963 (Nordharz) bzw. 1964 (Südharz) auf der gesamten Strecke möglich.

Das trübe, regnerische Wetter ist wirklich nicht nach meinem Geschmack. So ziehe ich mich erst einmal in meine Unterkunft zurück. Doch auch die Wettervorhersage läßt – wie so oft – alles offen . . . .

Bild 1.4. Zugverkehr im Bahnhof Nordhausen Nord: Der P 14416, gezogen von der 99 0242, verläßt den Bahnsteig, 1981.
Foto: Sprang

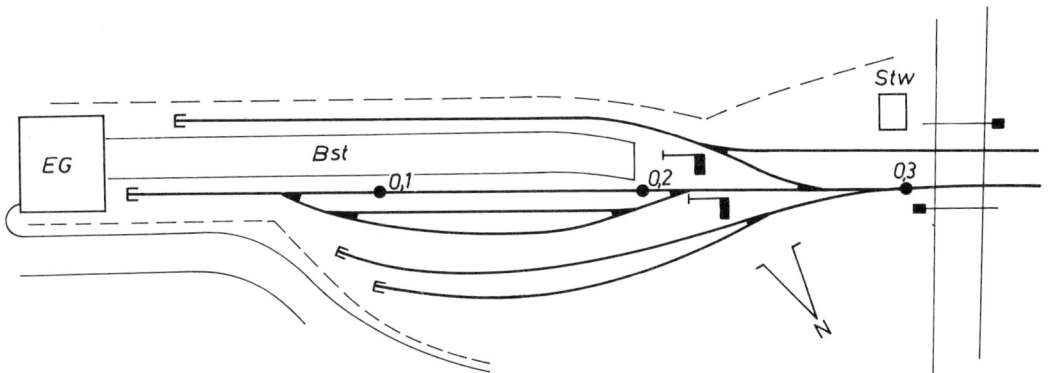

Bild 1.5. Gleisplan des Personenbahnhofs Nordhausen Nord, Stand 1946.

Zeichnung: Röper

Bild 1.6. Der Personenzug 14 406 beim Verlassen des Güterbahnhofs Nordhausen, 1982.

Foto: Becher

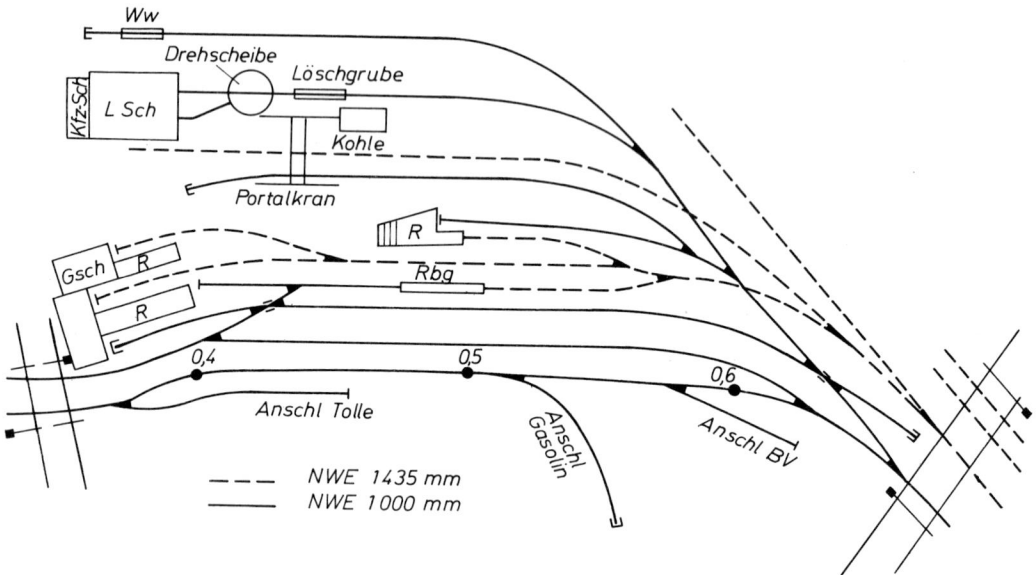

Bild 1.7. Gleisplan des Güterbahnhofs Nordhausen, Stand 1946.

Zeichnung: Röper

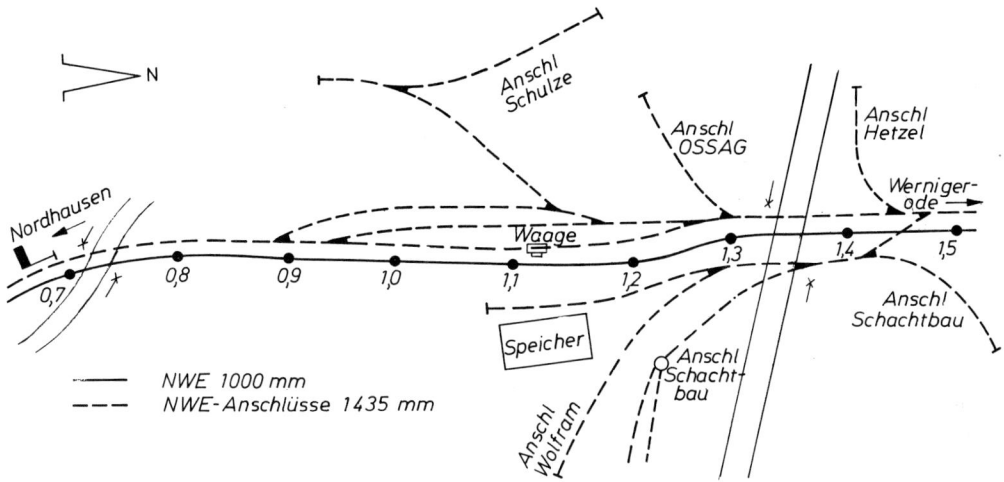

Bild 1.8.   Gleisplan der Umladung (Übergabebahnhof) am Kilometer 1,0, Stand 1946.   *Zeichnung: Röper*

Donnerstag, 7. Juni
NORDHAUSEN NORD (km 0,0)–NIEDERSACHS-
WERFEN OST (km 7,0)

Am Vormittag höre ich mich noch ein bißchen in Nordhausen um. Ich erfahre, daß 1980 die Ausrüstung mit Zugfunk abgeschlossen wurde: Bahnhöfe, Lokomotiven und Kleinwagen der Harzquerbahn erhielten stationäre Funkanlagen. Zugführer und Rangierpersonal benutzen seitdem tragbare Sprechfunkgeräte. Entsprechend den Zugleitbereichen gibt es zwei Funkkanäle – Kanal 1 (Zugleiter im Bf Wernigerode Westerntor) für die Streckenabschnitte Wernigerode–Benneckenstein und Drei Annen Hohne–Schierke (mit einer Relaisstation bei Drei Annen Hohne) und Kanal 2 (Zugleiter in Nordhausen) für die Abschnitte Benneckenstein–Nordhausen Nord und Eisfelder Talmühle–Hasselfelde (mit einer Relaisstation auf dem Poppenberg bei Ilfeld). Im Zusammenhang mit dem Neubau der Verbindungsstrecke zwischen Harzquerbahn und Selketalbahn (Stiege–Straßberg) wurde 1984 der Funkversorgungsbereich Alexisbad (Selketalbahn) eingerichtet. Dieser dritte Funkkanal (mit einer Relaisstation auf der Viktorshöhe bei Friedrichsbrunn) dient den Abschnitten Stiege–Gernrode und Alexisbad–Harzgerode.

Nachdem ich gegen Mittag die nächste Übernachtung zugesagt bekomme, beginnt meine eigentliche Wanderung. Bis zum heutigen Ziel Niedersachswer-

fen Ost führt die Strecke nur durch ebenes Gelände. Auf den ersten beiden Kilometern dominieren Industriebetriebe, Schrottplätze und dicke Fernleitungsrohre. Keine reizvollen Fotomotive!

Doch das Empfangsgebäude des hauptsächlich dem Berufsverkehr dienenden Haltepunkts Nordhausen-Altentor (km 2,2) ist ein sehenswerter Blickfang. Genaugenommen befinde ich mich aber immer noch im großen Bahnhof Nordhausen Nord, denn das Einfahrsignal steht erst am Kilometer 2,5. Damit der Rangierbetrieb rationeller ablaufen kann, sichert am Kilometer 0,8 ein Zwischensignal den betrieblichen Endbereich des Bahnhofs Nordhausen Nord.

Ein- und Ausfahrt für den gesamten Bahnhof Nordhausen werden über Formhauptsignale angezeigt. Auf dem Befehlsstellwerk befindet sich das dazugehörige Hebelwerk mit Signal-, Weichen- und Fahrstraßenhebeln. Die Fahrstraßen werden mittels fernbedienter Weichen hergestellt und mit Fahrstraßenhebeln gesichert. Alle anderen Gleissperren und Weichen sind ortsbedient und teilweise schlüsselabhängig. Bei den anderen Betriebsstellen der Harzquerbahn ist es im Prinzip genauso.

Auf dem ehemals der NWE gehörenden Gelände hinter dem Haltepunkt Nordhausen-Altentor, auf dem bis 1933 die dann nach Osten hin verlegte Strecke verlief, entstand Anfang der 70er Jahre ein umfangreicher Komplex von Neubauwohnungen. Und keine 100 m davon entfernt schnaufen nun

Bild 1.9.
Das Empfangsgebäude
des Haltepunkts
Nordhausen-Altentor
im Jahre 1980.
Foto: Rejke

Bild 1.10.　Einfahrt des P 14415 in den Haltepunkt Nordhausen-Altentor, 1981.　　　　*Foto: Sprang*

– bis zur Betriebspause nach 20.00 Uhr – die Züge der Harzquerbahn vorbei.

Das Bahnhofsgebäude – von dem aus u. a. eine Schrankenanlage bedient wird – war im Mai 1934 nach der Streckenverlegung fertiggestellt worden. Damals existierte noch ein Anschlußgleis in die nahe Nortak-Tabakfabrik.

Der nur zeitweise besetzte Haltepunkt Nordhausen-Krimderode (km 4,6) macht einen ziemlich verträumten Eindruck. Erst ein paar Minuten, bevor ein Zug hinter den Kastanienbäumen auftaucht, wird der Bahnsteig von einigen Reisenden belebt, die aber gleich darauf in die rot-elfenbein-farbenen Wagen entschwunden sind.

Ein Kreuzungsgleis erhielt der frühere Haltepunkt im

Jahre 1944, und zwar im Zusammenhang mit der Einrichtung des Konzentrationslagers „Dora". Bald nach Kriegsende wurde auch das Kreuzungsgleis abgebaut. Anschließend bekam Nordhausen-Krimderode sein massives Wartehäuschen. Seit 1946 zählt die Betriebsstelle wieder als Haltepunkt.

Wenige hundert Meter weiter überquert die Bahn die Zorge. Hier mußte während des Streckenbaus die erste größere Brücke errichtet werden, der dann eine Vielzahl weiterer Durchlässe und Brücken folgte.

Nachdem das Gleis die Fernverkehrsstraße F4 gekreuzt hat, verlaufen beide Verkehrswege parallel dicht nebeneinander. Zur Linken – in reichlich 100 m Abstand – ist die normalspurige Hauptbahn Nord-

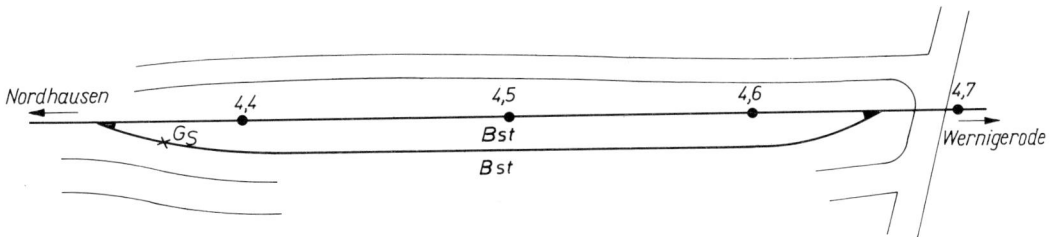

Bild 1.11. Gleisplan Nordhausen-Krimderode, Stand 1945.

Zeichnung: Röper

Bild 1.12.
Die Wartehalle von Nordhausen-Krimderode, fotografiert 1980.
Foto: Rejke

Bild 1.13.
Wartehalle Nieder-
sachswerfen Ost – der
Ofen steht vor der Tür!
Foto: Rejke

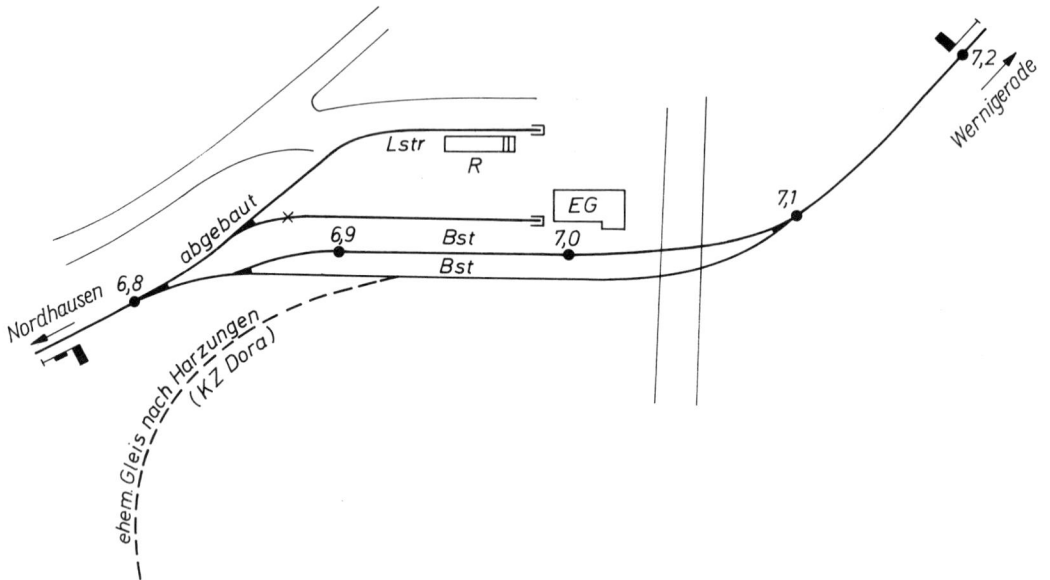

Bild 1.14. Gleisplan des Bahnhofs Niedersachswerfen Ost, Stand 1950.

Zeichnung: Röper

hausen–Ellrich zu erkennen, die kurz vor dem Ortseingang Niedersachswerfen den staubigen Anlagen umfangreicher Gips- und Alabasterbrüche weichen muß und sich in einem Linksbogen von der Schmalspurstrecke entfernt.

Ich habe den Bahnhof Niedersachswerfen Ost erreicht und stelle fest, daß hier die sonst bei der Harzquerbahn üblichen Einfahrsignale fehlen. Dafür erhielt der Bahnhof Ende 1979 zwei Rückfallweichen, die den Betriebsablauf erheblich beschleunigen helfen. Fährt bei der Ausfahrt der Zug planmäßig die Weiche aus der Grundstellung auf, so tritt ein hydraulisch verzögerter Rückstellmechanismus in Gang, der verhindert, daß jede Radachse die Weiche erneut auffahren muß. Im Zusammenhang mit dem Einsatz der Rückfallweichen wurden zwei neue Signale eingeführt (Ankündigungsbake So 17 und Überwachungssignal einer Rückfallweiche So 18), wobei das Signal So 18 den Lokführer darüber informiert, ob die Weichenzunge anliegt und die Weiche somit gegen die Spitze befahren werden darf.

Der Kreuzungsbahnhof Niedersachswerfen Ost war früher viel größer. Er besaß außer dem Kreuzungsgleis noch zwei Ladegleise, eine Holzverladerampe und einen kleinen Güterschuppen. Ein 1944 zum Kriegsgefangenenlager in Harzungen führendes 2,5 km langes Gleis zweigte hier ab. Bald nach Ende des zweiten Weltkriegs wurde es abgebaut.

Freitag, 8. Juni
NIEDERSACHSWERFEN OST (km 7,0)–EISFELDER TALMÜHLE (km 17,3)

Der Himmel ist noch immer bedeckt, es nieselt. Mein Koffer fährt heute solo mit dem „Quirl" – so nennt der Südharzer Volksmund die Harzquerbahn – zur nächsten Unterkunft vor. Im Nordhäuser Dialekt wird aus dem „Quirl" gar ein „Quärrel"!

Noch etwas verschlafen solcherart Gedanken wälzend, durchwandere ich das fast ebene Gelände, bis der Ilfelder Bahnhof (km 10,7) in Sicht ist. Wie die meisten anderen Bahnhöfe auch, hat er in seinem Empfangsgebäude eine Gaststätte aufzuweisen. Aber das ist nicht alles. Der Bahnhof Ilfeld besitzt immerhin drei Hauptgleise, zwei Ladegleise und einen Güterschuppen. Der 1943/44 erbaute zweiständige Lokomotivschuppen wird allerdings nicht mehr als solcher genutzt: Heute ist darin nur noch eine sächsische Museumslokomotive untergestellt, die Meterspur-Fairlie-Lok 99 162.

Vom heißen Kaffee erwärmt, geht es weiter. Zur Rechten begleitet mich nun das friedliche, fast monotone Murmeln der Behre. Noch in Ilfeld kreuzt das Gleis wieder die F4, gesichert durch eine Halbschrankenanlage. Nachdem ich beim Kilometer 11,7 den Abzweig zu einer Papierfabrik passiert habe, wird es ernst. Die Steigungen beginnen!

Bild 1.15.
Das Empfangsgebäude in Ilfeld.
Foto: Seeger

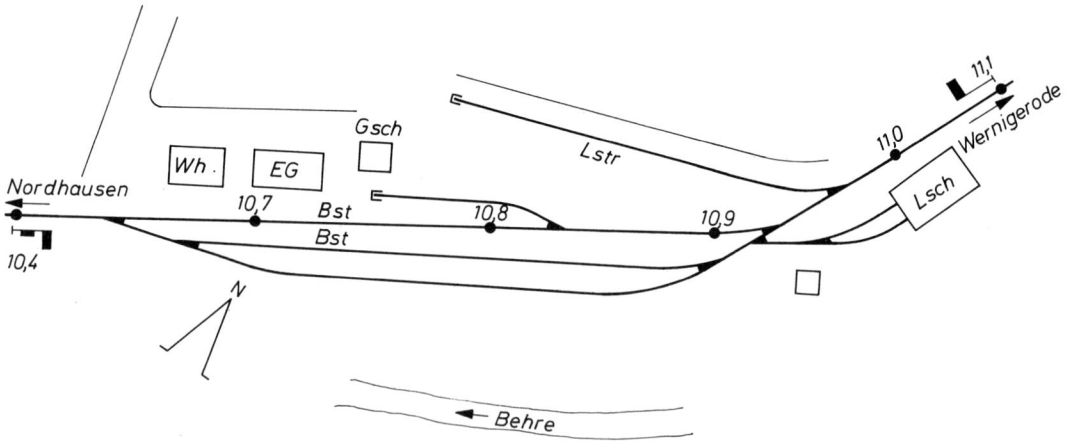

Bild 1.16.   Gleisplan des Bahnhofs Ilfeld, Stand 1946.

Zeichnung: Röper

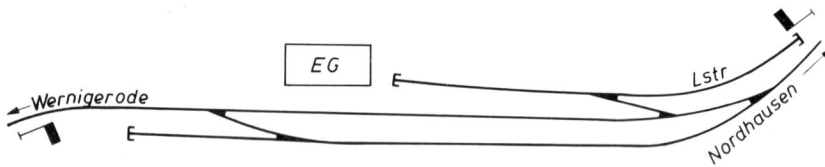

Bild 1.17.   Gleisplan des Bahnhofs Netzkater, Stand 1946.

Zeichnung: Röper

Auf halber Strecke zwischen Ilfeld und Netzkater, am Kilometer 12,6, befand sich bis 1922 der Haltepunkt Talbrauerei, so genannt nach der nahe gelegenen Brauerei mit hauseigener Gaststätte. 1948/49 mußte der Haltepunkt noch einmal in Betrieb genommen werden. Der Grund dafür war der Umsteigeverkehr, der durch Bauarbeiten an der 500 m weiter gelegenen Brücke erforderlich wurde. Heute sieht man von diesem Haltepunkt nichts mehr.

Etwa beim Kilometer 13 wechselt die Behre plötzlich nach links. Das machte noch vor der Jahrhundertwende den Bau eines steinernen „Viadukts" mit drei Bögen erforderlich. Doch die Behre ist nicht immer so friedlich wie heute. Ein durch ungewöhnlich starke Schneeschmelze hervorgerufenes Hochwasser brachte im Januar 1948 die Brücke zum Einsturz. Erst nach knapp zwei Jahren war die mit 42 m längste Brücke der Harzquerbahn wieder befahrbar.

Unmittelbar hinter der Brücke überquere ich erneut die F4 und passiere dann am Kilometer 13,5 die Stelle, an der ein Anschlußgleis zur Steinkohlengrube „Wentzelzeche Teutschenthal" abging. 1924, nach der Zechenschließung, wurde es allerdings wieder abgebaut. Etwa 500 m weiter erreiche ich den Haltepunkt Netzkater (km 14,0). Auch hier eine Bahnhofsgaststätte, die ein ausgezeichnetes Mittagessen anbietet. Danach läßt sich gar für etwa zwei Stunden die Sonne blicken!

Der Hp Netzkater war einst ein durch Einfahrsignale gesicherter Bahnhof mit Kreuzungs- und Ladegleis, der vor allem der Holzverladung diente. In den 60er Jahren wurden alle Gleise – bis auf das durchge-

Bild 1.18.   Rollwagenverband auf der Brücke bei Ilfeld, 1983.
Foto: Zieglgänsberger

Bild 1.19.
Empfangsgebäude des
Haltepunkts Netzkater.
Foto: Seeger

Bild 1.20.
Empfangsgebäude des
Bahnhofs Eisfelder
Talmühle.
Foto: Seeger

hende Streckengleis – abgebaut. Und Netzkater wurde zum Haltepunkt. Allerdings wird jetzt erwogen, nach Aufnahme des Güterverkehrs bis Harzgerode hier wieder einen Kreuzungsbahnhof einzurichten, der dann sicher Rückfallweichen erhalten würde.

Weiter durch das Behretal wandernd, lasse ich auch den Kilometer 15 hinter mir zurück, wo einst ein An-

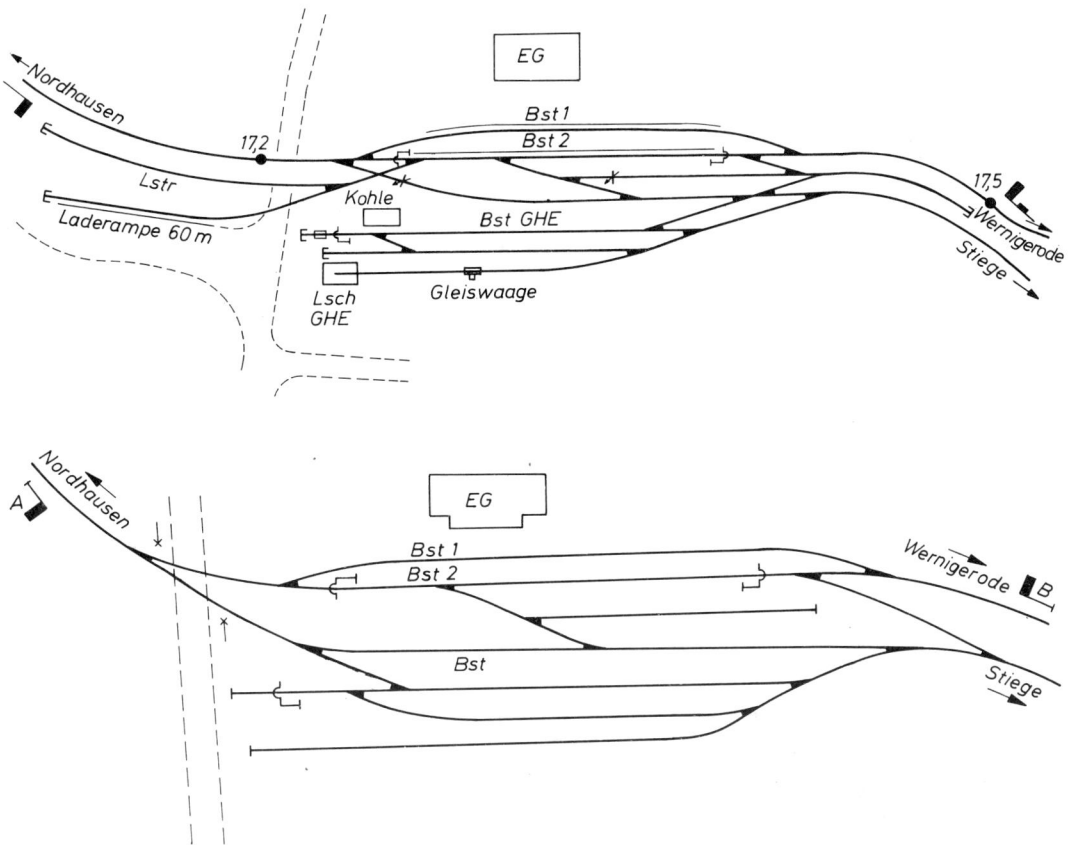

Bild 1.21. Gleisplan des Bahnhofs Eisfelder Talmühle, Stand 1945 (oben) und 1984. *Zeichnung: Röper*

schlußgleis zu den Grauwackebrüchen der Fürstlichen Stolberg-Wernigeroder Kammer führte und
auf einer Stahlträgerbrücke die Behre kreuzte. Nach
dem zweiten Weltkrieg wurde der Steinbruch stillgelegt und das Gleis abgebaut.

Gegen 18.00 Uhr treffe ich schließlich auf dem relativ
großen Bahnhof Eisfelder Talmühle ein, der früher
gemeinsam von der NWE und der GHE betrieben
wurde. Beide Bahnunternehmen verfügten über eigene Bahnsteig-, Kreuzungs- und Übergabegleise.
Die GHE hatte hier einen Lokomotivschuppen, der
erst nach seiner teilweisen Zerstörung durch einen
Unfall im Jahre 1965 abgerissen wurde. Weiterhin
befinden sich im Bahnhof drei Wasserkräne und
mehrere Ladegleise.

Mir fällt auf, daß neben dem Nordhausen-Wernigeroder Gleis für beide Richtungen mechanische Einfahrsignale stehen, während an der Zweigstrecke
von Hasselfelde kein solches Hauptsignal, sondern
nur eine Trapeztafel zu entdecken ist. Der Grund für
die einfachere Sicherung des Abzweigs liegt darin,
daß dieser ehemals zur GHE gehörte, die sich in der
Sicherungstechnik nur auf das Notwendigste be-
schränkte.

Sonnabend, 9. Juni
HASSELFELDE (km 40,3)−STIEGE (km 35,7/−0,1)
−EISFELDER TALMÜHLE (km 8,6)

Das Wetter ist besser geworden, und so kann ich erstmals Sommersachen anziehen. Doch die Sandalen
erweisen sich als unpraktisch. Schon nach wenigen

21

Kilometern beginnen die Fußsohlen zu schmerzen, da die Schienen fast ausschließlich auf Stahlschwellen liegen. Die älteren Schwellen haben zudem an den beiden oberen Längsrändern eine schmale erhöhte Kante. Ich entdecke zwischen Kilometer 37 und 36 sehr alte Schwellen mit der Aufschrift „UNION D 1885". Das scheint sonderbar, denn der Bau der NWE war zu jener Zeit noch gar nicht genehmigt.

Aber der Abschnitt von Hasselfelde bis Stiege gehörte ja bis 1945 zur GHE, die bereits 1887 ihren ersten Schnaufer von sich gab und in früheren Jahren ihre Strecke mit altbrauchbarem Material der KPEV verstärkte bzw. erneuerte. So verläuft die Kilometrierung von Hasselfelde (km 40,3) bis Stiege (km 35,7) rückläufig, da der Streckennullpunkt in Gernrode zu suchen ist.

Das Gelände hinter Hasselfelde ist nur wenig geneigt. In großen Bögen schlängelt sich das Gleis – meist über Wiesen führend – nach Stiege hin. Links vor dem Bahnhof Stiege befindet sich seit dem Frühjahr 1984 eine Wendeschleife – eine eisenbahntechnische Besonderheit! Der rund 400 m lange Gleisbogen ist mit einem Halbmesser von größtenteils nur 60 m verlegt.

Zwischen den Bahnhöfen Stiege und Straßberg an der Selketalbahn bestand jahrzehntelang eine annähernd 14 km lange Lücke. Der ehemalige GHE-Abschnitt ist ja inzwischen wieder aufgebaut worden, und seit dem 3. Juni 1984 rollt auch der planmäßige Reiseverkehr. Wenn nun ein Zug von Gernrode über Straßberg und Stiege nach Eisfelder Talmühle will, muß dieser in Stiege keine Spitzkehre fahren (d. h. die Lok muß nicht abkuppeln und zum anderen Zugende umsetzen). Der Zug befährt jetzt, entgegen dem Uhrzeigersinn, die Wendeschleife und kommt ohne aufwendige Rangierarbeiten ans Ziel. Außerdem erleichtern in Stiege mehr als ein halbes Dutzend Rückfallweichen die verschiedenen Betriebsabläufe. Kurz hinter dem Bahnhof zweigt nach links das neue Verbindungsgleis nach Straßberg ab. Von der Entstehungsgeschichte her war dieses GHE-Gleis jedoch zuerst da (schon 1891). Das Verbindungsgleis zur NWE nach Eisfelder Talmühle (1905

Bild 1.22.   Der P 14 465, gezogen von der 99 6001, fährt in den Bahnhof Hasselfelde ein, 1984.   *Foto: Sprang*

Bild 1.23.
Das Empfangsgebäude
Stiege im Herbst 1984.
Foto: Kittler

Bild 1.24.   Ein Rollwagenzug bei Stiege, 1982.

Foto: Krause

aufgebaut) zweigte rund 100 m vom Empfangsgebäude Stiege entfernt (km 0,0) nach rechts ab.
Der höchste Punkt des heutigen Abschnitts, 532 m ü. NN gelegen, befindet sich am Haltepunkt Birkenmoor (km 2,9). Bis hierher waren nur geringfügige Steigungen zu überwinden gewesen. Nun aber geht es in engen Bögen steil bergab. Die Sonne steht mal links, mal rechts von mir. Wenn nicht die Schienen

sicher den Weg weisen würden, könnte man sich in der jetzt wieder waldreichen Gegend glatt verlaufen. Hinter einer reizvollen S-Kurve zwängt sich das Gleis durch einen kurzen Felseinschnitt. Irgendwo im dichten Wald gurgelt die Behre, die Baumwipfel rauschen sanft, und hin und wieder sind ein Buchfink oder eine Bachstelze zu hören. Welch ungewohnte Stille!

Am späten Nachmittag ist mein Tagesziel, Eisfelder Talmühle, erreicht (nur noch 352 m über NN). 13,3 km Fußmarsch liegen hinter mir, und ich bin rechtschaffen müde. Morgen geht es weiter auf der „Stammstrecke"!

Sonntag, 10. Juni
EISFELDER TALMÜHLE (km 17,3)–BENNECKENSTEIN (km 29,8)

Der Bahnhof Eisfelder Talmühle liegt mitten in einem idyllischen Talkessel. Ringsum ragen die Höhenzüge des Harzer Berglandes steil empor, und nur die Bach- und Flußläufe haben in Tausenden von Jahren schmale Schluchten in die Bergmassive genagt. So kann auch die Eisenbahntrasse zunächst nur diese Einschnitte nutzen, um aus dem Tal hinauszuklettern. Vorerst verlaufen beide Streckengleise parallel nebeneinander, rechts das Gleis nach Hasselfelde, links „mein" Wandergleis nach Benneckenstein. Etwa 300 m weiter trennen sie sich. „Mein" Gleis kreuzt die F81 und führt nun am linken Rand des Bergeinschnitts aufwärts. Das entgegenkommende Wasser des Tiefenbachs plätschert nahe dem Gleiskörper, und weiter rechts brummen auf der asphaltierten kurvenreichen F81 die Autos entlang.

Beim Kilometer 19,5 befindet sich der Haltepunkt Tiefenbachmühle. Die Züge unterbrechen ihre Fahrt hier nur bei Bedarf. Bis in die 60er Jahre hinein existierte ein Ladegleis, das mittels zweier Weichen an das Durchgangsgleis angeschlossen war. Es diente vorwiegend zur Holzverladung. Der heutige Haltepunkt ist lediglich mit Bahnsteig und Wartehalle ausgestattet. Jetzt, am frühen Nachmittag liegt er bereits im tiefen Schatten mächtiger Bergrücken.

Wenig später stehe ich vor einem markanten Punkt der Harzquerbahn: Eine Linkskurve beschreibend, durchschneidet die Strecke eine hinderliche Bergnase. Die damit entstandene enge Gleisgasse, beidseits von bizarren Felswänden eingerahmt, bietet einen beeindruckenden Anblick.

Bald darauf weitet sich das Tal etwas. Einige abgeholzte Berghänge lassen das heute reichlich vorhandene Sonnenlicht ungehindert in die faszinierende Eisenbahnlandschaft fluten. Doch es dauert nicht lange, und das Gleis muß sich wieder einige Kilometer durch dichten Fichtenwald bergauf kämpfen. Welche grandiosen Bäume! Jeder großstädtische Weihnachtsmarkt würde sie gern nehmen…

Etwa bis zum Kilometer 23,6 sind die größten Steigungen geschafft. Für mich Anlaß genug, mir eine Pause zu gönnen. Die Reste einer Betonrampe und das breitere Planum am Kilometer 25,1 verraten, daß sich hier eine Verladestelle befand. Es handelte sich um die Holzverladestelle „Kälberbruch", die über eine lange Rampe und ein Ladegleis verfügte. Weichen und Gleissperren waren ortsbedient. Die Weichenschlüssel befanden sich jeweils auf den benachbarten Bahnhöfen. Der Zugführer des Zuges, welcher die Ladestelle zu bedienen hatte, erhielt vom Fahrdienstleiter die Schlüssel ausgehändigt und mußte sie dann auf dem nächsten Bahnhof – mit dem Vermerk: Weichen in Grundstellung verschlossen – wieder abgeben. Diese Verfahrensweise galt auch für andere Betriebsstellen. In den 60er Jahren wurde die Verladestelle aufgelassen. Ladegleis und Weichen wurden abgebaut.

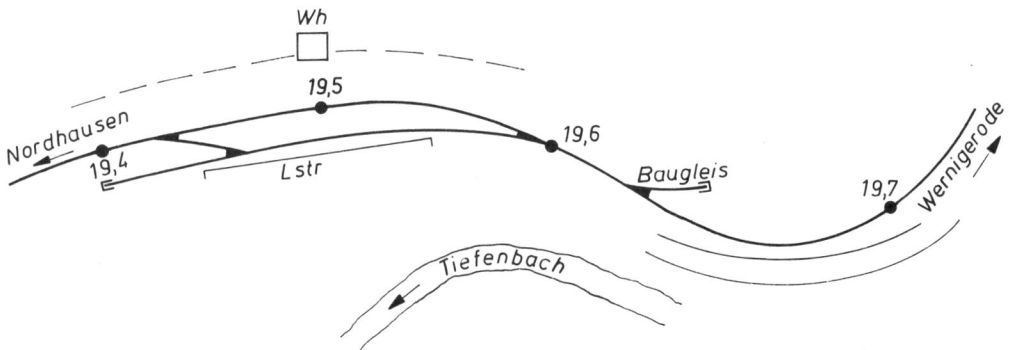

Bild 1.25.   Gleisplan des Haltepunkts Tiefenbachmühle, Stand 1946.

Zeichnung: Röper

Einen knappen Kilometer weiter gelange ich zu einer Stelle, die mir besonders gut gefällt. Auf einer kleinen Steinbrücke überquert erstmals ein Weg die Harzquerbahn. Wie sich später herausstellt, ist dies auch die einzige niveaufreie Kreuzung, bei der ein Weg über die Eisenbahn führt.

Dann bestimmen große Wiesen- und Weideflächen das Bild. Die sumpfige Benneckensteiner Hochebene ist erreicht. Nach einer langgestreckten S-Kurve bin ich schließlich auf dem am Ortsrand 530 m ü. NN gelegenen Bahnhof Benneckenstein. Noch weiß ich nicht, ob ich eine Übernachtung finden werde. Ein höchst bedrückendes Gefühl! Doch schneller als gedacht hilft man mir aus der Klemme, und ich kann mich beruhigt in das Café „Tannenwald" zurückziehen.

Montag, 11. Juni
BENNECKENSTEIN (km 29,8)–ELEND (km 41,6)

Das schöne Wetter hat sich während der letzten beiden Tage offenbar verausgabt. Ein böiger, kühler Wind fegt am frühen Morgen über die Benneckensteiner Hochebene und wirbelt die Wolken wild durcheinander.

Der Bahnhof Benneckenstein ist ein wichtiger Kreuzungspunkt mit mehreren Lade- und Anschlußgleisen. Hier endet übrigens der täglich verkehrende Güterzug aus Wernigerode. Weiter gibt es ein größeres Bahnhofsgebäude mit Gaststätte und einen Güterschuppen. Außerdem hat in Benneckenstein eine Gleisbaurotte der Bahnmeisterei Wernigerode ihren Standort.

Rechts neben dem Streckengleis befindet sich ein kleiner Lokschuppen, in dem ständig eine Lokomotive stationiert ist. Mir fallen sofort die „frischen" Ziegelsteine auf. Der alte Lokschuppen, so erfahre ich, fiel 1982 einem Brand zum Opfer. Das Gleis steigt nun stark an und passiert beim Kilometer 30,2 das Einfahrsignal aus Richtung Wernigerode. Für das Betreten des sich jetzt anschließenden grenznahen Bereiches zur Bundesrepublik Deutschland benötigt man einen Passierschein. Reisende, die dieses Gebiet mit der Harzquerbahn durchfahren und in

Bild 1.26.
Eine historische Aufnahme: Die am 24./25. September 1905 abgebrannte Tiefenbachmühle im Ilfelder Tal.
Foto: Sammlung Zieglgänsberger

Bild 1.27.
Gleisplan der Holzverladestelle Kälberbruch am Kilometer 25,1, Stand 1946.
Zeichnung: Röper

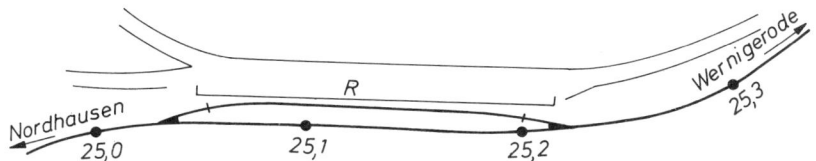

Bild 1.28. Zwischen Benneckenstein und Haltepunkt Tiefenbachmühle: Der P 14407, gezogen von der 99 0237 im Jahre 1981.
Foto: Sprang

Sorge oder Elend nicht aussteigen wollen, brauchen dagegen keine spezielle Genehmigung.

Wenig später kreuzt das Gleis eine Straße. Hier, etwa beim Kilometer 30,8, habe ich den vorläufig höchsten Punkt der Strecke (555 m ü. NN) erreicht. Diese Stelle am sogenannten Sandbrink wird in der Literatur zuweilen als höchster Punkt der Gesamtstrecke angegeben. Von „alten Harzquerbahnhasen" habe ich jedoch erfahren, daß zwischen Sorge und Elend diese Höhe noch um einige Zentimeter überboten wird.

Nun geht es erst einmal reichlich 2 km bergab. Nach einer langgestreckten Linkskurve verläßt das Gleis den dichten Wald und führt in ein breites Tal hinab, in das der kleine Urlauberort Sorge eingebettet liegt. Der Haltepunkt mit dem winzigen, aber hübschen

Wartehäuschen mit Dienstraum befindet sich seit 1974 am Kilometer 33,35. Die Kursbuchangabe für die Richtung Nordhausen–Wernigerode (km 33,5) ist nicht ganz korrekt. Und bezüglich der Höhenangabe (früher 486 und jetzt 490 m ü. NN) bezieht man sich immer noch auf den alten Bahnhofsstandpunkt. Da der neue Haltepunkt näher am Ort liegt, bleibt jetzt natürlich ein längerer Fußweg zur Eisenbahn erspart.

Das Gleis führt dann leicht bergab, überquert beim Kilometer 33,9 die Warme Bode und erreicht, neben einer Straße verlaufend, beim Kilometer 34,2 die Stelle, wo sich früher der Bahnhof Sorge befand. Rechts neben dem Gleis, auf einem hohen Bahndamm, lagen einst die Gleise der Südharzeisenbahn (SHE), die von Tanne über Sorge nach Braunlage

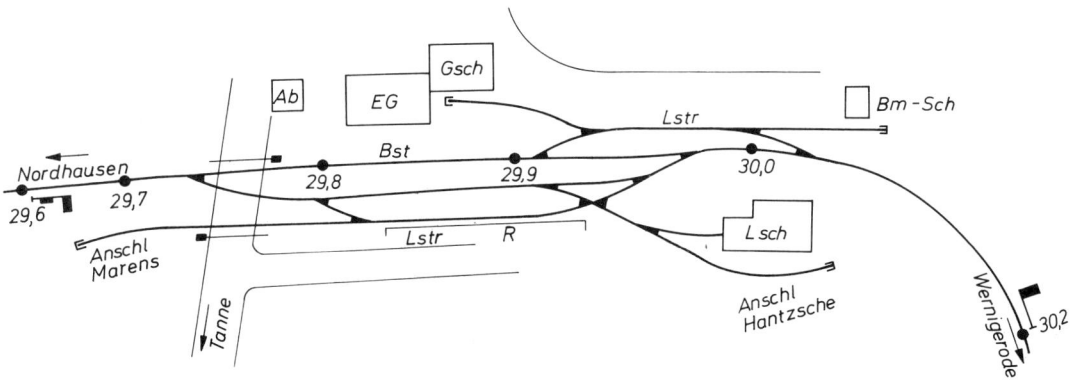

Bild 1.29. Gleisplan des Bahnhofs Benneckenstein, Stand 1947

Zeichnung: Röper

Bild 1.30. Das Empfangsgebäude des Bahnhofs Benneckenstein um 1910.

Foto: Sammlung Röper

bzw. Walkenried (heute in der BRD) führten. Zwischen beiden Bahnen gab es eine direkte Gleisverbindung. Die NWE-Gleisanlagen hatten aus Kreuzungsgleis und Ladegleis bestanden.

In einer scharfen Rechtskurve wird fast das Widerlager der nicht mehr vorhandenen Kreuzungsbrücke beider Eisenbahnen gestreift. Dann geht es mit stattlichen 33‰ erneut bergan. Am Waldrand entdeckte ich eine Gruppe äsender Mufflons. Diese europäischen Wildschafe mit ihrem Schneckengehörn kann ich hier erstmals in freier Wildbahn beobachten.

Als endlich das Gleis kaum noch höher führt, hat

27

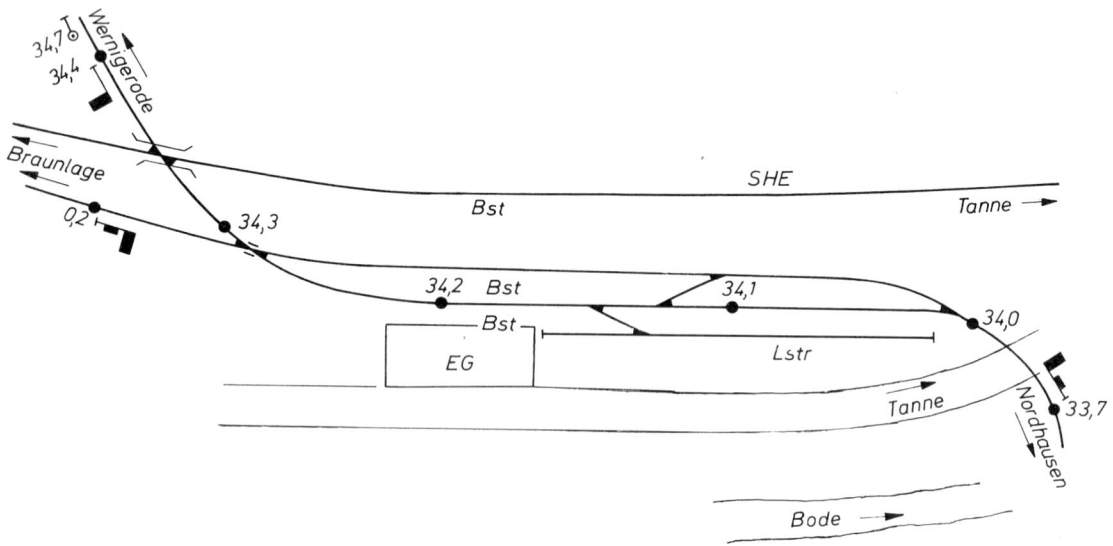

Bild 1.31.   Gleisplan des Bahnhofs Sorge, Stand 1946.   *Zeichnung: Röper*

Bild 1.32.   Auf der Bodebrücke bei Sorge im Juni 1984: Die 99 7231 zieht einen Personenzug.   *Foto: Sprang*

Bild 1.33.   Ein Personenzug, gezogen von der 99 7237, am Haltepunkt Sorge im Juni 1984.   *Foto: Sprang*

Bild 1.34.
Die ehemalige Holz-
verladestelle Allerbach
im Juni 1984.
Foto: Sprang

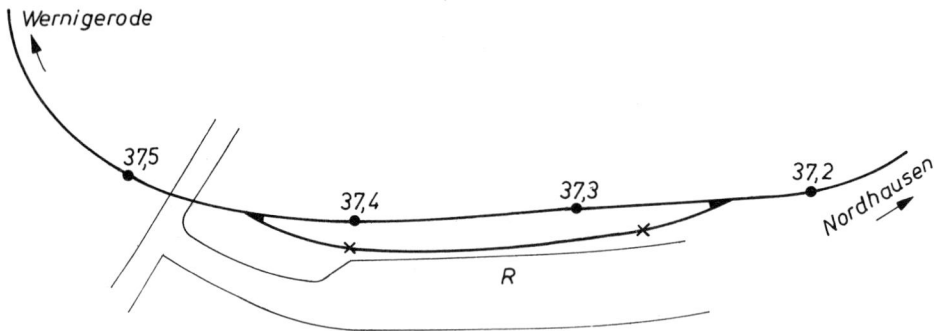

Bild 1.35. Gleisplan der Holzverladestelle Allerbach zwischen Kilometer 37,3 und 37,4, Stand 1946. *Zeichnung: Röper*

Bild 1.36. Vor wundervoller Kulisse zwischen Sorge und Elend unterwegs: Personenzug P 14414 im Juni 1984.
Foto: Sprang

mich ein Gewitter, das sich schon seit einiger Zeit lautstark ankündigte, eingeholt. Unter einer der vielen riesigen Fichten suche ich Schutz vor Regen und Hagel! Und nun geht es richtig los! Das Unwetter tobt sich im Umkreis von etwa 1 km mit aller Gewalt aus. Mehrfach ist das kurze Zischen der Blitze zu hören, dem unmittelbar darauf ein ohrenbetäubendes Krachen folgt. Ganz wohl ist mir nicht in meiner hilf-

losen Lage... Dann ist es plötzlich still, nur der Regen rauscht noch. Das Gewitter hat sich entladen. Das Gleis führt nun ein kurzes Stück bergab, passiert auf einem waagerechten Abschnitt die ehemalige Holzverladestelle Allerbach (zwischen Kilometer 37,3 und 37,4) und erklimmt schließlich beim Kilometer 38,2 den absolut höchsten Punkt zwischen Nordhausen und Wernigerode (556 m ü. NN).

Bild 1.37.   Kurz vor der Einfahrt in den Bahnhof Elend im Juni 1984. Der Personenzug wird von der 99 7245 gezogen.

Foto: Sprang

Bild 1.38.   Der Personenzug P 14 404 im Bahnhof Elend, Juni 1984.   *Foto: Sprang*

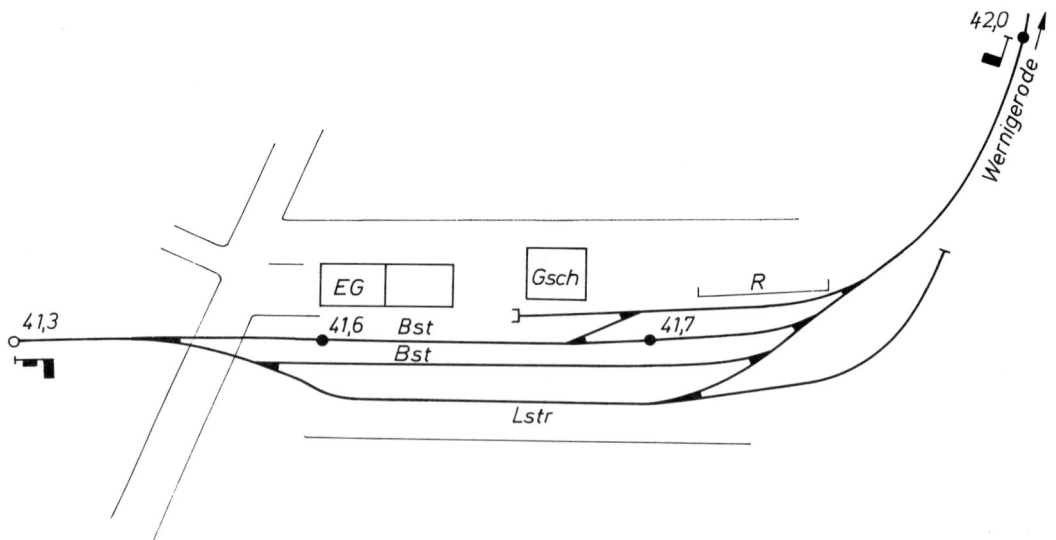

Bild 1.39. Gleisplan des Bahnhofs Elend, Stand 1920.

Zeichnung: Röper

Peu à peu dringt die Sonne wieder durch die Wolken. Die regennassen Bäume und das Gras beginnen zu glitzern. Blendende Lichtreflexe funkeln über dem dampfenden Waldboden.

Das Schwellenband lenkt meine Schritte zügig bergab. Nach einem Rechtsbogen habe ich unvermittelt freie Sicht zur entfernteren Landschaft. Die dunstigen Bergkuppen der Schnarcherklippen und der Feuersteine heben sich weitab über den Saum der Harzfichten, welche das dem Tal zustrebende Gleis nun meist beidseitig flankieren. Beim Kilometer 39,6 führt das Gleis auf einer Steinbrücke über ein kleines Bächlein, den Spielbach, und über einen Wanderweg. Das Äußere der Brücke läßt vermuten, daß sie vor nicht zu langer Zeit rekonstruiert worden ist. Mehr und mehr verdrängen jetzt frühlingsgrüne Laubbäume die dunklen Fichten.

Beim Kilometer 41,1 wird die Kalte Bode überquert, dann ein kurzer Anstieg, und der vielbesuchte Urlauberort Elend ist erreicht. Er verfügt über einen Kreuzungsbahnhof mit stattlichem Empfangsgebäude und Güterschuppen. Mehrere Ladegleise dienten früher hauptsächlich der Holzverladung.

Das Wetter ist besser geworden, die Sonne hat wieder freie Bahn. Ein Nachmittag, der durchaus dazu angetan ist, zu verschnaufen, Kraft zu sammeln für den nächsten Tag meines Urlaubs.

Dienstag, 12. Juni
ELEND (km 41,6)−DREI ANNEN HOHNE (km 46,4/0,0)−SCHIERKE (km 5,4)

Nach einer regnerischen Nacht setze ich meine Wanderung vom Bahnhof Elend aus fort. Gleich hinter dem Bahnhof beschreibt das Gleis einen weiträumigen Links-Rechts-Bogen, dann steigt es merklich an. In der Ferne höre ich mehrmals eine Lok pfeifen. Da auf „meinem" Gleis im Moment kein Zug zu erwarten ist, müssen die Pfiffe von der Schierker Strecke, der ich mich allmählich nähere, herüberwehen. Nun wechselt das Streckengefälle des öfteren − mal geht es bergan, mal ein Stück abwärts.

Während ich auf dem Brandschutzstreifen neben dem Gleis laufe, kommt mir ein Streckenläufer entgegen. Er muß allerdings auf den Gleisen laufen − denn er soll ja eventuelle Fehler finden und nach Möglichkeit auch beseitigen.

In einem stark gekrümmten Rechtsbogen, an dessen Ende das Gleis seine Richtung um fast 90° geändert hat, wird beim Kilometer 43,8 die Wormke − gegenwärtig ein braves Bächlein − überquert. Links oben nähert sich die talwärts führende Landstraße von Schierke. Nachdem Straße und Gleis auf gleicher Höhe sind, führt die Strecke knapp 2 km unmittelbar neben der Straße leicht bergab. Auf der linken

Seite taucht die Schierker Strecke auf. Etwa beim Kilometer 46,1 steht das Einfahrsignal A des Bahnhofs Drei Annen Hohne (das erste Lichthauptsignal an der bisherigen Wanderstrecke) – dann noch ein Rechtsbogen, und das Empfangsgebäude ist in Sicht.

Zum Verweilen ist keine Zeit. Ich möchte weiter zur Brockenbahn, die von diesem Bahnhof aus abzweigt. Auch zu ihrem Betreten benötigt man einen Passierschein. Der in Drei Annen Hohne mit 0,0 beginnenden Kilometrierung folgend, gelange ich zum Einfahrsignal B (km 0,4) für die aus Schierke ankommenden Züge. Unmittelbar dahinter wird die Schierker Landstraße gekreuzt, dann geht es mit zunächst 24‰ bergan.

Doch schon bald wird es steiler – 33‰ Steigung müssen überwunden werden. Der Höhenunterschied zwischen Drei Annen Hohne und Schierke beträgt immerhin fast 150 m! In engen Bögen windet sich die schmale Gleisgasse durch den dichten Harzwald in die Höhe. Der Wind frischt auf und treibt Nebelschwaden vor sich her, die sich bald zu einer milchig-grauweißen Wand verdichten.

Langsam nähere ich mich einem von rechts tönenden Motorgeräusch. Zunächst vermute ich Waldarbeiter mit Motorsägen. Doch als ich zwischen Kilometer 3,5 und 3,6 einen hohen Berg gewaltiger Steine erkenne, ist mir klar, daß hier mit Preßlufthämmern Steine gebrochen werden. Beim Kilometer 3,7 zweigt ein seit 1963 stillgelegtes Anschlußgleis zum Granitsteinbruch Knaupsholz ab. Ein wenig zurückgesetzt steht ein großes Sozialgebäude.

Kurz hinter dem Steinbruch überquert die Strecke auf einer 23 m hohen Brücke nochmals die Wormke. Dem Streckengleis folgend, laufe ich indes unaufhörlich bergan. Der Bahnkörper wird beinahe regelmäßig von schwach geneigten Rohren, den Durchlässen, „durchlöchert", um so den vielen kleinen Bächen und Rinnsalen den Weg nicht zu versperren. Während der Schneeschmelze und nach längeren Regenperioden ist hier vermutlich mit lebhafterem Geplätscher zu rechnen.

Die Neigung des Gleises wird flacher. Ich laufe am Einfahrsignal A vorbei, und abermals wird ein Neigungswechsel angezeigt – 1 : 100/1 : ∞. Der Bahn-

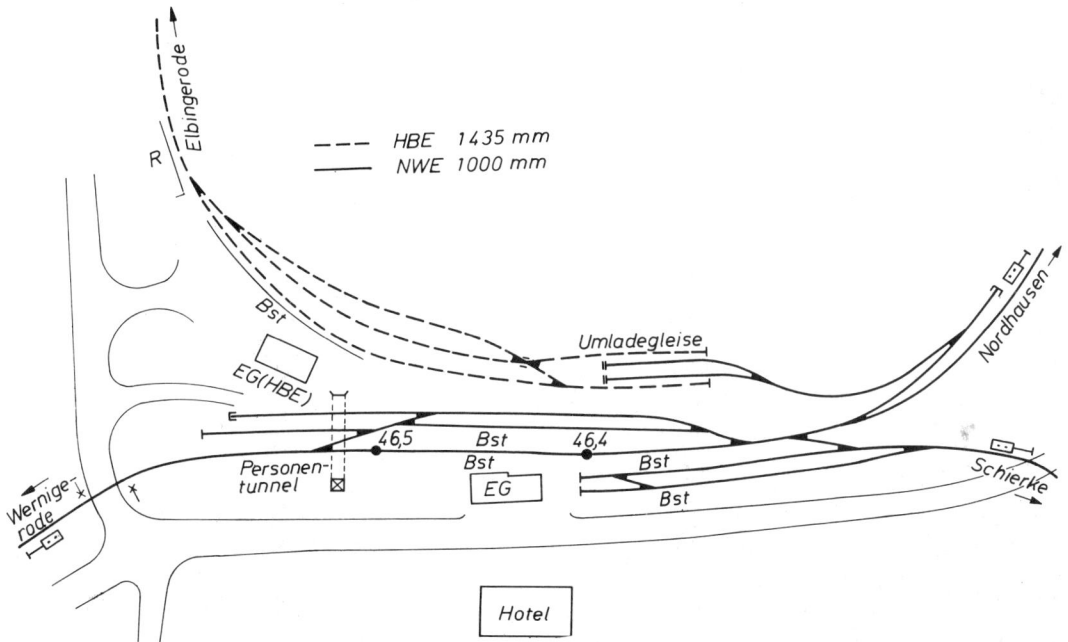

Bild 1.40. Gleisplan des Bahnhofs Drei Annen Hohne einschließlich der Anlagen der HBE, Stand 1912.
Quelle: Archiv Rbd Magdeburg

Bild 1.41. Ein Personenzug und allerhand wartendes Publikum im Bahnhof Drei Annen Hohne. *Foto: Seeger*

Bild 1.42. Ein Personenzug im Bahnhof Schierke, Juni 1984. Die Zuglok ist die 99 7241. *Foto: Sprang*

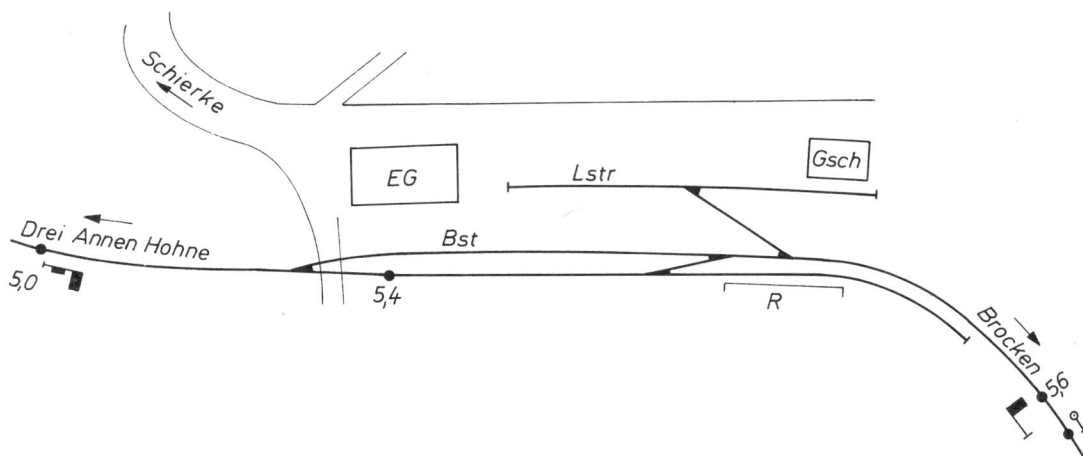

Bild 1.43.   Gleisplan des Bahnhofs Schierke, Stand 1946.

Zeichnung: Röper

hof von Schierke, einem beliebten Erholungs- und Wintersportort, ist erreicht. Bis hierher verkehren täglich zwei Reisezugpaare. Der Bahnhof besitzt neben Empfangsgebäude und Güterschuppen drei Hauptgleise und ein Nebengleis, das vor allem für die Kohleentladung dient.

In der anheimelnden Bahnhofsgaststätte stärke ich mich mit Bockwurst und Kaffee, dann gilt mein Interesse wieder einmal der Wettervorhersage.

Mittwoch, 13. Juni
SCHIERKE (km 5,4)–BROCKEN (km 19,0)

Gegen 9.30 Uhr bin ich auf dem Bahnhof Schierke mit zwei Grenzsoldaten verabredet. Sie werden mich bei meiner heutigen Tagestour begleiten.

Unmittelbar hinter dem Bahnhof beginnt die bis zum Endbahnhof durchgehende Steigung von 33‰. Links von mir sehe ich den Wurmberg und den vorgelagerten Großen und Kleinen Winterberg. Deutlich sind die Schnarcherklippen zu erkennen, zu denen der prominente Harzwanderer Goethe 1777 bemerkte: „Sieh die alten Felsennasen, wie sie schnarchen, wie sie blasen!"

Wieder windet sich der Schienenstrang in die Höhe. Etwa beim Kilometer 10 erreichen wir das Eckerloch, wo sich unter einer mittelgroßen Steinbrücke das Schwarze Schluftwasser, im Augenblick nur ein harmloses Bächlein, ins Tal ergießt.

Nach einer kurzen Pause geht es weiter – ständig aufwärts. Manchmal glaube ich das Gleis könne gar nicht weiter bergauf führen, doch am nächsten Bogen (einige haben übrigens Halbmesser von nur 60 m!) stelle ich bewundernd fest, daß die Erbauer immer wieder tragfähigen Untergrund für die nach oben strebende Trasse gefunden haben.

Nun beginnt der große Bogen um den 1023 m hohen Königsberg, der zur Längenentwicklung im Rahmen der Maximalsteigung dient. Starteten wir heute morgen bei 687 m ü. NN, sind wir jetzt bereits in einer Höhe von 956 m ü. NN am Bahnhof Goetheweg (km 13,6) angelangt. Hier befindet sich auf der rechten Seite das einzige noch vorhandene waagerechte Rückdrückgleis der Harzquer- und Brockenbahn, das seinerzeit die Durchfahrt von talwärts fahrenden Gegenzügen erlaubte. Dabei ermöglichte das Rückdrückgleis, in das rückwärts eingefahren wurde, einen leichteren Start des bergan fahrenden Zuges. Da das durchgehende Streckengleis seine Neigung beibehielt, brachte ein Kreuzungsbahnhof mit Rückdrückgleis keinen Höhenverlust mit sich. Der früher durch Einfahrsignale gesicherte Bahnhof war nur während der Sommersaison besetzt.

Immer häufiger streichen jetzt Nebelfelder (oder sagt man hier oben besser Wolken?) über das Gleis. Meine Begleiter machen mich wenig später darauf aufmerksam, daß wir nun am Brockenmoor angekommen sind. Hier wurden während des Strecken-

35

Bild 1.44.
Am Eckerloch, Juni 1984.
Foto: Sprang

baus 90 000 m^3 Moorboden weggekarrt, und ein fester Damm mußte aufgeschüttet werden. Es ist alles viel wilder und unübersichtlicher, als ich es mir vorgestellt hatte. Verblüffend für mich liegt die obere Moorfläche zur Rechten teilweise sogar höher als das Gleis. Irgendwie erinnert mich dieser Anblick an einen überlaufenden Kochtopf. Unter dem „Deckel", überwiegend aus Erika und Wollgras bestehend, scheint die Moormasse – unendlich langsam – hervorzuquellen. Meist wird das Moor als schwarz und glitschig beschrieben, hier aber weist seine Oberfläche eher eine rötlich-braune Färbung auf. Vielleicht liegt es am Nebeldunst, der die Farbtöne verändert,

vielleicht wurden in den letzten Tagen aber auch nur farbbeeinflussende Pollen von der Moormasse aufgesogen.

Nachdem wir letztmalig die Brockenstraße gekreuzt haben, beginnt die zu Recht vielfach gerühmte Brockenspirale. Damit die Eisenbahn den höchsten Harzgipfel erklimmen konnte, mußte diese künstliche Längenentwicklung von annähernd 3 km Länge (eineinhalbmal um die Brockenkuppe) geschaffen werden. In einer immer enger werdenden Schleife dreht sich nun die Strecke zum Brockenplateau empor. Die Luftlinienentfernung Eckerloch–Brockenbahnhof ist dreimal kürzer!

Bild 1.45.
Das Empfangsgebäude
des Bahnhofs Goethe-
weg, fotografiert etwa
1935.
Foto: Sammlung Becker

Bild 1.46.   Der ehemalige Bahnhof Goetheweg, mit seinem waagerecht liegenden Rückdrückgleis (links), Juni 1984.
Foto: Sprang

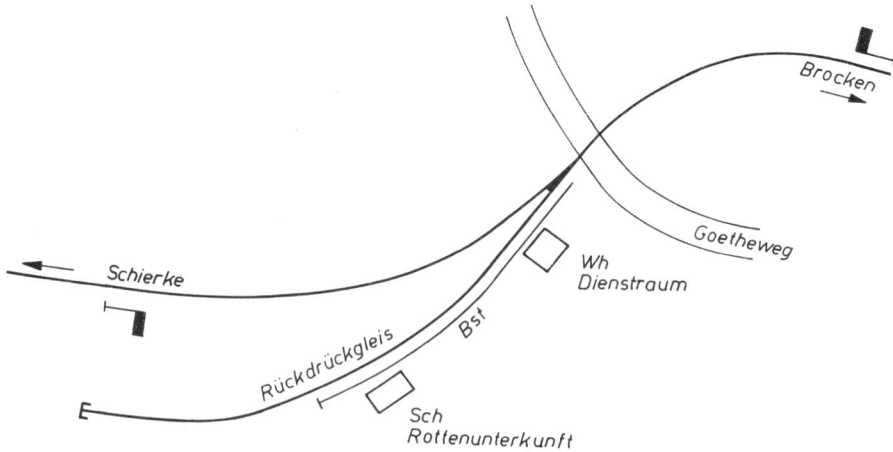

Bild 1.47.   Gleisplan des Bahnhofs Goetheweg, Stand 1938.

Zeichnung: Röper

Die Winter auf dem Brocken sind hart und lang. Selbst jetzt noch, im Juni, entdecke ich in einer schattigen Schlucht – wenn auch nur spärliche – Schneereste. Verständlich, daß die Bedarfs-Materialzüge zum Brocken nur im Sommer verkehren. Im Verlaufe der letzten Wanderstunde hat sich das Landschaftsbild entscheidend gewandelt. Je höher man kommt, desto weniger und kleinere Bäume sind anzutreffen. Sie sind schief, knorrig und zerzaust – Krüppelfichten, Ergebnis des gewaltigen Tobens der Natur, aber allen Witterungsunbilden trotzend. Und dazwischen liegen, wahllos verstreut, immer wieder Steinblöcke, gewaltige Granitmurmeln.

Als wir endlich den Bahnhof Brocken erreichen, können wir das Bahnhofsgebäude erst im letzten Moment erkennen. Dichte, wässrige Wolkenfelder ziehen düster über die Brockenkuppe hinweg. Am Bahnhofsgebäude, das 1923 an der etwas wettergeschützten Ostseite aus Granitsteinen errichtet wurde, befinden wir uns in einer Höhe von 1125 m ü. NN. Der Berggipfel, mit 1142 m angegeben, liegt nur wenig darüber. Zwei Bahnsteiggleise sowie Lokumfahr- und Ladegleis bilden die bahntechnischen Anlagen.

Nach einer Kaffeepause stellen wir erfreut fest, daß die Sicht in der Zwischenzeit klarer geworden ist. Im Stillen hatte ich gehofft, ein Fahrzeug würde in absehbarer Zeit nach Schierke fahren und uns mitnehmen können. Pech gehabt – auch ein Zug ist nicht zu

erwarten. So heißt es, den Abstieg ebenfalls zu Fuß zu bewältigen...

Ja, der alte, launische Brocken. Er soll zu den tollsten Wetterkapriolen fähig sein, wobei er sich in den unterschiedlichsten „Gemütsverfassungen" zeigt – von wütenden Zornesausbrüchen bis hin zu fröhlichem Lachen. Heute habe ich ihn in gemäßigter Stimmung erlebt.

Donnerstag, 14. Juni
DREI ANNEN HOHNE (km 46,4) – STEINERNE RENNE (km 54,6)

Uneingeweihte werden sich darüber wundern, daß Drei Annen Hohne über zwei Bahnhofsgaststätten verfügt. Die Reisenden können sowohl die Restauration des Schmalspurbahnhofs als auch die andere MITROPA-Gaststätte aufsuchen, die sich im einstigen Empfangsgebäude der HBE befindet und durch einen Fußgängertunnel erreichbar ist. Die längst abgebauten Umladegleise der normalspurigen HBE sind übrigens nie stark frequentiert worden.

Zu jener Zeit wurden die Einfahrsignale nur über ein kleines Riegel- und Schlüsselwerk bedient. In den 30er Jahren folgten ein großes Riegelwerk und Lichtsignale. 1980 schließlich wurden letztere durch Einheitslichtsignale der Deutschen Reichsbahn ersetzt.

Der Schmalspurbahnhof Drei Annen Hohne verfügt über zwei Bahnsteige für den durchgehenden Ver-

38

Foto: Sprang

Bild 1.48.   Kurz vor der Brockenspirale, Juni 1984.

Foto: Sprang

Bild 1.49.   Ein Stück des Gleisverlaufs innerhalb der Brockenspirale, Juni 1984.

39

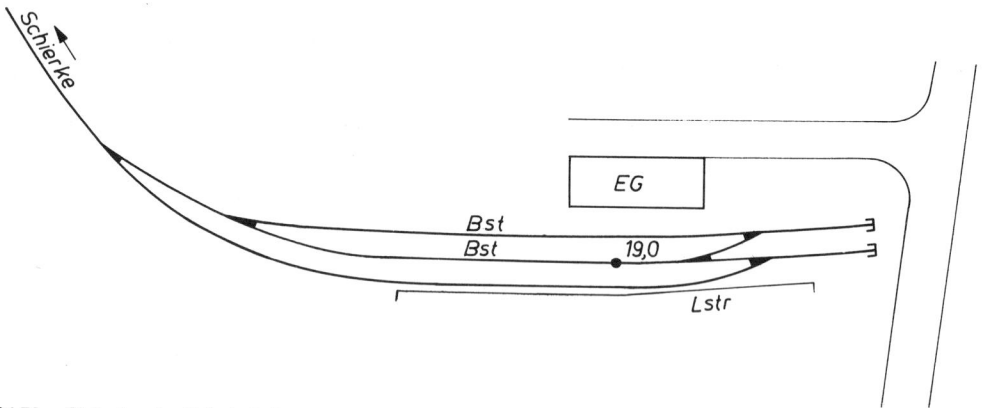

Bild 1.50. Gleisplan des Bahnhofs Brocken, Stand 1946.

Zeichnung: Röper

Bild 1.51.
Das Empfangsgebäude
des Bahnhofs Brocken
im Juni 1984.
Foto: Sprang

kehr. Früher gab es noch einen Kopfbahnsteig für den Brockenverkehr. Ausgebaut und durch einfache Weichen ersetzt wurden die längere Zeit in Betrieb gewesenen doppelten Kreuzungsweichen.

Ich verlasse den Bahnhof und wandere talwärts in Richtung Steinerne Renne. Auf dem Gleis, das zunächst fast parallel neben der Landstraße entlangführt, kommt mir schnaufend ein Zug entgegen. Mittlerweile, nach der Verwunderung der ersten Tage, haben sich die Eisenbahner an mich gewöhnt. Wir winken uns zu, grüßen wie alte Bekannte!

Nachdem die Strecke nahe dem Waldgasthaus „Drei Annen" die Landstraße nach Wernigerode gekreuzt hat, geht es steil bergab. Das Gefälle pendelt jetzt zwischen 33 und 20‰. Auf dem Abschnitt Drei Annen Hohne–Steinerne Renne wird im Durchschnitt auf 36 m Länge 1 m Höhenunterschied erreicht, was einer Neigung von rund 28‰ entspricht. Für Straßenfahrzeuge kein Problem, aber für Eisenbahnen eine handfeste Herausforderung. Ständig wechseln die engen Gleisbögen. Links, rechts – so windet sich die Trasse an den bewaldeten Berghängen entlang. Natur und Technik, wie idyllisch haben sie sich hier in den Bergen vereint!

Während im oberen Teil der Strecke dichte Fichtenwälder vorherrschen, gesellen sich später immer häufiger verschiedene Laubbäume hinzu. Am Kilometer 50,7 erreiche ich den ehemaligen Kreuzungsbahnhof Drängetal. Der massive untere Teil des am Böschungshang „klebenden" Stellwerksgebäudes, vormals ausgerüstet mit einem Hebelwerk für fernbediente Weichen und Einfahrsignale, ist noch vorhanden. Auch das seinerzeit verwendete Rückdrückgleis ist am bestehen gebliebenen Planum zu erkennen. Sogar ein Stückchen Gleis liegt noch im Schotter. Der Kreuzungsbahnhof war nur in den Sommermonaten, wenn die Brockenzüge fuhren, besetzt. Er war nicht für die Reisenden als Verkehrshalt zum Aus- und Einsteigen bestimmt, sondern diente ausschließlich den betrieblichen Belangen bei Zugkreuzungen. 1968 wurden alle überflüssigen Anlagen abgebaut.

In einer engen Linkskurve – beim Kilometer 51,6 – steht plötzlich das Portal des einzigen Harzquerbahn-Tunnels vor mir. Die Gesteinsschicht über dem Tunnel ist nicht sehr hoch, so daß ich mich frage, ob hier ein Einschnitt nicht unproblematischer gewesen wäre. Vielleicht hatte die NWE-Direktion den Ehrgeiz, als Rarität bei den Schmalspurbahnen über einen Tunnel verfügen zu können... Ältere Eisenbahner verweisen allerdings darauf, daß ein tiefer Einschnitt wegen der zu erwartenden winterlichen Schneeverwehungen vermieden werden sollte.

Ich schaue auf den Bildfahrplan – nein, es dürfte kein Zug kommen. Vorsichtshalber spitze ich aber die Ohren, während ich durch das schwarzglänzende Felsgewölbe marschiere. Hin und wieder klatscht ein Wassertropfen aufs Gleis, das in einem Bogen mit nur 70 m Radius durch den Felsen führt. Die Tunnellänge wird mit ebenfalls 70 m angegeben. Das scheint mir etwas zu viel zu sein. Erst einige

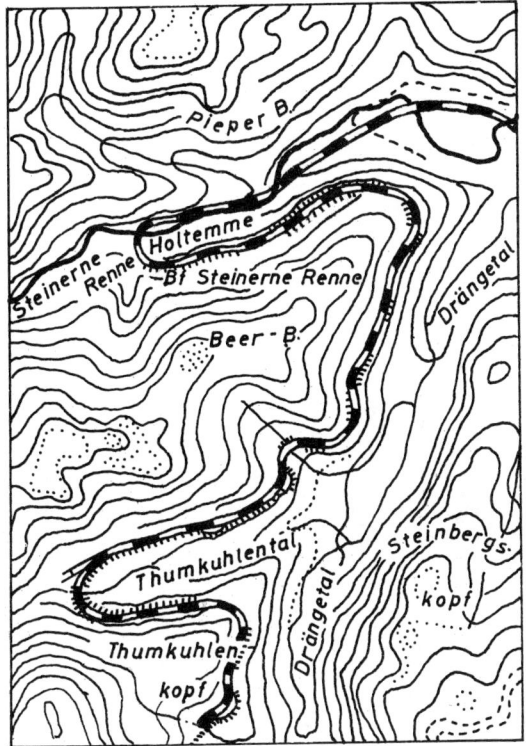

Bild 1.52. Die Kehrschleifen im Holtemme- und Thumkuhlental.
Quelle: Zeichnung aus den „Geografischen Berichten" 1962

Wochen später komme ich dazu, die Tunnellänge mit einem 30-m-Stahlbandmaß nachzumessen. An der inneren und äußeren Schiene gemessen ermittle ich einen Durchschnittswert von 59 m. Eine gewisse Meßunsicherheit eingerechnet, beträgt die

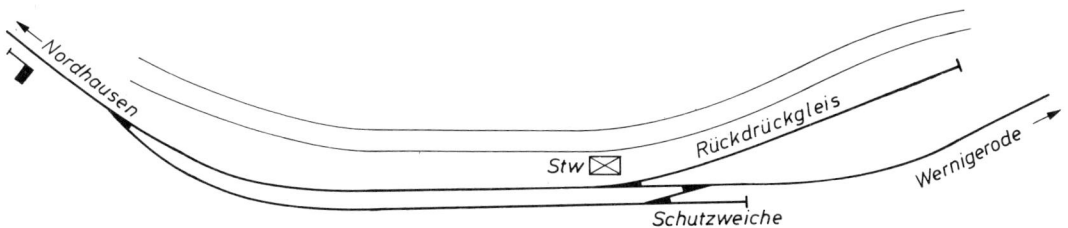

Bild 1.53. Gleisplan des Kreuzungsbahnhofs Drängetal, Stand 1946.

Zeichnung: Röper

Bild 1.54.
Ein Dröhnen – dann kommt der Zug aus dem Tunnel! Eine Aufnahme aus dem Juni 1981.
Foto: Sprang

Tunnellänge also bestenfalls 60 m! Ich erfahre aber auch, daß das Eingangsportal von Drei Annen Hohne her schräg gemauert war und früher als zum Tunnel zugehörig gerechnet wurde. Das erklärt die Differenz!

An einem baumlosen Talhang – oberhalb des Thumkuhlentals – beim Kilometer 53,4 wird zur Rechten für kurze Zeit der Blick auf Wernigerode freigegeben. Bald danach tauchen im Schatten mächtiger Buchen die Signale So 17 und So 18 auf: Auch der Bahnhof Steinerne Renne, der nun erreicht ist, wurde im Herbst 1979 mit zwei Rückfallweichen ausgerüstet. Unmittelbar hinter dem Bahnhof schließt sich als Rechtskurve die „berühmte" Bogenkehre mit einem Halbmesser von nur 60 m an. Da die graue Wolkendecke inzwischen Nieselregen versprüht, werde ich mich hier erst morgen näher umsehen.

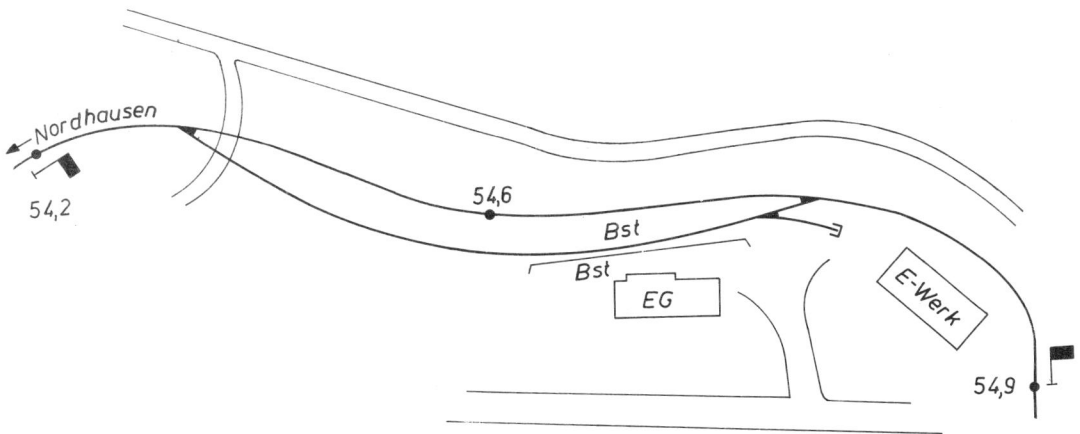

Bild 1.55. Gleisplan des Bahnhofs Steinerne Renne, Stand 1944.

Zeichnung: Röper

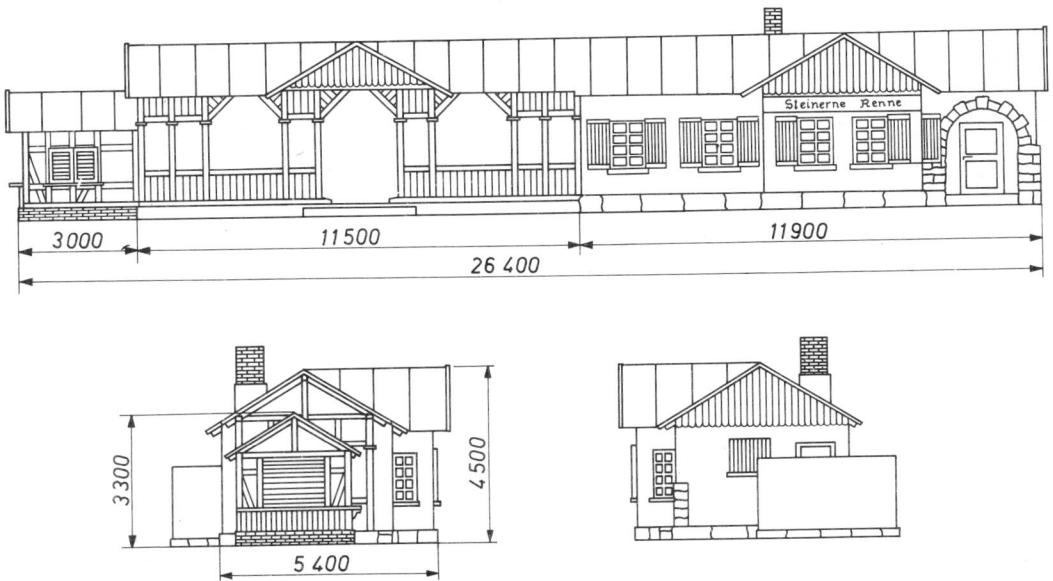

Bild 1.56. Das Empfangsgebäude des Bahnhofs Steinerne Renne.

Zeichnung: Schröder

Freitag, 15. Juni
STEINERNE RENNE (km 54,6)–WERNIGERODE
WESTERNTOR (km 59,5)

Der Harz ist wieder in bedenkliches Grau gehüllt, und wenige Minuten nach meinem Eintreffen in Steinerne Renne fallen auch schon die ersten Regen-tropfen. Der Brockenzug – ein Materialzug, der nach Bedarf fährt und häufig von zwei Lokomotiven gezogen wird – schnauft bereits im strömenden Regen durch den Bahnhof, der früher nur zur Sommerzeit mit einem Betriebseisenbahner besetzt war. Hoffentlich ändert sich dieses trostlose Wetter bald. Ich habe nun Zeit, mir die „Renne-Kurve" genauer an-

43

Bild 1.57.
Eine solche Rückfall-
weiche wie hier am
Bahnhof Niedersachs-
werfen Ost findet man
auch im Bahnhof
Steinerne Renne.
Foto: Sprang

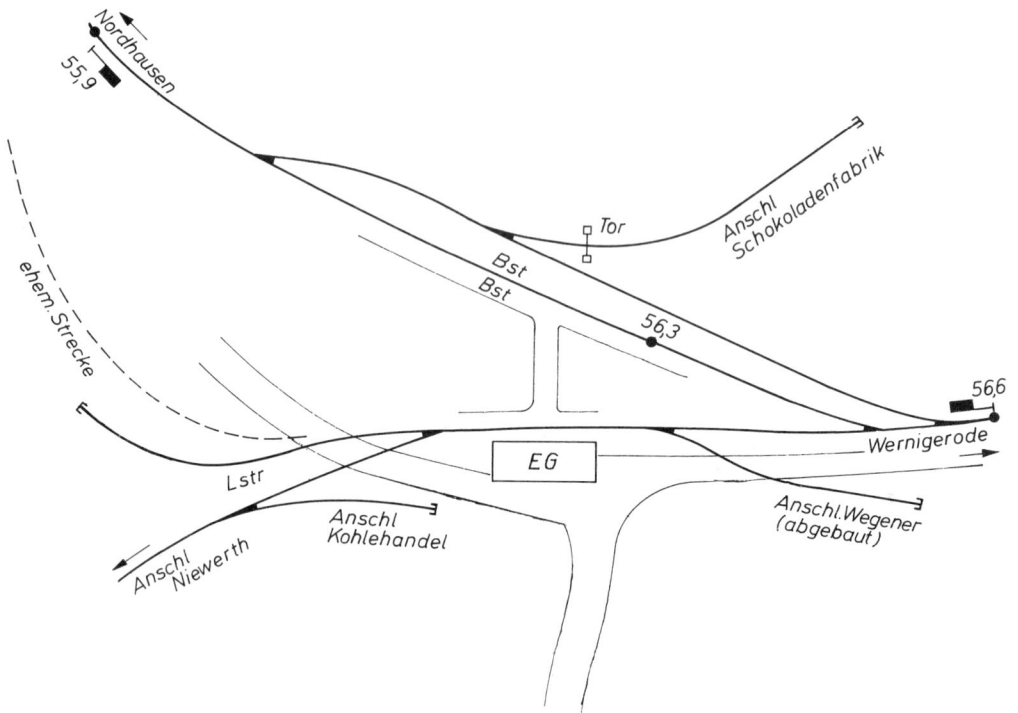

Bild 1.58.   Gleisplan des Bahnhofs Wernigerode-Hasserode, Stand 1946.

Zeichnung: Röper

Bild 1.59.
Empfangsgebäude des
Bahnhofs Wernigerode-
Hasserode.
Foto: Seeger

Bild 1.60.   Ein Zug bei der Ausfahrt aus Wernigerode Westerntor.

Foto: Seeger

zusehen. Als erstes fällt natürlich ein zweigeschossiges Gebäude direkt neben dem Gleisbogen auf. Arbeiter berichten mir, daß dieser Bau bereits vor dem ersten Weltkrieg errichtet worden sei, und zwar als Wasserkraftwerk der ehemaligen Marmorschleiferei „Steinerne Renne". Jetzt ist hier der VEB Energiekombinat Mitte, Betriebsteil Halberstadt, untergebracht. Wenige Meter davon entfernt informiert eine Tafel darüber, daß sich zur Zeit finsterster deutscher Geschichte auf dem inneren Gelände der Bogenkehre die KZ-Außenstelle Hasserode „Steinerne Renne" befand.

Heute haben hier u. a. der VEB Instandsetzungsbetrieb für Batterien und Flurfördergeräte, Wernigerode, und das Betriebskinderferienlager „Jonny Scheer" der Konsum-Genossenschaft Kreis Wernigerode ihren Sitz.

Als der Traditionszug, der zweimal wöchentlich zwischen Wernigerode und Benneckenstein für den FDGB-Feriendienst verkehrt, in Steinerne Renne eintrifft, hat es zwar aufgehört zu regnen, doch es ist noch ziemlich trübe. Heute muß der Traditionszug hier außerplanmäßig auf den Gegenzug warten. Im Nu ist der Bahnsteig mit Fotografen übersät. Die Lok muß immer wieder als geduldig qualmender Hintergrund herhalten.

Während der „Oldie" – wie die Harzer den Traditionszug liebevoll nennen – seine Fahrt in die Berge fortsetzt, strebe ich durch das Holtemmental dem Endpunkt der Reise entgegen. Nach etwa 1,5 km ist der Bahnhof Wernigerode-Hasserode (km 56,2) erreicht. Hier enden übrigens die Rollbockzüge, die von Wernigerode her kommen. Hasserode ist Kreuzungsbahnhof und verfügt über zwei Anschlußgleise – zu einem Sägewerk und zur Schokoladenfabrik. Die Signalanlagen sind die üblichen: ein Hebelwerk mit fernbedienten Weichen und Einfahrsignalen. Einzelne Weichen und Gleissperren, die nicht die Fahrstraßen der Züge berühren, sind ortsbedient und schlüsselabhängig. 1922 waren die Gleisanlagen völlig umgebaut worden: Im Zuge der Streckenbegradigung wurden die Bahnsteiggleise vom Bahnhofsgebäude abgerückt.

Das steile Gefälle liegt hinter mir; jetzt führt das Gleis an blumenreichen Gärten und teilweise idyllischen Häusern vorbei. Über 20 Straßen und Wege werden gekreuzt, und immer häufiger warnen die Lokomotiven mit ihren Pfiffen und dem Läutewerk. Die Trassierung erinnert stark an die einer Straßenbahn!

Auf meinem Weg zum Haltepunkt Wernigerode Kirchstraße (km 58,0) begleiten mich die von der nicht weit entfernten Hauptstraße herüberwehen-

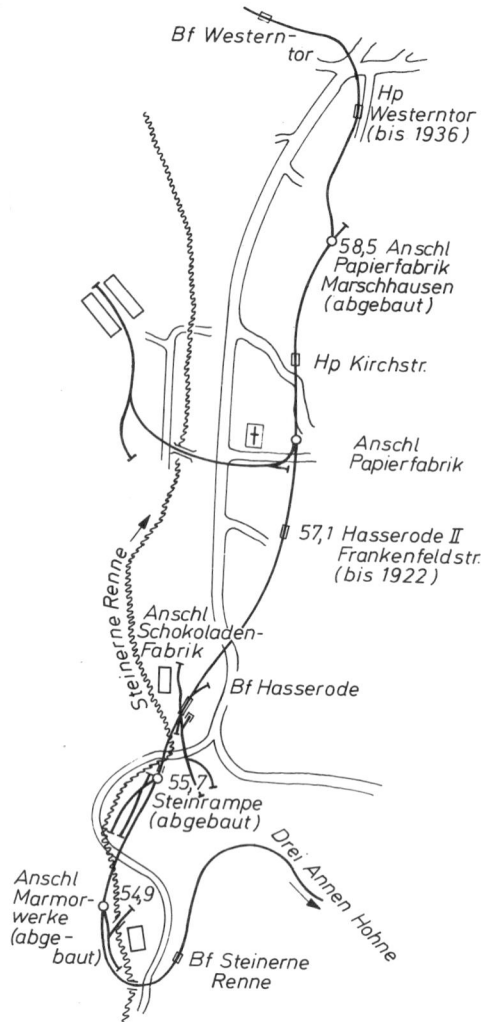

Bild 1.61. Streckenverlauf und Anschlußgleise zwischen Steinerne Renne und Wernigerode Westerntor, Stand 1946. *Zeichnung: Röper*

den Geräusche der rastlosen Kraftfahrzeuge. Die Sonne hat in der Zwischenzeit endlich einen Durchschlupf in den Wolken gefunden. Es sieht so aus, als sei der Brocken mir wohlgesinnt und schlitze mit seiner Kuppe die dichte Wolkendecke auf, um einen schmalen, an den Rändern zerzausten blauen Him-

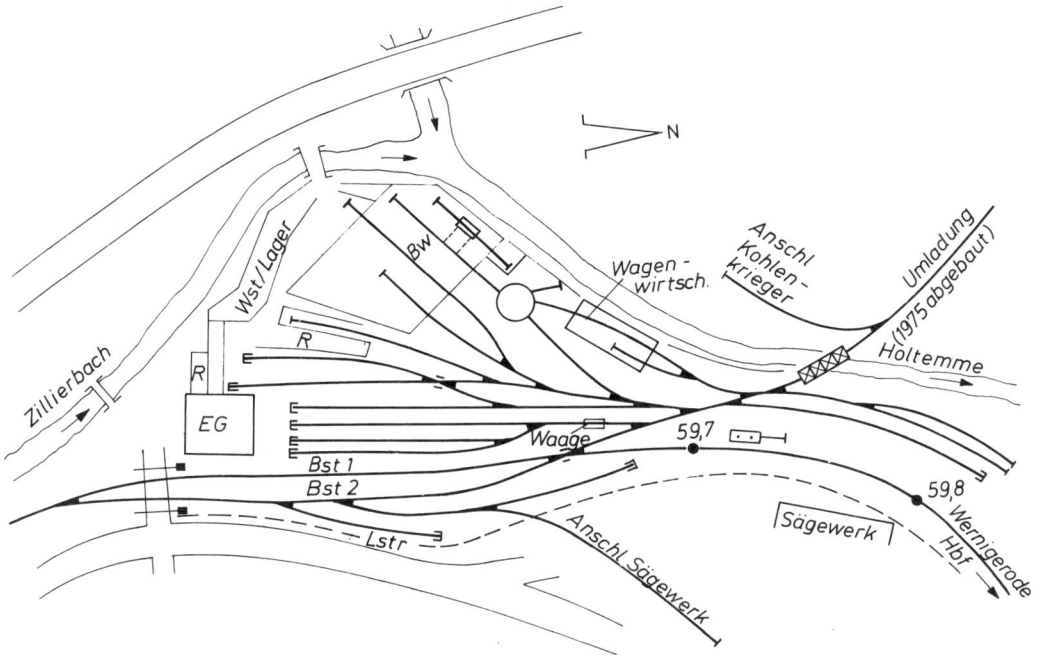

Bild 1.62.   Gleisplan des Bahnhofs Wernigerode Westerntor, Stand 1946.   *Zeichnung: Röper*

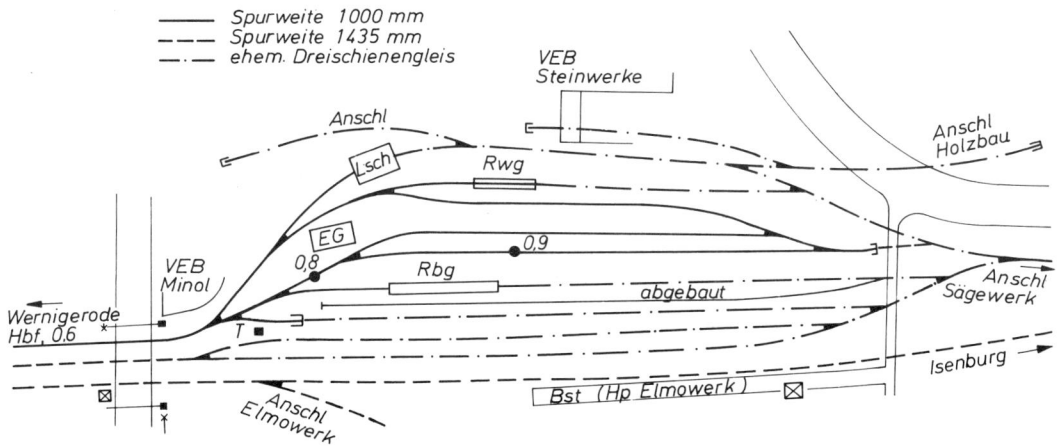

Bild 1.63.   Gleisplan des Umladebahnhofs Wernigerode, Stand 1965.   *Zeichnung: Röper*

47

melsstreifen freizugeben, der glücklicherweise in östliche Richtung – also nach Wernigerode – verläuft.

Indessen bin ich an der bekannten Westerntorkreuzung angekommen, an welcher die Ampelanlage vorrangig den sich nähernden Zügen der Harzquerbahn den Weg „freileuchtet". Unmittelbar darauf überquert das Gleis auf einer kleinen, eisernen Brücke den Zillierbach. Etwa 200 m weiter stehe ich vor dem reizvollen, größtenteils aus Holz errichteten Bahnhofsgebäude Wernigerode Westerntor (km 59,5), das 1936 entstand und den alten Haltepunkt Westerntor am Kilometer 59,2 ersetzte. Vorher gab es nur ein Riegelwerk mit Signalhebel für das Signal „Halt! Zug kommt." War dieses Signal aufgeklappt, also lesbar, dann galt es für die Züge als Einfahrsignal und für den geringen Straßenverkehr auf der Westerntorkreuzung als Warnung. Erst 1936 wurde hier eine Blinklichtanlage aufgestellt. Morgen werde ich mich hier näher umsehen. Obwohl die heutige Wanderstrecke gar nicht so beschwerlich war, bin ich ziemlich kaputt. Verschleißerscheinungen?

Sonnabend, 16. Juni
WERNIGERODE WESTERNTOR (km 59,5)–WERNIGERODE (km 60,5)

Wernigerode Westerntor empfängt mich unter einem tiefblauen Himmel bei strahlendem Sonnenschein. Schon von weitem leuchtet der rote, schmalspurige Feuerlöschzug, der hier stationiert ist. Auch das Orange des 1979 in Dienst gestellten neuen Schneepfluges (DR-Nr. 99-01-99), ein Eigenbau des Bw Wernigerode Westerntor, ist nicht zu übersehen. 1980 kam noch eine Schneeschleuder hinzu. Zusätzlich zum zentralen Bahnbetriebswerk, das für die Triebfahrzeuge sowohl der Harzquerbahn als auch der Selketalbahn zuständig ist, befand sich die Dispatcherzentrale in Westerntor. Hier wurde der gesamte Zuglauf von annähernd 25 Personenzügen und etwa 15 Güterzügen bei der Harzquerbahn überwacht. Zwar ist die Dispatcherzentrale vor einigen Jahren außer Betrieb gesetzt worden, doch wie ich höre, hatte sie sich ausgezeichnet bewährt.

Auf den Außenanlagen gibt es eine Vielzahl von Fahrzeugen zu bewundern. So sind auch die Wagen des

Bild 1.64. Ein Rollbockzug zwischen Bahnhof Wernigerode und der Umladung.

Foto: Krause

Traditionszuges in Westerntor abgestellt. Jeden der vier Wagen, die zwischen 1897 und 1900 gebaut worden sind, ziert an der Längsseite symbolisch das farbige Wappen einer der Harzquerbahn-Städte: Nordhausen, Ilfeld, Benneckenstein und Wernigerode. Hinter dieser Wagengruppe entdecke ich den einzigen noch vorhandenen Dieseltriebwagen der Harzquerbahn, den ehemaligen T3.

Bild 1.66.
Rollwagengrube in
Wernigerode.
Foto: Sammlung Becker

Bild 1.65.
Die letzte noch vorhandene Dreischienenweiche im Umladebahnhof Wernigerode.
Foto: Sammlung Becker

Bild 1.67.
Rollbockgrube in
Wernigerode.
Foto: Sammlung Becker

Soeben ist der P 14432 von Schierke in Westerntor eingetroffen. Dann rollt er den letzten Kilometer zum Endbahnhof Wernigerode. Ich folge seinen „Spuren", laufe an einem großen Holzlagerplatz vorbei, überquere die Ochsenteichstraße, eine belebte Hauptstraße, und bin schon am Ziel. Übrigens wurden diese beiden Wernigeroder Bahnhöfe – genau wie der Bahnhof Drei Annen Hohne – in den 30er Jahren mit Lichtsignalen ausgestattet.

Vor dem dreiständigen Lokschuppen am Bahnhof Wernigerode, an dem der Zahn der Zeit sichtbar genagt hat, herrscht reges Treiben. Außer den Neubaulokomotiven entdecke ich eine ältere Lok aus dem Jahre 1914, die 996101 (ex NWE Nr. 6), welche je nach Bedarf als Rangier- oder Heizlok zum Einsatz kommt. Ich kann beobachten, wie die schmucke 997237 für die nächste Fahrt restauriert wird. Auch das Vorbild der Babelsberger Neubauloks, die von der Firma Schwartzkopff gelieferte 997222 (ex 99222), „sammelt neue Kräfte" für die bevorstehende Bergtour.

Da ich bis jetzt die sogenannte Umladung in Wernigerode noch nicht gesehen habe, laufe ich den restlichen Kilometer dorthin. Rechts, auf der Rollbockgrube, werden gerade einige Normalspurwagen aufgebockt. Links befindet sich die Grube für die Rollwagen. Das eigentliche Umladen von Normal-

spur- in Schmalspurwagen (oder umgekehrt) von Hand gibt es hier schon seit 1963 nicht mehr. Auch das Dreischienengleis und die Dreischienenweichen für Normalspur und 1000 mm Spurweite sind abgebaut worden, da die Rangierarbeiten seit 1972 nur noch von normalspurigen Dieseltriebfahrzeugen der Baureihe 102 übernommen werden. Am Rande der Anlage erspähe ich lediglich eine ausgebaute, stark angerostete dreischienige Weiche. Ein kurzes Reststück des Dreischienengleises mit der nicht mehr nutzbaren dritten Schiene ist noch vorhanden. Wieso kam es gerade hier zum Dreischienenbetrieb? Da in der Umladung in Wernigerode die meisten Anschlüsse schmalspurig sind – in Nordhausen ist es gerade umgekehrt – und bei den Normalspurwagen für die Anschließer das Aufbocken erspart werden sollte, wurden diese schmalspurigen Anschlußgleise mit einer dritten Schiene versehen. Dazu mußten dann auch auf dem Spurwechselbahnhof Dreischienengleise – und Dreischienenweichen – eingebaut werden. Die Normalspurwagen konnten so, gezogen von einer Schmalspurlokomotive, unter Verwendung eines eigens hierfür entwickelten Zwischenwagens mit versetzten Puffern in die Anschlußgleise gefahren werden.

Der Bahnhof Wernigerode sah früher ganz anders aus. Dort, wo sich heute eine Grünfläche befindet,

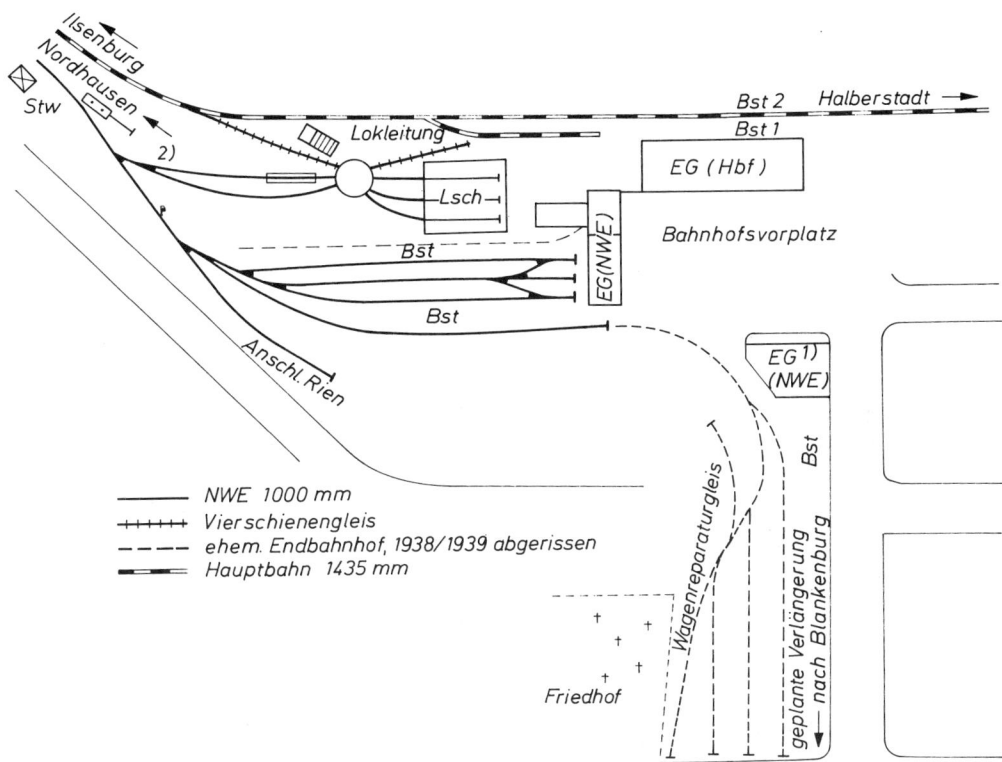

Ilsenburg
Nordhausen
Stw

2)

Lokleitung

Lsch

Bst

Bst

Bst

EG (NWE)

Anschl. Rien

Bst 2   Halberstadt →
Bst 1

EG (Hbf)

Bahnhofsvorplatz

EG [1)]
(NWE)

Bst

———— NWE 1000 mm
++++++ Vierschienengleis
– – – – ehem. Endbahnhof, 1938/1939 abgerissen
▬▬▬ Hauptbahn 1435 mm

Wagenreparaturgleis

geplante Verlängerung
nach Blankenburg

Friedhof

Bild 1.68.   Gleisplan des Endbahnhofs Wernigerode, basierend auf dem Stand von 1925.
1) 1938 abgerissen, 2) 1958 von Normalspurstrecke übernommen und auf 1000 mm umgebaut.   *Zeichnung: Röper*

Bild 1.69.
Empfangsgebäude des
Endbahnhofs Wernige-
rode.
Foto: Sammlung Becker

stand das repräsentative Gebäude des Endbahnhofs der NWE, das neben Diensträumen und der Fahrkartenausgabe auch eine Bahnhofsgaststätte und Wohnungen beherbergte. Im Zuge einer geplanten, großzügigen Umgestaltung des Staatsbahnhofs sollten die Gleise der Schmalspurbahn niveaugleich in die Bahnsteige der DRG eingeführt werden. Als erstes wurde dafür 1938/39 das Empfangsgebäude der NWE abgerissen. Die Schmalspurgleise endeten nun – als Zwischenlösung – vor dem Bahnhofsvorplatz.

Der zweite Weltkrieg verhinderte eine Verwirklichung der geplanten Projekte. So baute man am Endpunkt der NWE-Gleise ein eingeschossiges Dienstgebäude und schuf einen Übergang zum Bahnsteig 1 der DRG. Der neue Bahnhof erhielt ein

modernes Relaisstellwerk mir fernbedienten Weichen und Fahrstraßenfestlegung. Mit der Übernahme der NWE durch die DR wurde das Stellwerk aufgelöst und verlegt. Fahrkarten gibt es jetzt am Schalter des Hauptbahnhofs.

Als ich zum Bahnsteig hinüberschaue, verläßt eine Neubaulok mit der rot-elfenbein-farbenen Wagenschlange den Bahnhof, um eine neue Schar Reisender zu den Höhen des Harzes hinaufzubringen.

Ade, Harzquerbahn! Es waren anstrengende Tage, aber eine Fülle von Eindrücken und Erlebnissen ist nun in mir gespeichert. Ich habe dich als lebendiges technisches Denkmal kennengelernt und wünsche dir und deinen Eisenbahnern, von denen ich sehr viel Unterstützung erfuhr, für die Zukunft viel Erfolg und allzeit „Gute Fahrt".

Bild 1.70.   Lokomotivparade vor dem Lokschuppen in Wernigerode, Juni 1981: Die 99 6101 und die 99 6102.   *Foto: Sprang*

Tabelle 1.1.   Die Betriebsstellen der Harzquer- und Brockenbahn (Stand 1984)

Betriebsstelle	Klassi-fizierung	km	Höhe ü. NN m	Bemerkungen
Nordhausen Nord	Bf	0,0	183	1. Juli 1913 eigenes EG eingeweiht, bis 1. 4. 1916 Sitz der NWE-Direktion
Nordhausen–Altentor	Hp	2,2	189	EG an neuer Stelle im Mai 1934 eingeweiht
Nordhausen–Krimderode	Hp	4,6	198	1923 Hp Krimderode bei km 5,35 (Höhe 201 m) aufgehoben, neuer Hp seit 1945 bei km 4,6
Niedersachswerfen Ost	Bf	7,0	213	seit 1979 mit Rückfallweichen ausgerüstet
Ilfeld	Bf	10,7	254	bis 1905 Ilfeld–Wiegersdorf
(Talbrauerei)	(Hp)	12,6	ca. 295	1922 aufgehoben
Netzkater	Hp	14,0	309	bis 1964 Bf, erneuter Ausbau zum Bf vorgesehen
Eisfelder Talmühle	Bf	17,3	352	seit 15. Juli 1905 Anschluß zur GHE
Tiefenbachmühle	Hp	19,5	411	von 1967 bis 1973 aufgehoben
Benneckenstein	Bf	29,8	530	1926 neues EG fertiggestellt, Endpunkt der Oldtimer-Zugfahrten von Wernigerode
Sorge	Hp	33,4	490	bis 1962 Bf, bis 1974 bei km 34,2 (Höhe 486 m)
Elend	Bf	41,6	509	
Drei Annen Hohne	Bf	46,4	543	Abzweig der Brockenbahn, von 1907 bis 1969 Übergang zur HBE möglich
(Drängetal)	(Bf)	50,7	428	von 1910 bis 1968 Betriebsbahnhof für Zugkreuzungen mit Rückdrückgleis
Steinerne Renne	Bf	54,6	312	1906 neues EG eingeweiht, seit 1979 mit Rückfallweichen ausgerüstet
Wernigerode–Hasserode	Bf	56,2	280	1922 Umbau des Bahnhofs
(Hasserode II/ Frankenfeldstraße)	(Hp)	57,1	268	1922 aufgehoben
Wernigerode Kirchstraße	Hp	58,0	256	bis 1922 Hasserode I
Wernigerode Westerntor	Bf	59,5	238	bis 1936 Hp bei km 59,2 (Höhe 242 m), 1. Juli 1936 neues EG eingeweiht
Wernigerode	Bf	60,5	234	15. Dezember 1939 neues EG eingeweiht
Drei Annen Hohne	Bf	0,0	543	
Schierke	Bf	5,4	687	seit 1961 Endbahnhof für Reiseverkehr
(Goetheweg)	(Bf)	13,6	956	Bf erst am 17. Juli 1900 eingeweiht, heute einziger Bf mit Rückdrückgleis, 1961 Reiseverkehr eingestellt
(Brocken)	(Bf)	19,0	1125	neues EG 1923 eingeweiht, 1961 Reiseverkehr eingestellt
Eisfelder Talmühle	Bf	8,6	352	1905 bis 1946 Gemeinschaftsbahnhof GHE/NWE
(Unterberg)	(Hp)	7,3	382	Ende der 70er Jahre aufgehoben
Birkenmoor	Hp	2,9	532	höchster Punkt der Zweigstrecke
Stiege	Bf	–0,1/35,7	487	30. November 1983 Verbindungsgleis nach Straßberg eingeweiht
Hasselfelde	Bf	40,3	454	am 1. Mai 1892 als Endbahnhof der GHE eröffnet

2. Die Zeit vor der Eröffnung der Harzquer- und Brockenbahn

2.1. Historischer Rückblick

Die Geschichte des Harzes geht weit zurück. Sein Reichtum an Wild und Bodenschätzen zog schon vor langer Zeit die Menschen an. Von alters her bildete er eine Siedlungsgrenze zwischen deutschen Stämmen. Noch heute hört man im Norden des Harzes niederdeutsche Dialekte, währen die des Südharzes thüringisch klingen.

Besonders der Harzrand gehört zu den historischen Siedlungsgebieten, und viele Städte, die dort entstanden, sind mehr als 1000 Jahre alt. Das eigentliche Gebirgsgebiet wurde erst später gerodet und besiedelt, obwohl in den Flußtälern und im oberen Harz bereits um die Jahrtausendwende königliche Jagdhöfe angelegt worden waren.

Nach dem Zerfall der königlichen Zentralgewalt im 12. Jahrhundert ließen sich hier viele „kleinere" Feudalherren nieder. Das brachte eine territoriale Zersplitterung mit sich, die bis in die jüngste Geschichte eine Rolle spielte. Das Kurfürstentum Brandenburg – als Vorgänger des Königreichs Preußen – erlangte nach dem 30jährigen Krieg mehr und mehr die Oberhoheit über solche kleine Gebiete. Nach dem Wiener Kongreß 1816 gehörte der mittlere und östliche Harz größtenteils zu Preußen. Und nach der Niederwerfung Österreichs im Jahre 1866 verleibte sich Preußen das Königreich Hannover ein, das westlich und südlich angrenzte.

Bis zum Ende des zweiten Weltkrieges blieben die Grenzen – abgesehen von kleineren Korrekturen (1932 ging der Kreis Ilfeld von der Provinz Hannover an die Provinz Sachsen über) – unverändert. 1944 wurde die Provinz geteilt. Inzwischen mit etwas geänderten Grenzen neu geschaffen, bildete 1945 die Westgrenze der Provinz Sachsen zugleich die Demarkationslinie zwischen der sowjetischen und der britischen Besatzungszone.

Zu der 1949 gebildeten Bundesrepublik Deutschland gehörte nun das westliche Harzgebiet (Land Niedersachsen). Nach Gründung der Deutschen Demokratischen Republik am 7. Oktober 1949 kam der mittlere und nördliche Harz zum Land Sachsen-Anhalt, während der Südharz Teil Thüringens wurde. Seit der Verwaltungsreform 1952 verwalten die Bezirke Magdeburg, Halle und Erfurt den Harz.

2.2. Vorgeschichte des Bahnbaus

Als Friedrich List 1833 seinen Entwurf für ein deutsches Eisenbahnnetz vorlegte, führte keine Linien in den Harz. 1846 lag der Regierung des Herzogtums Anhalt-Bernburg – zu dem ein Teil des östlichen Harzes gehörte – ein Plan vor, eine Fernverbindung St. Petersburg (Leningrad)–Berlin–Frankfurt/Main–Paris über Cöthen (Köthen)–Meisdorf–Straßberg–Nordhausen–Göttingen zu führen. Dennoch blieb es dabei: Auch in den folgenden Jahrzehnten führte keine Eisenbahn in den Harz.

Auch die Magdeburg-Halberstädter Eisenbahngesellschaft, die 1853 beabsichtigt hatte, ihre Linie von Halberstadt aus über Thale–Gernrode–Josefshöhe–Rottleberode weiterzuführen, scheute die hohen Baukosten einer Gebirgsbahn und baute 1862 nur bis Thale.

Drei Jahre später, 1865, plante die Königlich-Preußische Eisenbahn-Verwaltung eine Verbindung von Berlin nach Wetzlar, die zunächst bei Straßberg über den Harz führen sollte. Allerdings wurde auch sie dann abweichend von diesem Plan entlang der Städte Hettstedt und Sangerhausen im Mansfelder Land gebaut.

Der Personen- und Güterverkehr im Harz wurde nach wie vor mit Pferdefuhrwerken abgewickelt, wobei das Netz pferdebespannter, zehn- bis zwölfsitziger „Linienomnibusse" ziemlich dicht war. Abgesehen von der örtlichen Industrie, den kleinen Hüttenwerken, dem Bergbau und der Holzindustrie, war auch den Erholungssuchenden, die die neu entstehenden

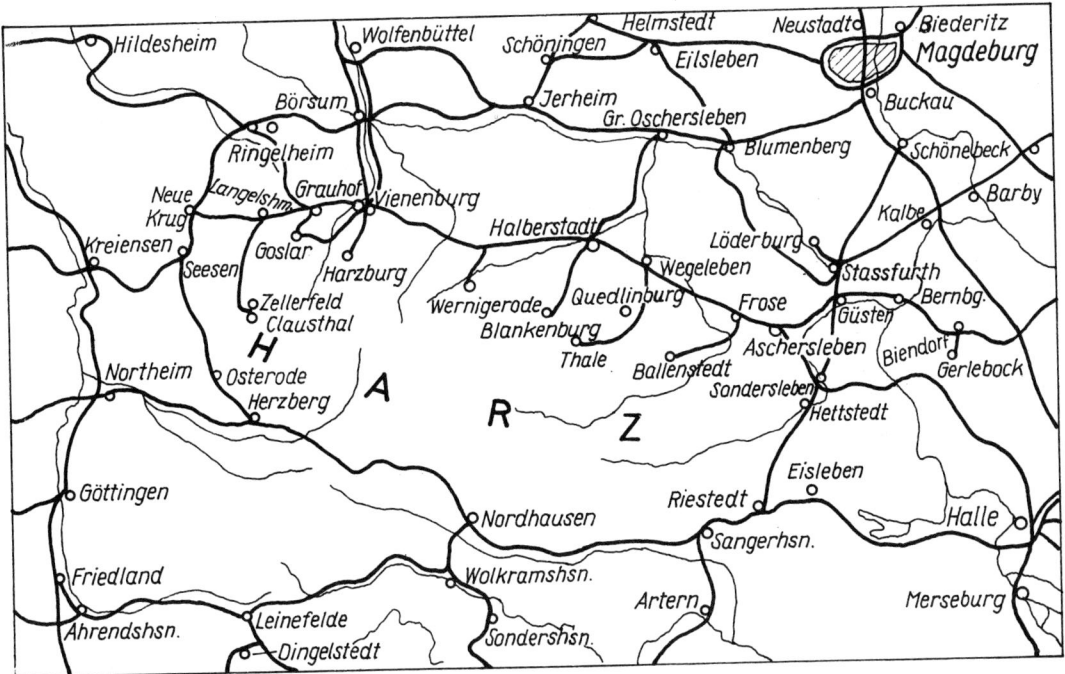

Bild 2.1.   Die Bahnlinie am Harz um 1880.   *Quelle: Ausschnitt O. v. Bomsdorf, Kleine Harzkarte 1880*

Kurorte zu frequentieren begannen, der „Kutsch-Verkehr" zu teuer. Für den Bau einer Eisenbahnlinie in den Harz sah es jedoch weiterhin nicht günstig aus. Von den Ortsansässigen hieß es, daß sie die Bahn nie benutzen würden, solange sie mit eigenem Fuhrwerk fahren oder ein Geschäft zu Fuß erledigen könnten – und damit die 50 Pfennig Eisenbahnfahrtkosten sparen würden!

Am 8. Dezember 1866 wurde in Benneckenstein zur Wahl eines Bahnbaukomitees eingeladen, in dem sich die Interessenvertreter verschiedener Ortschaften zusammenfinden sollten, die den Bau einer Eisenbahn über den Harz, von Nordhausen nach Wernigerode, unterstützten. Besonders wünschenswert schien diesen Herren, „die Richtung der Bahn von Halberstadt nach Vienenburg in der Art zu leiten, daß durch dieselbe Wernigerode in direkter Linie durch eine Haupt- und nicht durch ein Zweigbahn berührt wird". Gedacht war also noch an einen Anschluß an die Magdeburg-Halberstädter Bahn.

Die Mitglieder des Komitees, Regierungsrat von Rosen, Wernigerode, Amtmann Brohm, Elbingerode

und Hütteninspektor Hartmann, Tanne, richteten am 20. Februar 1867 eine Eingabe an „Seine Exzellenz, den königlichen Staatsminister und Minister für Handel, Gewerbe und öffentliche Arbeiten, Herrn Grafen von Itzenplitz, Ritter hoher Orden zu Berlin", „...die Vorarbeiten für eine solche Bahn höchst gewogentlich genehmigen zu wollen...".

Die Harzbahn sollte eine Verlängerung der schon bestehenden Linie Erfurt–Nordhausen darstellen und mittels der von Wernigerode aus anzulegenden Zweigbahn einen Anschluß an die Bahn Halberstadt–Vienenburg erhalten. Natürlich wurde auch darauf verwiesen, daß sich die Industrie ohne einen Eisenbahnanschluß im Niedergange befände und daß das Königliche Finanzministerium daher ein besonderes Interesse an der Verfolgung dieser Angelegenheit haben müsse. Außerdem hätte die Herzoglich-braunschweigische Generalverwaltung der Eisenbahn längst ein Auge auf dieses Projekt geworfen...!

Itzenplitz ließ sich jedoch nicht festnageln und gestattete am 15. März 1867, die Vorarbeiten zu einer Eisenbahn Nordhausen–Ilfeld–Wernigerode

55

im Anschluß an eine Zweigbahn der Strecke Halberstadt–Vienenburg zu beginnen. Diese Genehmigung galt allerdings nicht als Konzessionsgenehmigung! Und: „Bezüglich der Ermittlungen auf Braunschweigischem Gebiet muß ich dem Comité überlassen, sich die diesfällige Erlaubnis von der Herzoglichen Regierung zu erbitten."

Damit war die Reihe wieder am Bahnbaukomitee, welches sich nun mit Varianten zur Linienführung und mit den Kosten zu beschäftigen hatte. Der „Nordhäuser Zeitung" vom 11. August 1867 ist zu entnehmen, daß folgende Linien vorgeschlagen wurden:

1. Nordhausen–Zorge–Altenau–Oker–Harzburg
2. Nordhausen – Ilfeld – Benneckenstein – Tanne – Rothehütte – Elbingerode – Wernigerode (Vorzugsvariante)
3. Nordhausen–Ilfeld–Hasselfelde–Blankenburg
4. Nordhausen–Ilfeld–Stiege–Thale
5. Nordhausen–Ilfeld–Breitenstein–Alexisbad (–Harzgerode)–Mägdesprung–Meisdorf (–Ballenstedt)–Ermsleben–Aschersleben.

In Sitzungen am 20. und 23. November 1867 wurden

die Kosten der vorläufigen Untersuchungen mit 1400 Taler veranschlagt, die durch freiwillige Beträge aufzubringen waren. Die Stadt Wernigerode und „Seine Durchlaucht, der regierende Graf zu Stolberg-Wernigerode" brachten mit je 300 Taler den Löwenanteil auf.

Obergeometer und Eisenbahningenieur Freiherr von Bock, Nordhausen, der 1869 mit der Trassierung der normalspurig geplanten Bahn beauftragt wurde, empfahl folgende Linienführung: Mit 1 : 50 bis 1 : 40 von Wernigerode aus auf einem Damm längs der Holtemme durch das Tal des Zillierbachs, weiter durch das Steinbachtal bis Neuhütte im Tal der Kalten Bode und dann zum Königlichen Hüttenwerk Rothehütte (Haltestelle zwischen Hüttenwerk und Dorf Königshof). Weiter zum Hüttenwerk Tanne (Haltestelle), und nach Benneckenstein (Bahnhof in der Nähe des Schützenhauses), von dort durch die Talsenke nach Rothehütte (Gleisanschluß zu den Gräflich-Stolbergischen Kohlegruben), weiter nach Ilfeld (Bahnhof), Niedersachswerfen, Nordhausen. Ein kühner Plan – wenn man bedenkt, daß diese Strecke normalspurig gebaut werden sollte! 1870 wurde

Bild 2.2   Das war sie – die letzte Postkutsche am Bahnhof der Harzquerbahn zu Wernigerode um die Jahrhundertwende.

Foto: Sammlung Flachs

daraufhin sehr intensiv die „Subscription von Anteilscheinen à 10 Taler" zur Aufbringung der Kosten der Vorarbeiten betrieben und gleichzeitig zur Wahl eines neuen Bahnbaukomitees aufgerufen.

Dann aber war es über 20 Jahre sehr still um dieses Projekt, und das in einer Zeit, in der fast alle deutschen Fernverbindungen gebaut wurden! Zwei Stichbahnen erschlossen inzwischen den Harz, weil sie von der örtlichen Industrie und für den Fremdenverkehr dringend benötigt wurden: Zum einen die normalspurige Halberstadt-Blankenburger Eisenbahn (HBE), die 1873 in Betrieb ging und 1886 bis Tanne weitergeführt wurde, zum anderen die 1887 eingeweihte Gernrode-Harzgeroder Eisenbahn (GHE), die in der kostengünstigeren 1000-mm-Schmalspur verlegt worden war.

Die Linie Nordhausen–Wernigerode war indes nicht ganz vergessen. 1884 trat ein Ingenieur Wackernagel aus Aschersleben mit dem allerdings bald verworfenen Projekt einer Pferdebahn von Wernigerode nach dem „Silbernen Mann" (ein damals beliebter Ausflugsort nahe des heutigen Bahnhofs Steinerne Renne) an die Öffentlichkeit. Im gleichen Jahr präsentierte der Königliche Landbaumeister a. D. Costenoble den Plan einer Dampfstraßenbahn von Wernigerode zum Brocken. Die Gräflich Stolberg-Wernigeroder Kammer genehmigte die Vorarbeiten auf ihrem Gebiet, nachdem der Magistrat von Wernigerode zugesichert hatte, Grund und Boden für den Bahnbau kostenlos zur Verfügung zu stellen. Ein Jahr später, am 24. November 1885, legte Costenoble ein detailliertes Projekt vor, das Anfang 1886 vom Wernigeroder Magistrat bestätigt wurde. Da aber zu große Schwierigkeiten bei der Finanzierung auftraten, mußte im April 1889 die Idee einer Dampfstraßenbahn als gescheitert erklärt werden.

Ein Projekt des Badekommissars von Bad Harzburg, Hermann Dommes, sah den Bau einer Eisenbahn von Bad Harzburg durch das Radautal zum Brocken vor. Während der ganz im Stillen betriebenen Vorbereitungen konnte sogar die Vorfinanzierung gesichert und die Zustimmung der Regierungen Preußens und Braunschweigs erlangt werden. Lediglich der Fürst von Stolberg-Wernigerode, zu dessen Besitz die Brockenkuppe gehörte, war zurückhaltend. Nachdem im Frühjahr 1890 die Trasse durch das Radautal abgesteckt war, brachten Proteste empörter Bürger das Projekt zum Scheitern. Lokalpropheten erkannten allerdings sehr scharfsinnig, daß irgendwann sicher eine Brockenbahn käme – dann aber nicht Bad Harzburg, sondern Wernigerode das Tor zum Harz würde!

Im Jahre 1896 schließlich griff man die ursprüngliche Idee einer Eisenbahn Nordhausen–Wernigerode wieder auf. Ein neues Bahnbaukomitee unter Leitung des Nordhäuser Bürgermeisters Schusteruhs erhielt am 27. Mai 1896 die Konzessionsurkunde für preußisches Gebiet „...zum Bau und Betrieb einer für den Betrieb mittels Dampfkraft und für die Beförderung von Personen und Gütern im öffentlichen Verkehr bestimmte, den Vorschriften der Bahnordnung für die Nebenbahnen Deutschlands unterworfene Eisenbahn mit 1 Meter Spurweite von Nordhausen über Ilfeld nach Wernigerode mit einer Abzweigung zum Brocken". Verbunden mit dieser Konzession war das „Recht zur Entziehung und Beschränkung des Grundeigentums nach Maßgabe der gesetzlichen Bestimmungen".

Am 25. Juni 1896 wurde die Nordhausen-Wernigeroder Eisenbahn (NWE) in den Geschäftsräumen der „Eisenbahnbau- und Betriebsgesellschaft Berlin", Berlin, Wilhelmstraße 46/47, gegründet. Hier wurde das Gesellschafterstatut verabschiedet, das als erstes Geschäftsjahr den Zeitraum von der Eintragung ins Handelsregister bis zum 31. März 1898 festlegte (§ 20). Der Bau der Harzquer- und Brockenbahn wurde der „Eisenbahnbau- und Betriebsgesellschaft Berlin" übertragen und für zehn Jahre nach Inbetriebnahme an diese Gesellschaft bis zum 31. März 1909 verpachtet.

Gleichzeitig konstituierte sich der erste Aufsichtsrat:
1. Präsident Rudolph Griesebach, Wernigerode
2. Bürgermeister Franz Schultz, Wernigerode
3. Stadtrat Hermann Schmidt, Nordhausen
4. Generaldirektor Hermann Heyl, Berlin
5. Regierungsrat a. D. Gustav Kochler, Charlottenburg
6. Bankdirektor Sigmund Weill, Berlin
7. Fabrikant Franz Willecke, Nordhausen
8. Bankier Kurt Soberheim, Berlin
9. Regierungsrat a. D. Hermann Rock, Berlin.

In den Vorstand dieses Aufsichtsrats wurden gewählt:

Bürgermeister Schusteruhs, Nordhausen
Regierungsrat a. D. Anton Sobeczko, Nordhausen
Direktor Paul Barnewitz, Berlin.

Die Eintragung ins Handelsregister erfolgte am 3. Juli 1896. Das Grundkapital betrug 5,5 Millionen Mark. Von den 5500 Inhaberaktien à 1000 Mark waren 3500 Stück Stammaktien A (mit einer Vorzugsdividende von 4,5% des Nennwerts) und 2000 Stück Stammaktien B (mit einer Dividendengarantie von 3,5% während der ersten 20 Jahre).

An der Dividendengarantie, die während der ersten 20 Betriebsjahre der Bahn voll in Anspruch zu nehmen war, beteiligten sich:

Bild 2.4.   500-Mark-Aktie der NWE.

Foto: Sammlung Becker

Bild 2.3.   Aufsichtsratmitglied R. Griesebach aus Wernigerode.

Foto: Sammlung Becker

die Fürstlich Stolberg-Wernigerodische Verwaltung

die Städte Benneckenstein und Ilfeld

die Gemeinden Hasserode und Nöschenrode

die Gemeinde Wiegersdorf bei Ilfeld.

Den Bahnbau – und später auch den Betrieb der Bahn für zehn Jahre – übernahm die „Eisenbahnbau- und Betriebsgesellschaft Berlin". Eine Pauschalzahlung von 5 Millionen Mark verpflichtete die Gesellschaft zu einer Bauzeit von zweieinhalb Jahren, vom Tage der Konzessionserteilung durch die Braunschweiger Regierung am 24. März 1896 an gerechnet.

Schon der erste Geschäftsbericht der Baufirma vom 13. Juli 1898 zeigte allerdings, daß infolge von Projektänderungen das statutenmäßige Gesamtkapital zur vollständigen Fertigstellung der Bahn nicht ausreichen würde. Obwohl die Strecke im wesentlichen durch fiskalisches und fürstliches Gebiet führte, standen langwierige Grundstückserwerbsprozesse an. Nordhausen, Wernigerode, Benneckenstein, Ilfeld, die Fürstlich Stolberg-Wernigerodische Verwaltung und die Klosterkammer zu Hannover – alles Träger von Zinsgarantien für Stammaktien B – hatten sich zwar zur kostenlosen Bereitstellung von Grund und Boden verpflichtet, erhielten aber dennoch für den genau taxierten Grundstückswert Stammaktien

Tabelle 2.1.   Aufstellung der Baukosten, wie sie nach Fertigstellung des Bahnbaues errechnet wurden

Kostenposition	Kosten Mark
Grunderwerbs- und Nutzungsentschädigungen	1 107 022
Erd-, Fels- und Böschungsarbeiten	1 650 000
Einfriedungen	56 000
Wegübergänge, einschl. Unter- und Überführungen von Wegen	130 000
Durchlässe und Brücken	459 000
Bau des Tunnels	60 000
Oberbau	2 088 298
Fernmeldeanlagen sowie Bahnmeister- und Bahnwärterwohnungen	134 000
Bahnhöfe und Haltepunkte	1 260 764
Werkstattanlagen	385 722
Außerordentliche Arbeiten	20 000
Verwaltungskosten	404 000
Gesamtbaukosten	7 754 806
Zuzüglich: Während der Arbeiten angefallene Kosten	270 374
Kursverluste	103 420
	8 128 600

Bild 2.5.   Der rührige Bürgermeister Kurt Schusteruhs aus Nordhausen.   *Foto: Sammlung Becker*

B. Die ursprünglich vorgesehene Summe für Grundstückserwerbungen, 500 000 Mark, war schnell überschritten. Die Baukosten der Harzquer- und Brockenbahn wurden später mit 8,1 Millionen Mark beziffert.

2.3.   Der Bahnbau

Unmittelbar nach Erteilung der Bahnbaukonzession für das preußische Gebiet begannen die Arbeiten gleichzeitig in Nordhausen und Wernigerode. Man hatte geplant, die ersten Bauabschnitte Nordhausen—Ilfeld und Wernigerode—Hasserode/Steinerne Renne sofort nach Fertigstellung in Betrieb zu nehmen.

Aufgrund einer Beschwerde entschied der Eisenbahnminister jedoch am 27. August 1896, daß die innerhalb der Gemarkung Hasserode eingeleiteten Enteignungsverfahren gesetzwidrig seien und eingestellt werden müßten. Ab 25. September 1896 wurden deshalb die bereits verlegten Schwellen und Schienen zwischen Wernigerode und Hasserode ausgebaut und die Kirchstraße in ihren alten Zustand zurückversetzt.

Einen Situationsbericht gab das „Wernigeröder Tageblatt" am 27. Oktober 1896: „Man hat das

Bild 2.6.   Während des Baus 1898: der Bahnhof Sorge.   *Foto: Sammlung Röper*

59

im Sommer Geschaffene seinem Schicksal überlassen müssen, und so würde die Baustrecke mit den halbfertigen Erdarbeiten, Schienenanlagen etc. ein recht melancholisches Bild bieten, wenn nicht unsere Straßenjugend sich der Sache nutzbar zu machen versucht hätte. Was die ‚Großen‘ nicht zustande gebracht haben, das vollbringen jetzt die ‚Kleinen‘ spielend, sie haben – wenigstens Unter den Zindeln – einen regelrechten Eisenbahnbetrieb eingerichtet. Als Waggons dienen die Kipploren, mit denen sie Fahrten in schnellstem wie langsamstem Tempo veranstalten. Sogar die Anstellung von Weichenstellern ist vorgesehen..."

Seriösere Auskunft über den Stand des Baugeschehens gab die „Saale-Zeitung" vom 18. Februar 1897: „Der Direktor der Harzquerbahn Nordhausen–Wernigerode, der Erste Bürgermeister Schusteruhs aus Nordhausen, hat gestern öffentlich einen Bericht über das Eisenbahnunternehmen gegeben, aus dem folgendes neu und von allgemeinem Interesse ist: Die Schienen liegen jetzt vollständig auf beiden Endstrecken Nordhausen–Ilfeld und Wernigerode–Steinerne Renne, teilweise aber auch auf den Strecken bis Eisfelder Talmühle im Ilfelder Tal und Drei Annen Hohne am Brocken. Die eisernen Oberbauten der Brücken auf den beiden Endstrecken bis zum Gebirgsfuße werden demnächst gelegt. Trotz des Winters sind die Sprengarbeiten auf dem Gebirge stets

im Gang geblieben. Die Hauptschwierigkeiten boten sich an der Einmündung der Bahn an den Bahnhöfen Nordhausen und Wernigerode. Für Wernigerode mußten z. B. 10 oder 11 Projekte aufgestellt werden. Fast ebensoviele für Nordhausen. Schließlich war, nachdem sonst überall Einverständnis erzielt war, der Eisenbahndirektion zu Kassel die Art und Weise der Einmündung auf Bahnhof Nordhausen wieder zu wenig weitsichtig. Sie forderte eine Anlage, welche die Stadt Nordhausen 30 000 Mark teurer zu stehen gekommen wäre. Der Magistrat von Nordhausen erhob hiergegen Einspruch, und die Eisenbahndirektion Kassel minderte infolgedessen nach längerer Verhandlung schließlich ihre Forderungen. Doch blieben von den 30 000 immer noch 17 000 Mark als Mehransatz stehen. Am 20. d. Monats findet nun die landespolizeiliche Prüfung der Einfahrverhältnisse auf dem Bahnhof Nordhausen statt. Dann folgt unmittelbar die Inangriffnahme der Hochbauten."

Störmanöver blieben auch weiterhin nicht aus: Am 11. September 1896 war im „Wernigeröder Tageblatt" gar ein öffentlicher Aufruf an die Bevölkerung erschienen, den Brückenbau am Westerntor zu verhindern, da dieser Überweg mit einer Bahnkreuzung zu viele Gefahren in sich berge!

Und dennoch ging es voran. Die Behrebrücke bei Ilfeld wurde am 12. Mai 1897 fertiggestellt, und die Probefahrten begannen. Die Arbeiten an der kriti-

Bild 2.7.
Eine der Güstrower Lokomotiven mit dem Reisezugwagen 104 während des Streckenbaus bei Sorge.
Foto: Sammlung Becker

Bild 2.8. Bauarbeiten auf dem Güterbahnhof Westerntor. Im Hintergrund eine Krauss-Lokomotive der Baufirma.

Foto: Sammlung Röper

Bild 2.9.
Zeitungsannonce aus
dem „Wernigeröder
Tageblatt".
Foto: Sammlung Becker

in reichhaltigster Auswahl.

Nordhausen - Wernigeröder Eisenbahn.

Der vom Juli d. J. gültige

Sommer-Fahrplan

der Teilstrecke **Nordhausen-Ilfeld** liegt auf unseren Stationen zur
Einsicht aus und ist daselbst käuflich zu haben.

Nordhausen, im Juli 1897.

Die Direktion.

Kirschen- und Obst-Verkauf.

Am Sonnabend, den 10. d. Mts., nachmittags 4 Uhr,
soll im **Strohmeyer**'schen Gasthause die

Sauerkirschen- und Obsternte

sierten Westerntor-Brücke waren am 23. Juni des gleichen Jahres beendet. Auch hier begannen sofort die Probefahrten. Ebenfalls im Juni 1897 wurde am Güterbahnhof Westerntor ein Güterschuppen errichtet.

Tatsächlich konnte schließlich am 12. Juli 1897 die Teilstrecke Nordhausen–Ilfeld „unter freudiger Teilnahme der gesamten Bevölkerung" eröffnet werden. Am 7. Februar 1898 wurde der volle Güter- und Personenverkehr aufgenommen und ab 1. Mai bis Netzkater ausgedehnt.

Schwieriger war es mit der Eröffnung der Teilstrecke von Wernigerode aus. Immer noch verweigerten 32 Einwohner Hasserodes die Bauerlaubnis auf ihren Grundstücken. Die Prozesse fielen jedoch in letzter Instanz zugunsten der Bahnbaugesellschaft aus, so daß der Minister sein Veto zurücknehmen konnte. Während in Hasserode noch gestritten wurde, waren die Bauarbeiten auf dem Abschnitt Steinerne Renne –Drei Annen Hohne und später bis Schierke längst im Gange. Am 29. Mai 1898 wurde die Haltestelle

Westerntor eröffnet, die „außer den Lokalitäten" auch einen Fahrkartenschalter aufwies. Gaststätte und Haltepunkt – im Volksmund nach dem Gastwirt „Der Kleine Gote" genannt – befanden sich bis 1936 an dieser Stelle.

Die Eröffnungsfahrt von Wernigerode nach Schierke fand am 16. Juni 1898 statt. Vier Tage später wurde dieser Streckenabschnitt für den öffentlichen Güter- und Personenverkehr freigegeben.

Probleme gab es mit der Stierbergbrücke zwischen Eisfelder Talmühle und Benneckenstein, an der am 22. Juli 1898 Risse festgestellt wurden. Fachleute veranlaßten eine Ummantelung des Bauwerks sowie eine Ausfüllung der Fugen und der Risse mit Bindemitteln. So brauchte die Brücke nicht abgerissen zu werden.

Zur feierlichen Grundsteinlegung des Bahnhofs Brocken am 28. Juli 1898 hatten sich Vertreter der Baufirma Gebr. Schönfeld aus Blankenburg (auch verantwortlich für den Bau des Königlichen Observatoriums), der Erbauer der Harzquerbahn sowie Re-

Bild 2.10.   Blick auf die strittige Westerntorkreuzung um 1905. Man beachte das Klappschild „Halt! Zug kommt". Der Haltepunkt befand sich links der Kreuzung.
Foto: Sammlung Becker

Bild 2.11.   Beim Bau der Stierbergbrücke bei Benneckenstein.   *Foto: Sammlung Becker*

Bild 2.12.   Während der Bauarbeiten am ThumkuhlenTunnel.   *Foto: Sammlung Heurer*

Bild 2.13.
Der „Soldatenstein" an
der Brockenstrecke.
Foto: Sammlung Becker

Bild 2.14.   Beim Bau einer Stütz-Mauer an der Brockenstrecke.

Foto: Sammlung Becker

Herrn *Oskar Meyer*

beehrt sich zu der am 15. d. Mts.,
1 Uhr 15 M., von Nordhausen
abgehenden

Eröffnungs-Fahrt

der Teilstrecke

Netzkater-Benneckenstein

ergebenst einzuladen

Die Betriebsleitung.

Ilfeld, den 12. Septbr. 1898.

Diese Karte dient gleichzeitig als Fahrtausweis.

L. Lohoff. Benneckenstein.

Bild 2.15.   Einladungsbillet zur Eröffnungsfahrt Netzkater–Benneckenstein.

Foto: Sammlung Becker

65

Nordhausen-Wernigeroder Eisenbahn.
Bekanntmachung.

Am Montag, den 27. März cr., ist der
Betrieb
auf der Gesamtstrecke Nordhausen-Wernigerode
nach besonderem Fahrplan aufgenommen.

Der Fahrplan wird auf den Stationen zum Aushang gebracht.

Vom gleichen Tage ab kommen die Tarife des Binnen-Verkehrs und der direkten
Verkehre für die Beförderung von Personen und Gütern im vollen Umfange zur Einführung.

Nähere Auskunft erteilen die Stationen.

Wernigerode, den 25. März 1899.

Die Betriebs-Direktion.

Bild 2.16.
Bekanntmachung im
„Wernigeröder Tage-
blatt".
Foto: Sammlung Becker

gierungsbaumeister Morgenstern, Bauführer Niemann und der Meteorologe Dr. Stade eingefunden.
Beim Bau der Brockenstrecke wurde überhaupt ein
ungewohnter Aufwand getrieben. Eine Kompanie
des I. Eisenbahnregiments Berlin-Schöneberg kam
zum Einsatz – wovon noch heute der an der Brockenstrecke stehende „Soldatenstein" (oder „Bertha-
stein") zwischen Schierke und dem Bahnhof
Goetheweg zeugt. Neben bayerischen Landsleuten
waren zeitweilig auch ausländische Arbeiter aus Ita-
lien und Kroatien eingesetzt.
Die Arbeit an der Strecke zum Gipfel des Harzes war
wegen des rauhen Klimas sehr schwer. Granitfelsen
mußten gesprengt und das Brockenmoor überwunden werden. Allen Schwierigkeiten zum Trotz wurde
die Brockenstrecke noch rechtzeitig vor dem Winter-
einbruch fertig. Dazu hieß es:
„Die erste Probefahrt auf der neuerbauten Brockenstrecke hat am 4. Oktober 1898 stattgefunden, nachdem am Vortage das einige Wochen hindurch mit
dem Vorstrecken des Geleises der Bahn beschäftigt
gewesene Kommando des Eisenbahnregiments Nr. I
seine Arbeiten auf dem Brocken vollendet hatte.
Nach zweistündiger Fahrt vom Bahnhof Schierke traf
der Zug mit den von der Vereinigten Eisenbahnbau-
und Betriebsgesellschaft, der Erbauerin der Harzquerbahn, geladenen Gästen ein. Außer dem Direk-

tor der Gesellschaft, Herrn Ströhler, und seinen Be-
amten hatten sich auch Vertreter der staatlichen und
fürstlichen Behörden, Offiziere des erwähnten Kommandos sowie Vertreter des Brockenobservatoriums
nebst ihren Damen eingefunden. Nach dem feierlichen Akt des Einschlagens des letzten Nagels in
das Bahnhofsgleis fand im Brockenhotel ein Frühstück zu etwa 50 Gedecken statt, bei dem u. a. der
Tätigkeit des Kommandos des Eisenbahnregiments,
Hauptmann Duvernoh und seiner Offiziere, sowie
des Erbauers der Brockenbahn, Abteilungsbaumei-
ster Morgenstern und seiner Mitarbeiter, des Regie-
rungsbauführers Niemann und des Bauaufsehers
Schraml ehrend gedacht wurde. Ein Tänzchen, zu
dem einige Arbeiter der Brockenbahn die Musik aus-
führten, hielt bis gegen Abend die Festteilnehmer zusammen, die dann mittels Extrazuges nach Schierke
befördert wurden."
Schon einen halben Monat vorher, am 15. September 1898, war der Abschnitt Netzkater–Benneken-
stein fertiggestellt und für den Güter- und Personenverkehr freigegeben worden. Die letzte Baulücke
– zwischen Sorge und Elend – wurde am 14. Dezember 1898 geschlossen. Nach Erledigung der Rest-
arbeiten konnte die gesamte Harzquer- und Brockenbahn am 27. März 1899 für den Verkehr freigegeben
werden.

3. Betrieb und Verkehr, Projekte und Veränderungen auf der NWE

3.1. Nach der Inbetriebnahme

Von Anfang an spielte der Ausflugsverkehr eine hervorragende Rolle. Er prägte das Bild der Harzquer- und Brockenbahn maßgeblicher als der unspektakuläre Güterverkehr, für den man immer neue Einnahmequellen zu erschließen versuchte.
So teilte die Betriebsleitung am 28. Juli 1899 mit, daß ab sofort die Beförderung von Langholz und anderen außergewöhnlich langen Gegenständen bis zu 24 m Länge und 2 m Breite möglich sei.
Die Betriebseinnahmen der ersten Monate waren zufriedenstellend. Wurden im ersten Monat des vollen Betriebs 22 140 Mark erzielt, waren es im zweiten Monat schon 59 206 Mark.

Die Fahrpreise wurden nach den damals gültigen Tarifen berechnet. Es gab einfache Fahrkarten, Hin- und Rückfahrkarten, Sonntagsrückfahrkarten, Wanderkarten und Sportkarten (insbesondere für den Winterverkehr). Nur für einfache Fahrkarten gab es keine Preisermäßigungen. Preisermäßigungen beispielsweise beim Brockenverkehr sahen so aus: Eine einfache Fahrt Wernigerode—Brocken kostete 3,00 Mark, eine Hin- und Rückfahrkarte dagegen nur 4,00 Mark.
Und solche Ausflugsfahrten wurden sehr stark in Anspruch genommen. Am 2. Pfingstfeiertag 1899 beispielsweise hatte die Harzquerbahnpost 28 kg Postkarten vom Brocken aus zu Tale zu befördern!
Wegen der starken Inanspruchnahme der Brocken-

Bild 3.1.   Ein Brockenzug im Eckerloch oberhalb von Schierke.

Foto: Sammlung Becker

Bild 3.2.
Ein Personenzug auf
der Brockenstrecke.
Foto: Sammlung Becker

Bild 3.3.   Der Brocken Mitte der 20er Jahre.

Foto: Sammlung Becker

Bild 3.4. Ein Zug auf dem Brocken, um 1960.

Foto: Habermann

Bild 3.5.
Zeitungsmeldung im
Wernigeröder Tageblatt.
Foto: Sammlung Becker

strecke gab die NWE dem Drängen der Harz-Club-Vereine nach, einen Bahnhof am Goetheweg einzurichten. Ursprünglich schon für das Frühjahr vorgesehen, wurde er am 17. Juli 1900 eingeweiht und in Betrieb genommen. Die Baukosten für die Bahnanlage, die Weiche und die Gleise in Höhe von 25 000 Mark übernahm die NWE, während die Harz-Club-Vereine für das 3500 Mark teure Bahnhofsgebäude aufkommen wollten.

Der Brockenverkehr stieg im Laufe der Zeit derartig an, daß in der Zeit nach dem ersten Weltkrieg die Züge nochmals hinunter nach Schierke mußten, um

69

Bild 3.6. Hexenspuk im Jahre 1932: Ein Walpugiszug im Bahnhof Wernigerode.

Foto: Sammlung Becker

Bild 3.7. Bahnpoststempel aus den 20er Jahren.
Foto: Sammlung Flachs

die dort noch wartenden Menschen – die z. T. mit Reisebussen hierher gekommen waren (dahinter war die Brockenchaussee zu steil) – aufzunehmen.

Auf dem Brocken bot sich den Fahrgästen neben der wundervollen Aussicht eine ganze Reihe touristischer Attraktionen: das Brockenhotel, ein Aussichtsturm, das schon erwähnte Observatorium sowie das Wolkenhäuschen, eine Erinnerungsstätte an den Goethe-Besuch im Dezember 1777. Weitere Sehenswürdigkeiten waren die Teufelskanzel, ein auffällig großes Granitsteingebilde, und der botanische Garten mit seltenen Gebirgspflanzen.

Allerdings konnte man nur vom 30. April bis zum 15. Oktober den Brocken befahren. Die Schneemassen des Winters waren mit der damaligen Technik nicht zu bewältigen. Der Schnee lag so hoch, daß Skiläufer über den zugeschneiten Brockenbahnhof hinwegfuhren, ohne ihn bemerkt zu haben! Nur einmal, bereits im Winter 1899, war der Versuch unternommen worden, den Brocken mit einem Zug zu erklimmen. Der Aufwand war jedoch viel zu hoch, und weitere Versuche unterblieben.

Alljährlich begann der Zugverkehr zum Brocken am 30. April. Um abenteuerlustigen Fahrgästen die

Bild 3.8. Ein Sonderbus zur Walpurgisfeier auf dem Brocken, um 1930.

Foto: Sammlung Becker

Bild 3.9.
Noch ein Walpurgiszug
in Wernigerode!
Foto: Sammlung Röper

Nordhausen-Wernigeroder Eisenbahn.

Im August d. J. sollen an den Wochentagen nachfolgende

Sonderzüge

auf der Strecke **Wernigerode-Brocken** verkehren:

8³⁰	Vorm.	ab	Wernigerode (Staatsbahnhof)	an ↓ 2⁰⁰	Nachm.
8⁵⁴	,,	,,	Westernthor	ab 2⁰⁵	,,
9⁰¹	,,	,,	Haſſerode I	,, 2⁰⁹	,,
9⁰⁴	,,	,,	Haſſerode II	,, 2¹⁴	,,
9¹¹	,,	,,	Haſſerode Bahnhof	,, 2²⁰	,,
9¹⁴	,,	,,	Steinerne Renne	,, 2³¹	,,
9⁴⁷	,,	,,	Drei-Annen-Hohne	,, 1²⁴	,,
10¹³	,,	,,	Schierke	,, 1⁰⁰	,,
10⁴¹	,, ↑ an		Brocken	,, ● 12²⁵	,,

Wernigerode, den 5. August 1899.

Die Betriebs-Direktion.

Bild 3.10.
Verkehrswerbung:
Hinweis auf Sonder-
fahrten.
Foto: Sammlung Becker

Bild 3.11.   Angekommen: Walpurgiszug auf dem Brocken in den 30er Jahren.

Foto: Sammlung Becker

Möglichkeit zu bieten, an der Walpurgisfeier auf dem Brocken teilzunehmen, eröffnete ab 1901 ein Sonderzug, der sogenannte „Walpurgiszug", die Saison. 16.50 Uhr in Wernigerode startend, war die Ankunft des Zuges im Brockenbahnhof für 19.40 Uhr avisiert. Alle Wagen waren mit Tannengrün und Reiserbesen geschmückt, die Fahrgäste hatten sich als Hexen und Teufel kostümiert. Die staunende Bevölkerung Wernigerodes stand dichtgedrängt an den Gleisen, zumal die Spukgestalten den Kindern Bonbons zuwarfen! Vorn, beidseits der Rauchkammertür der Lokomotive, schauten eine Hexe und ein Teufel grimmig drein, aus den Zugfenstern winkten Mohren, Indianer und Harlekine... Musikkapellen im Zug sorgten für Stimmung. Auf dem Brocken angekommen, begab sich die ganze Gesellschaft in die festlich geschmückten Räume des Brockenhotels, wo alle untergebracht waren. Nach durchzechter Nacht, früh 9.00 Uhr auf dem Brockenbahnhof startend, lief der Zug mit seiner verkaterten Fracht um 11.50 Uhr wieder in Wernigerode ein...

3.2. Projekte und Erweiterungen

Weitere Projekte hatten zur Diskussion gestanden. Noch 1899 plante die NWE den Bau einer schmal-spurigen Strecke von Drei Annen Hohne nach Elbingerode. Und für eine Gleisverbindung zwischen Eisfelder Talmühle und Stiege, die von der NWE und der GHE gewünscht wurde, waren schon im Mai 1900 die Vorarbeiten abgeschlossen. Genehmigt wurde die zur GHE gehörende Abzweigung am 18. April 1905, und fertiggestellt werden konnte sie am 3. Juli 1905. Zwölf Tage später ging sie in Betrieb, eingeweiht durch einen Eröffnungszug, dem u.a. beide Salonwagen der NWE und der GHE angehörten. Die NWE hatte sich an den Baukosten mit einer durch Anleihen beschafften Summe von 100 000 Mark beteiligt. Im September des gleichen Jahres wurde auch das neue Empfangsgebäude des Bahnhofs Eisfelder Talmühle fertig, um zukünftig als Gemeinschaftsbahnhof benutzt werden zu können. Der Bahnhof wurde jeweils zur Hälfte mit Personal beider Bahnverwaltungen besetzt. Desgleichen teilte man sich in die Kosten der Unterhaltung des Bahnhofs. Als nach dem ersten Weltkrieg auf dem Abschnitt Eisfelder Talmühle–Stiege die Gewinne immer weiter zurückgingen, bot ihn die GHE 1940 endlich der NWE zum Kauf an. Doch das Geschäft kam nicht zustande.

Ein anderes, allerdings erfolgloses Projekt war das einer Strecke von Wernigerode über Benzingerode nach Blankenburg, Thale und Quedlinburg. Dieser

Foto: Sammlung Becker

Bild 3.12. Das Gasthaus Drei Annen um 1900.

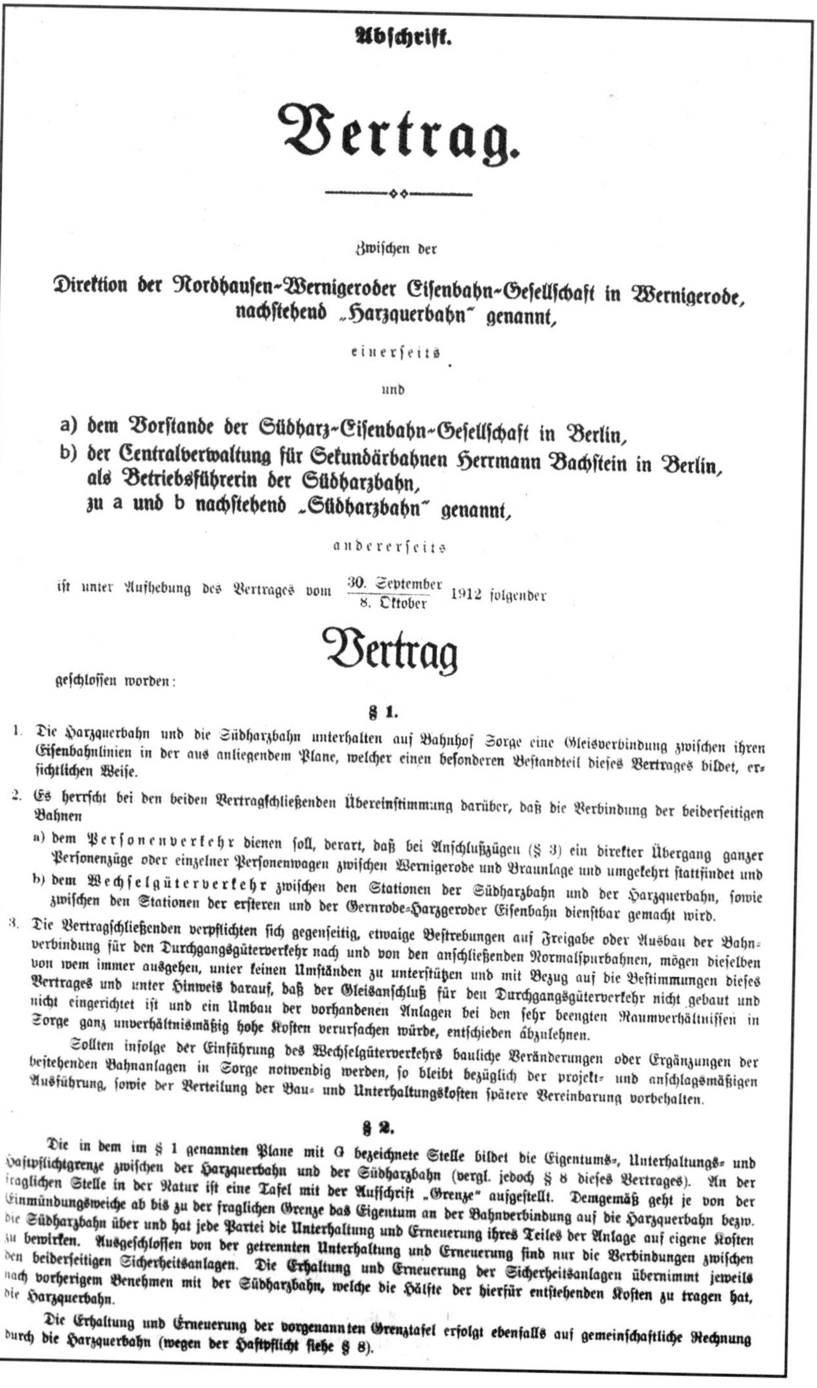

Abschrift.

Vertrag.

◇◇

Zwischen der

Direktion der Nordhausen-Wernigeroder Eisenbahn-Gesellschaft in Wernigerode, nachstehend „Harzquerbahn" genannt,

einerseits

und

a) dem Vorstande der Südharz-Eisenbahn-Gesellschaft in Berlin,
b) der Centralverwaltung für Sekundärbahnen Herrmann Bachstein in Berlin, als Betriebsführerin der Südharzbahn, zu a und b nachstehend „Südharzbahn" genannt,

andererseits

ist unter Aufhebung des Vertrages vom $\frac{\text{30. September}}{\text{8. Oktober}}$ 1912 folgender

Vertrag

geschlossen worden:

§ 1.

1. Die Harzquerbahn und die Südharzbahn unterhalten auf Bahnhof Sorge eine Gleisverbindung zwischen ihren Eisenbahnlinien in der aus anliegendem Plane, welcher einen besonderen Bestandteil dieses Vertrages bildet, ersichtlichen Weise.

2. Es herrscht bei den beiden Vertragschließenden Übereinstimmung darüber, daß die Verbindung der beiderseitigen Bahnen

 a) dem Personenverkehr dienen soll, derart, daß bei Anschlußzügen (§ 3) ein direkter Übergang ganzer Personenzüge oder einzelner Personenwagen zwischen Wernigerode und Braunlage und umgekehrt stattfindet und

 b) dem Wechselgüterverkehr zwischen den Stationen der Südharzbahn und der Harzquerbahn, sowie zwischen den Stationen der ersteren und der Gernrode-Harzgeroder Eisenbahn dienstbar gemacht wird.

3. Die Vertragschließenden verpflichten sich gegenseitig, etwaige Bestrebungen auf Freigabe oder Ausbau der Bahnverbindung für den Durchgangsgüterverkehr nach und von den anschließenden Normalspurbahnen, mögen dieselben von wem immer ausgehen, unter keinen Umständen zu unterstützen und mit Bezug auf die Bestimmungen dieses Vertrages und unter Hinweis darauf, daß der Gleisanschluß für den Durchgangsgüterverkehr nicht gebaut und nicht eingerichtet ist und ein Umbau der vorhandenen Anlagen bei den sehr beengten Raumverhältnissen in Sorge ganz unverhältnismäßig hohe Kosten verursachen würde, entschieden abzulehnen.

 Sollten infolge der Einführung des Wechselgüterverkehrs bauliche Veränderungen oder Ergänzungen der bestehenden Bahnanlagen in Sorge notwendig werden, so bleibt bezüglich der projekt- und anschlagsmäßigen Ausführung, sowie der Verteilung der Bau- und Unterhaltungskosten spätere Vereinbarung vorbehalten.

§ 2.

 Die in dem im § 1 genannten Plane mit G bezeichnete Stelle bildet die Eigentums-, Unterhaltungs- und Haftpflichtgrenze zwischen der Harzquerbahn und der Südharzbahn (vergl. jedoch § 8 dieses Vertrages). An der fraglichen Stelle in der Natur ist eine Tafel mit der Aufschrift „Grenze" aufgestellt. Demgemäß geht je von der Einmündungsweiche ab bis zu der fraglichen Grenze das Eigentum an der Bahnverbindung auf die Harzquerbahn bezw. die Südharzbahn über und hat jede Partei die Unterhaltung und Erneuerung ihres Teiles der Anlage auf eigene Kosten zu bewirken. Ausgeschlossen von der getrennten Unterhaltung und Erneuerung sind nur die Verbindungen zwischen den beiderseitigen Sicherheitsanlagen. Die Erhaltung und Erneuerung der Sicherheitsanlagen übernimmt jeweils nach vorherigem Benehmen mit der Südharzbahn, welche die Hälfte der hierfür entstehenden Kosten zu tragen hat, die Harzquerbahn.

 Die Erhaltung und Erneuerung der vorgenannten Grenztafel erfolgt ebenfalls auf gemeinschaftliche Rechnung durch die Harzquerbahn (wegen der Haftpflicht siehe § 8).

Bild 3.13.
Titelseite des Vertrags zwischen NWE und SHE.
Quelle: STA Magdeburg KD Blankenburg 3269

Bild 3.14.
Blick durch die
Straßenüberführung
der SHE bei Sorge
entlang dem NWE-Gleis
in Richtung Elend.
Foto: Sammlung Becker

Plan einer „Harzgürtelbahn" führte zu heftigen Strei-
tereien unter den betroffenen Städten, die entweder
eine Normal- oder eine Schmalspurbahn oder überhaupt keinen Bahnanschluß wünschten. Die HBE,
die in dieser Bahn ein Konkurrenzunternehmen wit-
terte, polemisierte gegen eine Normalspurstrecke.
Trotzdem konnte im Januar 1900 von der preußischen und der braunschweigischen Landesregierung die Konzession zum Bau einer Bahnlinie – in
Meterspur – von Wernigerode über Blankenburg
nach Thale erreicht werden. Die bereits harzerprobte
„Eisenbahnbau- und Betriebsgesellschaft Berlin"
sollte den Bau der Strecke übernehmen und begann
sogleich mit den Projektierungs- und Vermessungsarbeiten. Wegen Finanzierungsproblemen verfiel jedoch dieser Plan. Die HBE erhielt derweilen 1905
eine neue Konzession zum Bau einer Normalspurbahn Blankenburg–Thale mit einem Abzweig nach
Quedlinburg.
Etwa zur gleichen Zeit entstand auch der Plan, die
westlich des Südabschnitts der NWE gelegenen
Orte mittels einer Eisenbahn zu erschließen. Daraus
wurde dann die seit 1899 bestehende Südharzeisenbahn, die als Konkurrenzunternehmen galt. Erst
1913 schuf man eine Gleisverbindung zwischen SHE
und NWE in Sorge.
Ebenfalls 1913 kam es zu einem weiteren Projekt
einer Nord-Süd-Bahn. Als Teil der Strecke Hamburg

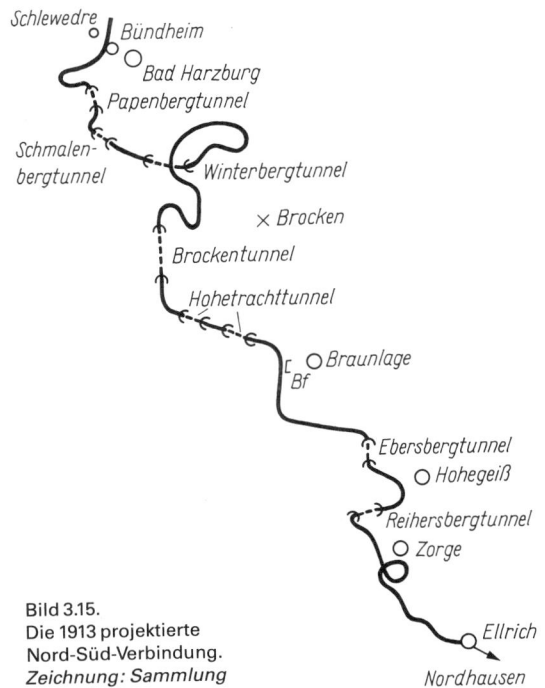

Bild 3.15.
Die 1913 projektierte
Nord-Süd-Verbindung.
*Zeichnung: Sammlung
Zieglgänsberger*

—München stellte Oberingenieur Bütow aus Braunschweig in einer Denkschrift den normalspurigen Entwurf des Abschnitts Bad Harzburg–Braunlage–Nordhausen vor. Entsprechend den Vorschriften für Hauptbahnen durften die Strecken nicht steiler als 1 : 40 geneigt sein, der kleinste Bogenhalbmesser hätte 300 m betragen. Die Baukosten des dann verworfenen Projekts hätten 32 Millionen Mark betragen! Die Streckentrassierung sollte so aussehen: Bad Harzburg–Tunnel im Papenberg und Bogentunnel durch den Schmalenberg zum Radautal–Bogenkehre und Viadukt am Diebessteig zum Molkenhaus–Scharfenstein–Tunnel durch das Brockenmassiv–Okertal–zweimalige Durchtunnelung der Hohen Tracht–Braunlage–Brunnenbachstal (Haltestelle beim Bahnhof der SHE)–Hölltal–Ebersbergtunnel vom Wolfbachtal–Reihersbergtunnel in das Steinbachstal – Tal der Oberzorge – Staufenberg – Schraubenkurve bis Zorge–Weiterführung auf der zweigleisig auszubauenden, normalspurigen Kleinbahn Ellrich–Zorge und Einfädelung in die bereits bestehende Hauptbahn Ellrich–Nordhausen.

3.3. Betrieb, Geschäft und weitere bauliche Veränderungen bis zum ersten Weltkrieg

Vom 1. Juni 1902 an verkehrten täglich fünf Züge in jeder Richtung. Und während der Saison fuhren bis zu sieben Züge auf den Brocken. Die Ansprüche wuchsen und damit auch die Anforderungen an die Anlagen der NWE.
Im Juli 1906 mußte der Bahnhof Steinerne Renne umgebaut werden. Dabei entstand auch ein neues Empfangsgebäude. 1910 wurde – an steigungsgünstiger Stelle fast genau in der Mitte zwischen den Bahnhöfen Steinerne Renne und Drei Annen Hohne – die Blockstelle Drängetal gebaut. Mit einer Gleisumfahrung und einem Rückdrückgleis versehen, diente sie der Kreuzung von Zügen.
Um den Eisenbahnbetrieb sicher und reibungslos ablaufen zu lassen, galten bei der NWE die Vereinfachten Fahrdienstvorschriften, das Vereinfachte Signalbuch und die Vereinfachte Vorschrift über die Bedienung der Fernmelde- und Sicherungsanlagen. Waren die Sicherungseinrichtungen in den Anfangsjahren noch behelfsmäßig, so gab es später Erweiterungen und Verbesserungen – erstmals 1910 und 1912, als fast alle Bahnhöfe Formsignale erhielten. Sämtliche Blockstellen und Bahnhöfe bekamen Morseapparate. Die zentrale Morsestelle befand sich im Verwaltungsgebäude in Nordhausen, wo später auch eine Telefonzentrale mit entsprechenden Verbindungen zu allen Betriebsstellen der NWE eingerichtet wurde. Zug- und Wagenmeldungen sowie Dienstfernschreiben gingen über den Morseapparat.
Noch bevor am 31. März 1908 der Pachtvertrag zwischen der NWE und der „Eisenbahnbau- und Betriebsgesellschaft Berlin" ausfiel und die Harzquerbahn durch die in Nordhausen ansässige Direktion unter Direktor Ufflacker in eigene Regie übernommen wurde, kam es zu neuerlichen Streitigkeiten.
Es hatte mit der Gemeinde Wiegersdorf begonnen, die erfolgreich um eine Befreiung von der Zinsgarantie nachsuchte. Ihr Gemeindeschulze hatte die Garantie ohne Gemeindeermächtigungsbeschluß übernommen! Folgerichtig wurde am 25. Februar 1905 der bisherige Bahnhofsname Ilfeld Wiegersdorf in Ilfeld geändert. Im gleichen Jahr prozessierten die Stadt Benneckenstein und die Gemeinde Hasserode beim Landgericht Halberstadt um eine Rückzahlung der geleisteten Zinsgarantien, da die NWE ihre Zusagen nicht erfüllt hätte: Zum einen führe die Bahn nicht – wie versprochen – als Straßenbahn durch Hasserode, zum anderen fühlte sich Benneckenstein durch das Verbindungsgleis Eisfelder Talmühle–Stiege geschädigt. Erfreulicheres tat sich in Nordhausen, wo am 1. Juli 1913 ein neues, attraktiveres Empfangsgebäude eingeweiht wurde. Der Personenbahnhof war als Kopfbahnhof umgestaltet worden. Getrennt davon wurde der Rangierbahnhof mit der Rollbockanlage errichtet. Dadurch konnten die Rangierarbeiten von nun an ohne jegliche weitere Beeinträchtigung des Reiseverkehrs ablaufen. Ebenfalls in diesem Zusammenhang erfolgte eine generelle Erneuerung aller vorhandenen Gleisanlagen.
Eine spezielle, 1 : 16 geneigte „Teststrecke" an der Trasse von Drei Annen Hohne in Richtung Schierke wurde 1915 erbaut. Hier führte das Württembergische Eisenbahnregiment Tests mit zwei Lokomotiven durch.
Am 1. April 1916 verlegte die Direktion der NWE ihren Sitz von Nordhausen nach Wernigerode. Der Grund hierfür war ein organisatorischer, zumal sich in Wernigerode die Reparaturwerkstatt für alle Fahrzeuge befand und der ständig anwachsende Verkehr – besonders zum Brocken – von hier aus besser zu überwachen war, als im 60 km entfernten Nordhausen.
Zwei Jahre später schied Direktor Ufflacker aus. Der spätere Betriebsdirektor Scharnhorst übernahm die Funktion eines technischen Mitglieds der Direktion. Noch im gleichen Jahr wurde er mit der Leitung der Harzquer- und Brockenbahn betraut, die er bis 1949 behielt.

Bild 3.16.   Der Bahnhof Steinerne Renne vor dem Umbau.   *Foto: Sammlung Becker*

Bild 3.17.   Der Kreuzungsbahnhof Drängetal um 1912. Die Lokomotive trug die Nummer 31 oder 32.   *Foto: Sammlung Becker*

Bild 3.18. Diese alte Ansichtskarte zeigt den Bahnhof Elend.

Foto: Sammlung Zieglgänsberger

Bild 3.19. Eisenbahndirektor Eduard Scharnhorst.
Foto: Sammlung Becker

3.4. Veränderungen nach 1920

Die Zeit nach dem ersten Weltkrieg brachte eine Reihe baulicher Veränderungen mit sich. 1921 wurden das im Thumkuhlental befindliche Schotterwerk stillgelegt und das Ladegleis abgebaut. 1922 kam es zur Stillegung des Haltepunkts Talbrauerei sowie des Haltepunkts Hasserode II an der Frankenfeldstraße in Wernigerode (seit 1901 von einem Gastwirt betreut). Ebenfalls 1922 wurde der Bahnhof Hasserode umgebaut. Im Zusammenhang mit neuen Anschlußgleisen erhielten die Hauptgleise eine neue Linienführung.

Im gleichen Jahr mußte das stark verwitterte Holzgebäude des Bahnhofs Gotheweg einem massiven Gebäude weichen. Das alte, auch aus Holz bestehende Empfangsgebäude auf dem Brocken wurde 1923 durch ein modernes, attraktiveres Gebäude aus Granitsteinen ersetzt. Der Entwurf für dieses Bauwerk stammte von dem Architekten Schmidt aus Görlitz.

Und der zwischen Altentor und Niedersachswerfen gelegene Haltepunkt Krimderode, bisher ohnehin nur mit einer Sitzbank versehen, wurde im gleichen Jahr aufgehoben. Da diese Bank gelegentlich durch „böse Bubenhände" verschleppt worden war, hatte man im Volksmund oft vom „geklauten Bahnhof" gesprochen.

Bild 3.20.
Eine wilde Kulisse:
Felseinschnitt im
Drängetal.
Foto: Sammlung Becker

Dann begann wieder die Zeit der Projekte und Ideen. Im August 1924 wurde im „Wernigeröder Tageblatt" berichtet, daß ein Kreis von Interessenten aus der Industrie das Projekt einer Normalspurbahn Hasselfelde – Trautenstein – Benneckenstein diskutierte. Diese Bahn hätte gleichzeitig die Verbindung Stiege –Eisfelder Talmühle ersetzen sollen. Auch eine mögliche Dreischienenbahn war im Gespräch. Eisenbahndirektor Scharnhorst von der NWE gab allerdings zu bedenken, daß solch eine Bahn viel zu teuer und überdies nicht rentabel wäre. Zum Vergleich wurde die negative Bilanz auf dem Abschnitt Stiege –Eisfelder Talmühle angeführt: Im April und Mai 1924 wurden hier nur 30 bzw. 42 Wagenladungen abgefertigt. Die Zahl der Fahrgäste lag im gleichen Zeitraum bei 322 bzw. 326. Ein Grund für die Unwirtschaftlichkeit des Nahverkehrs seien die ungünstigen, von der DRG verordneten Staffelpreise gewesen, hieß es. Damit unterblieb ein Umbau der Strecke Nordhausen–Ilfeld, und es mußte weiterhin Rollbockverkehr gefahren werden.

Ebenfalls 1924 tauchte der Gedanke auf, die gesamte NWE oder wenigstens die Teilstrecke Drei Annen Hohne–Brocken zu elektrifizieren. Damals kaum zu lösende finanzielle Probleme verhinderten allerdings eine ersthaftere Diskussion dieses Plans. Als die Harzquerbahn am 27. März 1924 ihr 25jähriges Betriebsjubiläum feierte, fehlte es nicht an Eh-

rungen und Würdigungen. In der Festschrift hieß es: „Ein Vierteljahrhundert ist es her, seitdem die einzigartige, romantische Schönheit unseres Gebirges für jedermann erschlossen ist. Seitdem Handel und Wandel sich in früher ungeahntem Maße gehoben, seitdem Gebirgsstädte und Dörfer, die noch vor 15 Jahren den Dornröschenschlaf schliefen, zu zum Teil weltbekannter Bedeutung aufgeblüht sind..."

Tabelle 3.1. Anschlußgleisstatistik bei der NWE	Jahr	Zahl der Anschließer
	1912	17
	1921	20
	1924	23
	1929	22

Der Personalbestand war ständig angewachsen: Im Jahre 1925 hatte die NWE bereits 100 Beamte und 150 Arbeiter. Und während der Saison erhöhte sich der Bestand auf insgesamt bis zu 275 Eisenbahner! Die Leitung des Betriebs – in Abhängigkeit vom Aufsichtsrat und von den staatlichen Stellen der Bahnaufsicht – verblieb auch weiterhin in den Händen des Betriebsdirektors und seines Stellvertreters.

Tabelle 3.2. Privatanschlußgleise im Jahre 1924

Nummer	Anschließer
1	Max Goldschmidt jun. Eisen- und Metallhandlung, Nordhausen, normalspuriger Anschluß ab Umladebahnhof Nordhausen
2	Rudolph Schulze & Co., Baumaterialien Nordhausen, normalspuriger Anschluß ab Umladebahnhof Nordhausen
3	F. W. Wolfram Eisengroßhandlung Nordhausen, normalspuriger Anschluß ab Umladebahnhof Nordhausen
4	Wilhelm Tolle, Baumaterialien Nordhausen, schmalspuriger Anschluß ab Güterbahnhof Nordhausen
5	Tiefbau- und Kälteindustrie A.G. vorm. Gebhardt & König, Nordhausen, schmalspuriger Anschluß ab Kilometer 1,2
6	A. & F. Probst G.m.b.H. Gipswerke, Niedersachswerfen, schmalspuriger Anschluß ab Kilometer 8,2 + 2
7	Gipswerke Kaselitz A.G. Niedersachswerfen, schmalspuriger Anschluß ab Kilometer 10,0 + 30
8	Gewerkschaft Wentzelzeche, Teutschental (Steinkohlenbergbau Netzkater), schmalspuriger Anschluß ab Kilometer 13,5 + 33,3
9	Fürstl. Stolberg-Wernigerödische Kammer Wernigerode, (Grauwackebrücke im Ilfelder Tal), schmalspuriger Anschluß ab Kilometer 15,0 + 2
10	Wilhelm Baumgarten, Kohlenhandlung Benneckenstein, schmalspuriger Anschluß ab Bf Benneckenstein
11	Sebastian Baumgarten, Zimmermeister Benneckenstein, schmalspuriger Anschluß ab Bf Benneckenstein
12	Oberharzer Granitwerke G.m.b.H. Barsinghausen (Granitwerk Knaupsholz), schmalspuriger Anschluß ab Kilometer 3,54 (Brockenstrecke)
13	Transatlantische Handels AG Wernigerode-Hasserode, schmalspuriger Anschluß ab Kilometer 58,9 + 30
14	Christian Niewerth, Sägewerk Wernigerode-Hasserode, schmalspuriger Anschluß ab Bf Hasserode
15	Ferdinand Karnatzki A.G. Kakao- und Schokoladenfabrik Wernigerode-Hasserode, schmalspuriger Anschluß ab Bf Hasserode
16	Heidenauer Papierfabrik A.G. Heidenau Zweigniederlassung Wernigerode, schmalspuriger Anschluß ab Kilometer 58,5 + 50
17	Gebrüder Marschhausen, Papierfabrik Wernigerode-Hasserode, schmalspuriger Anschluß ab Kilometer 57,6
18	Mauls Kakao- und Schokoladenfabrik A.G. Wernigerode, schmalspuriger Anschluß ab Umladebahnhof Wernigerode
19	Gebrüder Brecht, Sägewerk Wernigerode, schmalspuriger Anschluß ab Umladebahnhof Wernigerode
20	A. Dieck Farbenfabrik Wernigerode, schmalspuriger Anschluß ab Umladebahnhof Wernigerode
21	Ernst Rosenthal Nachf. Kohlenhandlung Wernigerode, schmalspuriger Anschluß ab Kilometer 0,2 + 1,9 des Verbindungsgleises vom Güter- zum Umladebahnhof
22	J. G. Hering & Co., Sägewerk Wernigerode, schmalspuriger Anschluß ab Güterbahnhof Wernigerode (Westerntor)
23	H. F. Rhin Futter- und Düngemittelgroßhandlung Wernigerode, schmalspuriger Anschluß ab Kilometer 60,1

3.5. Werkstatt und Bahnmeisterei

Als nach dem ersten Weltkrieg wieder bessere Betriebsergebnisse verzeichnet werden konnten, mußte auch etwas für die dauernd im Einsatz befindlich gewesenen Fahrzeuge getan werden. So entschloß sich die Verwaltung der NWE zu einer Erweiterung und Überholung der nicht mehr ausreichenden Werkstatt am Güterbahnhof Westerntor. Diese besaß außer einem Ausbesserungsstand für Lokomotiven noch vier Anheizstände. Für die Überholung der Reisezugwagen gab es in einem besonderen Gebäude einen Stand für Ausbesserungen und einen weiteren für Lackierarbeiten, während Ausbesserungsarbeiten an Güterwagen in der Regel ohne Arbeitsgrube im Freien ausgeführt werden mußten. Deshalb also mußte eine Werkstatt geschaffen werden, die es ermöglichte, die Fahrzeuge während des Winters generalzuüberholen.

Der in den Jahren 1925/26 ausgeführte Neubau war insofern schwierig, als er aufgrund fehlenden Geländes nur auf dem bereits bebauten Territorium im Bereich des Bahnhofs Westerntor errichtet werden konnte. Dabei mußte die alte Werkstatt teilweise um- und unterbaut werden. Da hier der Betrieb so lange wie möglich aufrechterhalten werden sollte, kam der Neubau nur etappenweise unter laufendem Betrieb voran. Die am 20. Dezember 1926 in Dienst genommene Werkstatt besaß folgende Funktionsbereiche, die im wesentlichen heute noch bestehen: die

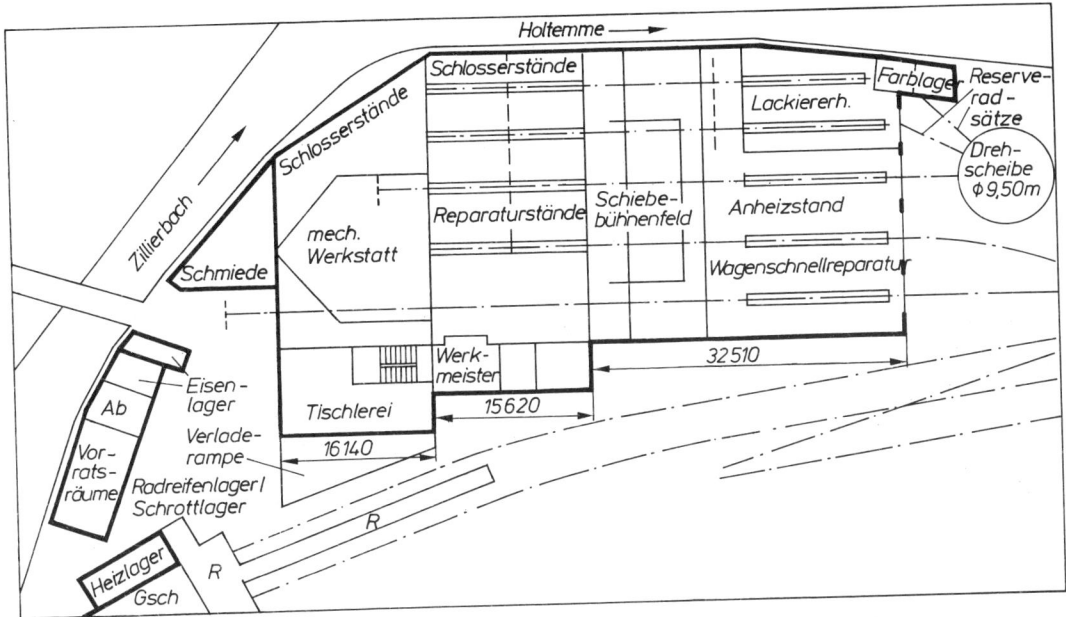

Holtemme →

Schlosserstände

Schlosserstände

Zillierbach

Schmiede

mech. Werkstatt

Reparaturstände

Schiebe- bühnenfeld

Lackiererh.

Farblager

Reserve- rad- sätze

Dreh- scheibe Ø 9,50 m

Anheizstand

Wagenschnellreparatur

32 510

15 620

Werk- meister

Tischlerei

16 140

Eisen- lager

Verlade- rampe

Radreifenlager / Schrottlager

Ab

Vor- rats- räume

Heizlager

Gsch

R

R

Bild 3.21.   Grundriß der neuen Ausbesserungswerkstatt in Wernigerode: Haupthalle mit Reparaturständen für Lokomotiven und Wagen (davon vier mit Arbeitskanälen), zwei Hubstände zum Anheben der Loks, zwei Arbeitskanäle zur Schnellausbesse-rung. Mechanische Werkstatt mit Gruppenantrieb (Transmission), 5-t-Kran, Radsatzdrehbank und Rundfeuer zum Aufziehen der Bandagen auf die Radsätze. Schmiede (auch Anfertigung/Reparatur von Tragfedern und Aufarbeitung von Siede-/Heiz-rohren) mit zwei Schmiedefeuern und einem Rundfeuer mit mechanischem Gebläse, sowie mit Preßluftschmiedehammer. Oberes Stockwerk mit Werkstatt für Stark- und Schwachstromarbeiten, Sattlerei, Wasch-, Umkleide- und Versammlungs-raum.   *Zeichnung: Sammlung Röper*

Foto: Sammlung Becker

Bild 3.22.   Das neue Werkstattgebäude.

Haupthalle als eigentliche Reparaturwerkstatt, eine Schmiede, eine Tischlerei, das Lagergebäude sowie – im oberen Stockwerk – Werkstatträume u. ä., außerdem im Kellergeschoß Trafostation und Hei-zungsanlage. Als besonders schwierig hatte sich die Installation des Kranes erwiesen.

Nachdem die neue Werkstatt fertiggestellt war, kam sie einem kleinen Reichsbahnausbesserungswerk gleich. Selbst Kesselreparaturen und das Auswechseln der Feuerbuchsen wurden in der eigenen Werkstatt vorgenommen. Die erforderlichen, gesetzlich vorgeschriebenen Kesselprüfungen und Abnahmen führten der Direktor der Harzquerbahn bzw. dessen Stellvertreter aus. Größere Arbeiten, wie beispielsweise die Umstellung der Fahrzeuge von der Körting-Bremse auf die Hardy-Bremse konnten, auf einen längeren Zeitraum verteilt, reibungslos in das Gesamtprogramm aufgenommen werden.

Zur Verkürzung der Reparatur-Standzeiten wurde 1936 von der Firma M.A.N. ein 20-t-Werkstattkran mit zwei Laufkatzen in der Haupthalle installiert, mit dem das Anheben von Lokomotivkesseln, Tendern und Achsen problemlos möglich war. Dieser Kran konnte seitlich über fünf Reparaturstände gefahren werden.

Die täglichen Untersuchungen der Reisezüge auf Funktionstüchtigkeit der Bremsen, der Beleuchtung und der Heizung wurden von den Beschäftigten der Werkstatt nach einem hierfür erarbeiteten Plan ausgeführt. Die Innen- und Außenreinigung der Reisezüge geschah in Nordhausen und Wernigerode durch eigens hierfür eingestellte Reinigungskräfte. Geleitet wurde die Werkstatt von einem Werkmeister und zwei Werkführern. Zu ihr gehörten weiterhin ein Magazinverwalter und eine Schreibkraft. Beide unterstanden direkt der Verwaltung. Im Winterhalbjahr 1930 beispielsweise waren 45 Handwerker beschäftigt – gegenüber nur 33 im Sommer. Die im Sommer frei werdenden Handwerker wurden als Verstärkungskräfte, meist als Lokheizer oder Betriebsarbeiter, eingesetzt. Die Sommermonate dienten den in der Werkstatt verbliebenen Schlossern verstärkt zur Vorbereitung von Tausch- und Ersatzteilen für Lokomotiven und Wagen, wie Tragfedern, Puffer, Kupplungen, Armaturen usw. für die Winterreparaturzeit. Auch Teile für die Oberbauunterhaltung sowie Weichen und Signaleinrichtungen wurden hier instandgesetzt.

Für die Unterhaltung der Gleise der Harzquerbahn sorgten bis 1951 drei Bahnmeistereien, in Nordhau-

Bild 3.23. Die Haupthalle. Im Vordergrund die Schiebebühne.

Foto: Sammlung Becker

Bild 3.24.
Überarbeitete Radsätze
in der Werkstatt.
Foto: Sammlung Becker

sen (Bm I), Benneckenstein (Bm II) und Wernigerode (Bm III). Die beiden ersteren besaßen je eine Rotte, während die Bm III über zwei Rotten verfügte (da sie ja noch die Brockenstrecke zu unterhalten hatte). In den Sommermonaten waren die Männer der Brockenrotte meist im Bahnhof Goetheweg bzw. in Schierke in festen Unterkünften untergebracht. Gearbeitet wurde von Montag bis Freitag, und mit dem letzten planmäßigen Freitagszug fuhren die Arbeiter ins Wochenende.

Alle Arbeiten an der Strecke mußten mit der Hand, also mit Schaufel und Steingabel, ausgeführt werden. Die Gleise wurden mit der Stopfhacke gestopft: Vier Mann, in einer Reihe nebeneinander im Gleis, verrichteten diese schwere Arbeit.

3.6. Verkehrswerbung für den Reiseverkehr

Betriebsdirektor Scharnhorst, seit 1918 mit der Leitung der Harzquerbahn betraut, schuf sich dadurch besondere Verdienste, daß er „seine" Bahn gerade für den Reiseverkehr attraktiver machte. Um Vereinbarungen über den Fremdenverkehr in den Harz zu treffen, besuchte er ab 1930 Reisebüros in Großbritannien, Frankreich, Dänemark, in den Niederlanden und in der Schweiz. Daran schlossen sich Verhandlungen mit der DRG an, „schnellfahrende Züge" über Wernigerode zu leiten.

Daraufhin fuhr im Sommerhalbjahr täglich ein Zugpaar von Hamburg über Hildesheim, Goslar, Bad Harzburg, Wernigerode, Halberstadt, Magdeburg nach Berlin und zurück. In der Folgezeit verkehrten sogar Kurswagen von bzw. nach Amsterdam, Paris und Brüssel. Den Reisenden wurden nicht nur romantische Fahrten auf den Gleisen der NWE geboten, es stand auch ein gut funktionierender Kraftverkehr zur Verfügung, der ansonsten schwer erreichbare Ziele anfuhr und so das Verkehrsangebot erweiterte.

In den Spitzenmonaten Juni, Juli und August wurden die Hauptreisezüge mit drei Mallet-Lokomotiven und zehn Reisezugwagen ab Wernigerode gefahren! Zwei Loks fuhren an der Spitze des Zuges, und die dritte Maschine leistete Schiebedienst. Die Züge wurden zum Teil im Abzweigebahnhof Drei Annen Hohne getrennt. Ein Zugteil fuhr nach Nordhausen weiter, während der größere Zugteil mit zwei Lokomotiven seine Fahrt zum Brocken fortsetzte. Täglich zwischen 7.00 Uhr und 16.00 Uhr fuhren jeweils sechs Zugpaare von Wernigerode zum Brocken und zurück.

Pro Tag wurden bis zu 5000 Reisende zum Brocken befördert! Ein Schwerpunkt war in jedem Jahr der

Bild 3.25.
Werbeplakat für
Gesellschaftsfahrten.
Foto: Sammlung Becker

Bild 3.26.
Souvernirs, Souve-
nirs…
Aufkleber für's
Reisegepäck.
Foto: Sammlung Becker

Pfingstverkehr. Von den Anschlußbahnhöfen in Wernigerode, Nordhausen und Drei Annen Hohne (Halberstadt-Blankenburger Eisenbahn) mußten Entlastungszüge, Vor- und Nachzüge zum Anschluß an die Brockenzüge gefahren werden. Selbst der Eisenbahn-Kraftverkehr der NWE wurde eingesetzt, um Anschlußreisende nach Schierke zu bringen.

Auch Sonderfahrten nach Schierke zur „Wildfütterung" bzw. zum „Hirschebrüllen" wurden von der Harzquerbahn organisiert, hatte doch der Bahnhofswirt in Schierke unmittelbar gegenüber dem Bahnhof eine Wildfütterung angelegt. Nach Absprache mit dem Wirt verkehrten nun Extrazüge nach Schierke. Dort wurde den Teilnehmern ein Abendbrot geboten, und bei einem Gläschen „Hasseröder Bier" wartete man auf den Beginn der Wildfütterung. Von den Fenstern der Bahnhofsgaststätte aus war das Herannahen des Wildes gut zu beobachten.

Bild 3.27. Plakatwerbung der NWE.

Foto: Sammlung Becker

Waren die „Stammgäste des Waldes" dann alle erschienen, schaltete der Wirt kurzzeitig Scheinwerfer ein, damit die Zuschauer das Wild aus nächster Nähe sehen konnten. Zum Hirschebrüllen mußte man allerdings eine Wanderung in die Tiefe des Waldes machen, wo sich die brünstigen, kapitalen Hirsche gegenüberstanden und rivalisierten.

Auch in der verkehrsarmen Zeit war man bemüht, dem Publikum Sonderfahrten zu bieten und solcherart das Geschäft zu beleben. Während in den Sommermonaten die Reisezüge ständig überfüllt waren, ging der Reiseverkehr vom Herbst bis zum Frühjahr spürbar zurück. Deshalb ließ man sich hier einiges zur Verkehrswerbung einfallen.

Bei jedem Fahrplanwechsel wurden besondere Aushangfahrpläne einschließlich der An- und Abfahrzeiten der Normalspurzüge in Nordhausen und Wernigerode gedruckt und an alle Hotels, Ferienheime und öffentliche Dienststellen wie Post und Sparkassen im Einzugsbereich der Harzquerbahn verteilt.

Weiterhin ließ man Taschenfahrpläne drucken, die ebenfalls kostenlos verteilt wurden und an allen Fahrkartenschaltern zu haben waren. Um die Bekanntheit der Bahn zu steigern, wurden auch Anstecknadeln mit den Symbolen des „Harzer Rollers" ausgegeben.

Eigentlich ist der „Harzer Roller" ein Kanarienvogel aus dem Oberharz. Eine ganze Anzahl von ihnen konnte und kann man bei dem zu Pfingsten in Benneckenstein stattfindenden „Finkenschlagen" bewundern. Der „Harzer Roller" diente der NWE als Erkennungsemblem, mit dem u.a. die Harzquerbahn-Busse versehen wurden.

Inserate in der Tagespresse machten auf kurzfristig geplante Sonderfahrten aufmerksam. Solche Aktionen hatten immer einen sehr guten Erfolg. Es wurden auch „Gutscheinmarkenhefte" im Wert von 50 Mark herausgegeben, die eine bestimmte Preisermäßigung enthielten. Der Reisende konnte damit Fahrkarten zu Fahrtzielen seiner Wahl lösen.

Bild 3.28.
Relief am Bahnhof
Wernigerode.
Foto: Sammlung Becker

Bild 3.29.
Notgeld der NWE in
der Inflationszeit.
Foto: Sammlung Becker

Mit den Kurverwaltungen sowie den Hotels in Schierke, Drei Annen Hohne (früher Beckers Hotel) und in Elend wurden Verträge abgeschlossen und für die Fahrgäste sogenannte Kaffeefahrten organisiert. Das gleiche geschah in ähnlicher Form auch in Nordhausen. Hier führten Sonderfahrten bis zum Bahnhof Netzkater. Durch entsprechende Werbung wurden diese Kaffeefahrten rechtzeitig bekanntgegeben. Fahrkartenausgaben, Reisebüros und Kurverwaltungen hielten Fahrkarten bereit, die zu Hin- und Rückfahrt einschließlich Kaffee- und Kuchengenuß berechtigten. So fuhr man z. B. nach Schierke,

Bild 3.30
Notgeldscheine.
Foto: Sammlung Becker

trank hier gemütlich Kaffee und wanderte dann, soweit es das Wetter zuließ, durch das Elendstal zum Bahnhof Elend, um von dort die Heimfahrt anzutreten.

In der kalten Jahreszeit waren es vor allem die Wintersportler, die mit der Harzquer- und Brockenbahn fuhren. In der Hauptsache war Schierke als Wintersportort bekannt und beliebt. Alljährlich fanden hier internationale Bobrennen statt. Auch der Skiklub veranstaltete die verschiedensten Wintersportfeste. Sportler aus allen größeren Städten kamen nach Wernigerode und fuhren mit der NWE zu den Sportstätten. Da ja während der Winterzeit die Brockenstrecke ab Drei Annen Hohne nicht befahren wurde, mußte zu den besonderen Höhepunkten des Wintersports die Strecke bis Schierke, in vielen Fällen bis zum Eckerloch (einer Bedarfshaltestelle nahe der Sprungschanze), passierbar gemacht werden. Dies konnte vielfach nur durch Freischaufeln der Gleise erreicht werden. Alle verfügbaren Männer – auch aus den Büros! – wurden hierzu eingesetzt. Mit Extrazügen, die teilweise einen festen Fahrplan hatten, beförderte die Harzquerbahn Tausende Wintersportler in die Schneegebiete.

Auch die planmäßigen Züge wurden verstärkt und besonders Gepäck- oder auch geschlossene Güterwagen für den Transport der vielen Schlitten und Schneeschuhe angehängt. Natürlich wurden die Züge gut geheizt, zum Teil mittels eines Heizkesselwagens.

3.7. Kraftverkehr

Als der Personenkraftverkehr zu einer ernsthaften Konkurrenz der Eisenbahn zu werden drohte, handelte die NWE konsequent: 1926 entschloß man sich, eisenbahneigene Kraftomnibusse einzusetzen. Damit begann der Linienverkehr, der nach festen, mit den zeitlichen Vorgaben des reinen Eisenbahnverkehrs abgestimmten Fahrplänen verlief. Zur Unterbringung der Fahrzeuge diente in Nordhausen eine neuerbaute Garage, während in Wernigerode vorerst die Halle der neuen Werkstatt genutzt wurde. Ab 1927 wurden folgende Linien befahren:

1. Wernigerode–Hasserode (–Bahnhof Steinerne Renne)
2. Nordhausen–Neustadt–Ilfeld–Rothehütte–Benneckenstein
3. Nordhausen–Petersdorf–Neustadt
4. Nordhausen–Leimbach–Urbach–Bielen–Nordhausen
5. Nordhausen–Uthleben

Als am gewinnbringendsten erwies sich der Ausflugsverkehr. So schränkte man ab 1929 den Linienverkehr ein und forcierte statt dessen den Rundfahrtbetrieb. Nun waren Ganz- oder Halbtagsfahrten nach dem Kyffhäuser, ins Bode- und ins Selketal, rund um den Brocken, zum Wiesebecker Teich und zum Romkerhaller Wasserfall an der Tagesordnung. Der Ausflugsverkehr entwickelte sich derart günstig, daß der Omnibuspark vergrößert werden mußte.

Bild 3.31.   Omnibusse der NWE auf dem Marktplatz von Wernigerode, etwa 1932.

Foto: Sammlung Becker

Bild 3.32.
Vor der Rundfahrt:
NWE-Bus Nr. 17 vor
dem Rathaus von
Wernigerode.
Foto: Sammlung Becker

Bild 3.33.
NWE-Bus Nr. 2 als
Linienbus in Hasserode.
Foto: Sammlung Becker

Bild 3.34.   Und noch ein NWE-Bus, hier vor dem Nordhäuser Rathaus.

Foto: Sammlung Becker

Die ehemaligen NWE-Linien Urbach–Bielen–Nordhausen und Nordhausen–Uthleben wurden deshalb an einen anderen Kraftverkehrsbetrieb abgegeben.

Später kam noch der Touristenverkehr nach Nord-
und Süddeutschland, ja bis nach Österreich hinzu.
Speziell für den Kraftverkehr wurden Werbefaltblät-
ter gedruckt und über Reisebüros, Kurverwaltungen

und Fahrkartenausgaben verteilt. Große Plakate wiesen auf Omnibus-Sonderfahrten hin. Und jeden Morgen gegen 8.00 Uhr standen auf dem Wernigeroder Nicolaiplatz mehrere Busse für Rundfahrten bereit.

Der Kraftverkehr gehörte auch zum Service der NWE für den internationalen Reiseverkehr in den Harz: Liefen die Züge der Weitgereisten in den Wernigeroder Normalspurbahnhof ein, standen die Omnibusse der Harzquerbahn vor dem Bahnhofsgebäude, geschmückt mit Fähnchen der jeweiligen Herkunftsländer der Touristen. Wer solcherart in sein Hotel gebracht wurde, zweifelte nicht an der Leistungsfähigkeit der rührigen NWE. Natürlich wurde in diesem Zusammenhang auch ein passender Werbeslogan gedichtet: „Auf Straßen und Schienen – wir dienen"…

Die letzte Neuerung war die Eröffnung der Kraftomnibuslinie Wernigerode–Schierke im Mai 1935. Mit dem zweiten Weltkrieg und der Requirierung sämtlicher Busse ging die Ära des Kraftverkehrs zu Ende.

3.8. Bis zum Ende des zweiten Weltkriegs

Pläne zum Ausbau oder zu einer Erweiterung der Harzquerbahn waren immer im Gespräch. 1925, als die Reichsregierung einen „Plan zur Hebung des Harzer Erzbergbaus" vorlegte, erwog man den Bau einer Bahn von Blankenburg über Günthersberge nach Stolberg. Die Erzausbeute erwies sich jedoch als zu gering, und so unterblieb auch der Bahnbau. Umbauten von Anlagen der NWE wurden noch in den 20er Jahren vorgenommen: 1926 wurde der Bahnhof Benneckenstein umgebaut. Zwei Jahre später, im September 1928, stellte man die zweigleisige Steinverladerampe oberhalb des Bahnhofs Wernigerode-Hasserode fertig. Verschiedene Firmen verluden hier fortan Steine aller Art auf aufgebockte Normalspurwagen. Und 1933/34 wurde der Haltepunkt Nordhausen-Altentor umgebaut.

Ein größeres Objekt war der Neubau des Bahnhofs Wernigerode Westerntor, der am 1. Juli 1936 abgeschlossen werden konnte. Bedingt durch den zunehmenden Verkehr war eine Zusammenlegung des

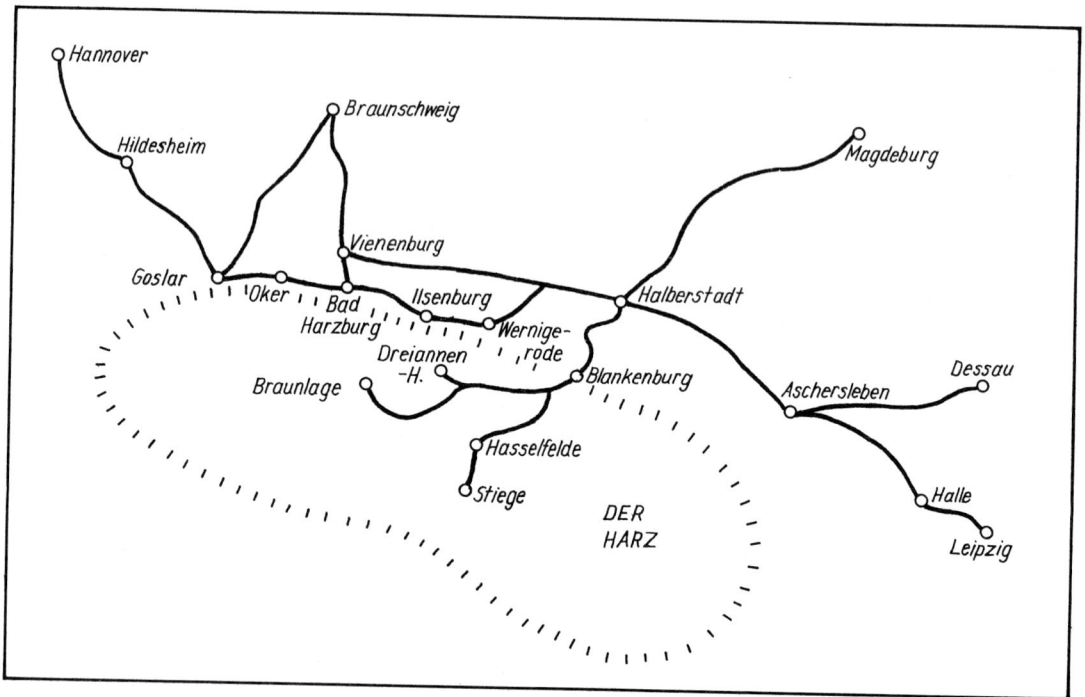

Bild 3.35.   Die projektierten Schnellverkehrslinien in den Harz, Stand 1940.

Quelle: STA Magdeburg KD Blankenburg 3218, S. 221 r

Güterverkehrsaufkommen
(Gütertonnen)

215 T   231 T   196 T

111 T

1,74 Mio

57 T   1,05 Mio   1,13 Mio

0,50 Mio   2,3 Mio M

0,26 Mio   Personenbeförderung Bus   0,28 Mio

Personenbeförderung Bahn

1,4 Mio M

1,8 Mio M   1,8 Mio M

Einnahmen

Einnahmen

1,1 Mio M

1,0 Mio M

Einnahmen Güterverkehr
und Sonstiges

Einnahmen Güterverkehr
und Sonstiges

0,6 Mio M   0,7 Mio M

0,5 Mio M

Einnahmen Personenverkehr

Einnahmen Personenverkehr

1900   1905   1910   1915   1920   1925   1930   1935   1940

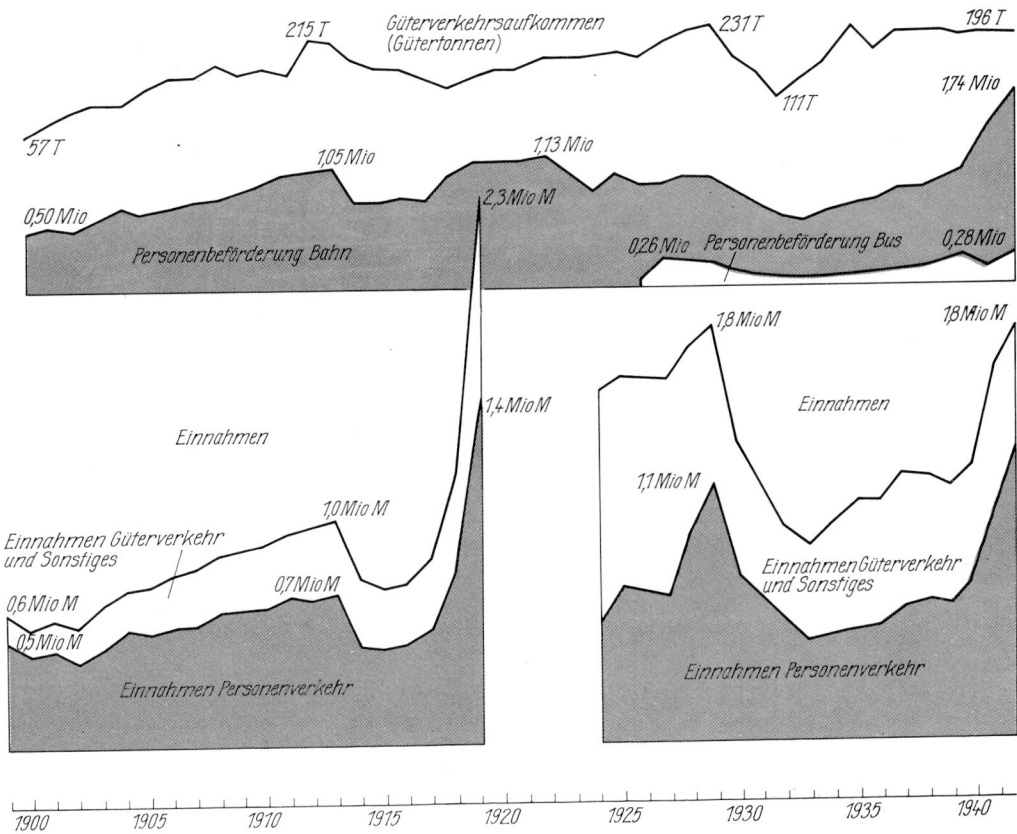

Bild 3.36.   Beförderungsleistungen und Betriebsergebnisse der NWE.

Personen- und Güterbahnhofs notwendig geworden. Gleichzeitig sollten die Anlagen modernisiert werden. Damit im Zusammenhang stand eine neue Streckenführung zwischen Wernigerode Westerntor und Wernigerode Hauptbahnhof. Nur so konnte die Straße Unter den Zindeln, an der sich der neue Bahnhof befinden sollte, entlastet werden. Ein vollkommen neues Bahnhofsgebäude wurde errichtet. Verantwortlich für die eigenwillige Gestaltung zeichnete der Hamburger Architekt Höger, der sich in seiner Heimatstadt mit dem „Chile-Haus" einen Namen gemacht hatte. Im Zusammenhang mit dem Neubau und der Umtrassierung wurde auch der Überweg Westerntor rekonstruiert. Das sicherheitstechnisch unzureichende Klappschild wich nun der bereits erwähnten moderneren Blinklichtanlage. Das Empfangsgebäude erhielt eine kleines, elektro-

mechanisches Stellwerk, und in beiden Richtungen standen Lichthauptsignale. Weiterhin traf man Vorkehrungen, um die Strecke von Wernigerode Hauptbahnhof bis Wernigerode-Hasserode mit Streckenblock auszurüsten. Dazu kam es jedoch wegen des Krieges nicht mehr.
Unmittelbar nach Fertigstellung des neuen Bahnhofs begannen die Umgestaltung des Endbahnhofs Wernigerode und die Umverlegung der Strecke Wernigerode Westerntor–Wernigerode Hbf. Am 15. Dezember 1939 waren die Bauarbeiten abgeschlossen, und der neue Endbahnhof konnte in Betrieb gehen. Jetzt war ein direktes Umsteigen zwischen den Zügen der Schmal- und Normalspur möglich, ohne daß die Straße vor dem Bahnhof überquert werden mußte. Geplant und bereits mit den zuständigen Stellen der DRG abgesprochen war, für den Haupt-

bahnhof um einige Meter zurückversetzt ein neues Empfangsgebäude zu errichten. Mit diesem ebenfalls nicht verwirklichten Projekt sollte erreicht werden, daß Reisende aus ankommenden Zügen der Hauptbahn am gleichen Bahnsteig in Züge der Harzquerbahn umsteigen konnten.

Daneben gab es in den 30er Jahren einige weitere Projekte, die im Zuge des sich entwickelnden Massentourismus entstanden waren. Der Kreis Blankenburg bemühte sich – genau wie andere Kreise – um eine Trassenführung der geplanten normalspurigen Nord-Süd-Bahn über ihr Gebiet, also über den Harz hinweg. Die Strecke sollte von Hamburg über Braunschweig bis Wernigerode herangeführt werden. Bis hierher hätten bereits bestehende Eisenbahnstrecken genutzt werden können. Über den Harz hätte allerdings eine Normalspurtrasse gebaut werden müssen. Man griff auf das Projekt der HBE von 1905 zurück (Bahnlinie-Wernigerode–Blankenburg) und überarbeitete dieses entsprechend den Erfordernissen des modernen Verkehrs. Niveaugleiche Kreuzungen von Straße zu Schiene hätte es nun nicht mehr gegeben.

In Blankenburg wäre die neue Bahn auf die bestehenden HBE-Gleise getroffen. Im Zuge eines Neubaus, der die Spitzkehre Michaelstein unnötig gemacht hätte, wäre es dann auf der zweigleisig auszubauenden Strecke der HBE weitergegangen. Von Hüttenrode Richtung Süden hätte eine neue Strecke gebaut werden müssen, die im Bodetal bei Wendefurt auf größere Schwierigkeiten getroffen wäre. Hier war – entgegen den ersten Vorstellungen, die Bahn über die Sperrmauer der in Planung befindlichen Rappbodetalsperre zu führen – eine Streckenführung auf einem 700 m langen Viadukt unterhalb Wendefurts erforderlich geworden. Diesem schließt sich ein 500 m langer Tunnel durch den Berg der Ruinenstätte Schönburg anschließen, bevor der Bahnhof Bodetal (projektierte Bahnsteiglänge 740 m) erreicht worden wäre. Anschließend hätte ein 375 m langer Tunnel gebaut werden müssen, durch den die Strecke zum Bahnhof Hasselfelde (projektierte Bahnsteiglänge 800 m) führen sollte. Nach Überquerung der Hassel wäre es parallel der GHE-Strecke nach Stiege gegangen, wo ebenfalls ein neuer Bahnhof (projektierte Bahnsteiglänge 500 m) vorgesehen war. Weitergegangen wäre es dann auf der GHE-Trasse bis Eisfelder Talmühle. Die gesamte Strecke sollte durch die HBE übernommen werden. Die NWE wehrte sich dagegen, da sie im Falle der Verwirklichung dieses Planes auf dem südlichen Streckenabschnitt nicht mehr wettbewerbsfähig gewesen wäre. 1942 wurde der Plan jedoch endgültig aufgegeben – Regierungsstellen zeigten kein Interesse mehr dafür.

Die schreckliche Kriegs- und Rassenpolitik des faschistischen Deutschland hatte auf makabre Art und Weise auch Einfluß auf Geschäft und Betrieb der NWE. Nicht nur, daß der Bahnbetrieb ab 1940 eingeschränkt wurde und Verwundetenzüge zu den Lazaretten des Oberharzes fuhren, die zuvor Hotels und Pensionen waren – für die Anlage unterirdischer Raketenbauanlagen mußte die Harzquerbahn KZ-Häftlinge und Materialien transportieren. Mit Hilfe von Häftlingskolonnen wurde von Niedersachswerfen aus ein etwa 2,5 km langes Gleis nach Harzungen zum dortigen Gefangenenlager gebaut, das nach dem Krieg abgebaut wurde. Niedersachswerfen und Ilfeld (hier entstand ein zweiständiger Lokschuppen) erfuhren noch in den letzten Kriegsjahren Gleiserweiterungen. Ein Kreuzungsgleis in Krimderode folgte. Erst die totale Niederlage des deutschen Faschismus beendete diese unrühmliche Etappe in der Geschichte der Harzquer- und Brockenbahn.

3.9. Betriebsstörungen auf der NWE

Witterungsschäden und Betriebsunfälle hat es bei allen Bahnen gegeben. Auch die Harzquer- und Brockenbahn macht da keine Ausnahme. Im Gegenteil war und ist sie durch ihre exponierte Trassenführung in einer von jähen Wetterwechseln gekennzeichneten Landschaft gesonders gefährdet.

Im dritten Jahr nach Betriebseröffnung, am 28. Mai 1902, entgleiste der Frühzug beim Haltepunkt Krimderode infolge eines Schienenbruchs: Die Lokomotive stürzte um, zwei Wagen schoben sich quer zum Gleis. Es entstand erheblicher Sachschaden, während die Fahrgäste mit leichten Verletzungen davonkamen.

Am 8. Juni 1905 unterspülte und zerstörte das Hochwasser der Holtemme das Verbindungsgleis vom Güterbahnhof Wernigerode Westerntor zur Umladung.

Schwerer Personenschaden war am 1. Dezember 1920 zu beklagen, als die Lokomotive Nr. 31 am Kilometer 48,9 nahe dem Gasthof Drei Annen entgleiste und gegen das Felsgestein prallte. Der Lokführer wurde getötet und der Heizer schwer verletzt.

Der schwerste Unfall in der Geschichte der Harzquerbahn ereignete sich am 6. Juli 1927. Infolge eines Wolkenbruchs wurde der Bahndamm von den abfließenden Wassermassen unterspült, so daß ein Reisezug, dessen Lokomotive zunächst probehalber die Stelle ohne den Zug befahren hatte, kurz vor der

Bild 3.37.   Blick auf die Unfallstelle Thumkuhlental im Jahre 1927.   *Foto: Sammlung Röper*

Bild 3.38.
Abbrennen der Kupp-
lung des abgestürzten
Wagens.
Foto: Sammlung Röper

Bild 3.39.
Nur noch Schrott:
Lokomotive 12, Gepäck-
wagen 153, Reisezug-
wagen 8.
Foto: Sammlung Becker

Thumkuhlental-Brücke abstürzte. Sechs Menschen fanden den Tod. Auch der Materialschaden war groß: Die Lokomotive Nr. 12, ein Gepäckwagen und ein Personenwagen mußten an Ort und Stelle zerschnitten und verschrottet werden. In dem Gerichtsprozeß wurde später „höhere Gewalt" festgestellt – ein Verschulden der Betriebsführung konnte nicht und in keinem Falle bewiesen werden.

Durch die Kriegshandlungen im Harz wurden 1944/45 zwei Triebwagen beschädigt. Beschädigungen während der Bombenangriffe erlitten auch die Dampflokomotiven und Wagen. Alle Schäden konnten wieder behoben werden. Völlig zerstört wurden jedoch der Bahnhof Goetheweg, das Brockenhotel und die Bodebrücke bei Sorge. Die Reparaturarbeiten wurden bereits im Herbst 1945 ausgeführt. Und im Parterre des 1935/36 erbauten Fernsehturms auf dem Brocken wurde zwischenzeitlich eine provisorische Gaststätte für die Brockenbesucher eingerichtet.

4. Die Harzquer- und Brockenbahn von 1945 bis zur Gegenwart

4.1. Bis zur Übernahme durch die Deutsche Reichsbahn

Nachdem die wesentlichen Kriegsschäden beseitigt waren (insbesondere an der Brücke in Sorge), begann 1945 ein vereinfachter bzw. eingeschränkter Bahnbetrieb. Zunächst verkehrte an drei Tagen pro Woche je ein Zugpaar. Sonntags ruhte der Betrieb. Bedarfsgüterzüge gab es kaum, befanden sich doch Wirtschaft und Industrie auf dem Tiefpunkt. Doch unmittelbar nach Kriegsende trug man dem Berufsverkehr insoweit Rechnung, als der Haltepunkt Krimderode wieder eingerichtet wurde. Später erhielt er eine Wartehalle.

Im Zuge der Reparationsleistungen abgebaut wurde 1946 die Gernrode-Harzgeroder Eisenbahn. Das noch verbleibende Reststück Eisfelder Talmühle–Hasselfelde erhielt die Harzquerbahn. In diesem Zusammenhang wurde auch ein altes Projekt wieder hervorgeholt: die Umverlegung der Harzquerbahn von Benneckenstein direkt nach Hasselfelde und von dort aus über Stiege der Anschluß nach Eisfelder Talmühle an die bisherige Strecke. Fünf Varianten wurden erarbeitet, aber der Mangel an Baumaterial ließ alle derartigen Überlegungen praktisch scheitern. Gleich zu zwei wesentlichen Betriebsstörungen kam es 1948. Bei dichtem Nebel stießen die Lokomotiven 21 und 61 im Bahnhof Nordhausen zusammen. Und am 14. Januar war infolge der starken Schneeschmelze die Behrebrücke zwischen Ilfeld und Netzkater weggerissen worden. Der Eisenbahnbetrieb wurde unterbrochen und die Strecke von Kilometer 12,6 bis 13,3 gesperrt. Personenverkehr war nur noch mit Umsteigen möglich. Ein Güterverkehr war ausgeschlossen. Sämtliche Frachten von und nach Stiege und Hasselfelde mußten nun den längeren Weg über Wernigerode–Benneckenstein nehmen. Lokomotiven, die in die Wernigeroder Reparaturwerkstatt mußten, wurden mittels eines speziellen Culemeyer-Tiefladers an der Unterbrechungsstelle

über die Fernverkehrsstraße F 4 zwischen Ilfeld und Hasselfelde gebracht und wieder auf die Gleise gesetzt. Am 31. Dezember 1949 fuhr ein Sonderzug von Wernigerode nach Nordhausen als erster ohne Umsteigebetrieb durch. Und ab 1. Januar 1950 war die Brücke wieder voll in Betrieb.

Genau in diese Zeit fiel der 50. Geburtstag der Bahn. Die vormalige Privatgesellschaft wurde aufgrund des Volksentscheids vom 15. August 1948 enteignet und den Landesbahnen Sachsen-Anhalt GmbH zugeordnet. Direktion und Verwaltung unterstanden nun der Landesregierung.

Am 14. Mai 1949 konnte auch die Brockenstrecke wieder eröffnet werden. Anfänglich nur sonntags, später auch sonnabends, fuhr je ein Zugpaar zum Gipfel des höchsten Harzer Berges. Da alle Telefonleitungen zerstört waren, blieb es zunächst bei einem behelfsmäßigen Betrieb. Der diensthabende Eisenbahner des Brockenbahnhofs hatte sich im Bahnhof Schierke zum Dienst zu melden und mußte dann zu Fuß den Brocken erklimmen! Auch der Bahnhof Goetheweg ging wieder in Betrieb. Eine Wellblechhütte wurde aufgestellt und ein Telefon an die inzwischen verlegte Fernsprechleitung angeschlossen. Regulärer Zugverkehr konnte jedoch erst nach der endgültigen Reparatur des Bahnhofs Brocken 1951 wieder aufgenommen werden, vorerst allerdings nur mit eingeschränktem Fahrplan.

Mit der Übernahme aller Landesbahnen durch die Deutsche Reichsbahn kam die ehemalige NWE 1950 zur Reichsbahndirektion Magdeburg und unterstand nun dem Reichsbahnamt Halberstadt. Gleichzeitig gab es einige Strukturveränderungen. Eine Reihe von Bahnhöfen wurden selbständige Dienststellen: Wernigerode Westerntor (diesem unterstanden der Endbahnhof Wernigerode und Wernigerode-Hasserode), Elend (diesem unterstanden Sorge und Schierke), Ilfeld (diesem unterstand Eisfelder Talmühle), Nordhausen (diesem unterstanden Nordhausen Altentor und Krimderode) und schließ-

Bild 4.1. Personenzug auf der Brücke bei Ilfeld.

Foto: Krause

lich auf der ehemaligen GHE-Strecke Hasselfelde, dem Stiege unterstand.

Die Werkstatt wurde zum Bahnbetriebswerk, die Wagenreparatur unterstand künftig dem Bahnbetriebswagenwerk Halberstadt. Eingerichtet wurde das Bahnbetriebswerk Wernigerode Westerntor mit den Lokomotiveinsatzstellen Wernigerode, Nordhausen, Benneckenstein, Hasselfelde und Gernrode – letztere zur Betriebsführung auf der Selketalbahn.

Anders als zu NWE-Zeiten, als drei Bahnmeistereien bestanden, war nun für die Harzquer- und Brockenbahn nur noch die Bahnmeisterei Wernigerode zuständig, deren Verantwortungsbereich auch die Normalspurstrecken Heudeber-Danstedt – Ilsenburg und Heudeber-Danstedt–Osterwieck umfaßte. Je ein oder zwei Brigaden waren und sind in Nordhausen, Benneckenstein und Wernigerode untergebracht. Diejenigen Handwerker, die noch unter Leitung der NWE-Werkstatt gearbeitet hatten und nicht zur Bahnmeisterei Wernigerode kamen, gehörten nun zu anderen Dienststellen der Deutschen Reichsbahn (z. B. zur Starkstrommeisterei Halberstadt und zur Signal- und Fernmeldemeisterei Güsten) bzw. zu deren Außenstellen in Wernigerode.

Am 1. April 1950 wurde im Bahnhof Wernigerode Westerntor eine Zugleitung gebildet, die den gesam-

ten Betriebsablauf in betrieblicher und verkehrlicher Sicht zu überwachen und zu koordinieren hatte.

4.2. Betrieb, Verkehr und Veränderungen nach 1950

Ihre erste größere Bewährungsprobe nach Übernahme durch die Deutsche Reichsbahn bestand die Harzquerbahn während der ersten Deutschen Wintersportmeisterschaften vom 28. Februar bis 3. März 1950 in Schierke. Die eigenen Fahrzeuge reichten nicht aus. Von der thüringischen Meterspurbahn Eisfeld–Unterneubrunn (später Schönbrunn) kam deshalb sogar ein ganzer Zug einschließlich zweier Lokomotiven als Verstärkung nach Wernigerode. Die hier beginnenden Wintersportzüge fuhren nach Schierke und weiter bis zum Eckerloch. In der Folgezeit wurde der Streckenabschnitt bis Schierke grundsätzlich auch zur Winterzeit befahren.

Ein Meilenstein in der Geschichte der Harzquer- und Brockenbahn war die Übernahme der Babelsberger Neubaulokomotiven von 1954 bis 1956. Bis dahin waren Erhaltungsreparaturen zuerst im Raw Blankenburg (1951 bis 1953) und anschließend im Raw Görlitz Schlauroth ausgeführt worden. Kleinere Re-

Bild 4.2.
Ein Zug in einem
freigeschaufelten
Abschnitt. Bei hohen
Schneewehen half an-
sonsten nur das Rezept:
mit mehrmaligem An-
lauf und Volldampf –
hindurch!
Foto: Sammlung Becker

Foto: Sammlung Becker

Bild 4.3.   Ein Blick in die Werkstatt: hier die Haupthalle mit dem Laufkran.

Bild 4.4.
Auf der Brockenstrecke:
die Schneeschleuder
im Einsatz.
Foto: Steinke

paraturen erfolgten direkt bei der Harzquerbahn. Mit der Lieferung der neuen Lokomotiven wurde auf dem Gelände das Bahnhofs Wernigerode der ehemalige Normalspur-Lokschuppen so umgebaut, daß auf den drei Gleisen insgesamt sechs Neubauloks aufgestellt werden konnten. Die Bekohlungsanlagen in Wernigerode und Nordhausen mußten erweitert und modernisiert werden. Zusätzlich dazu wurden ein Gebäude für die Lokleitung und ein neues Sozialgebäude errichtet.

Mit der Einführung des Dispatcherdienstes bei der Deutschen Reichsbahn wandelte man die bisherige Zugleitung der Harzquerbahn am 1. Januar 1956 in eine Dispatcherleitung um. Nun unterstand sie dem Reichsbahnamt Aschersleben (das vorherige Reichsbahnamt Halberstadt war inzwischen aufgelöst worden). Neben der betrieblichen Überwachung war die Dispatcherleitung auch zum Einsatz von Sonderzügen berechtigt.

Im Zusammenhang mit dem Einsatz der schweren Neubaulokomotiven waren 1956/57 Oberbauerneuerungen bzw. -verstärkungen dringend notwendig geworden. Das betraf die gesamte Strecke einschließlich des Abschnitts zum Brocken. Hierhin verkehrten ab 1956 täglich drei Zugpaare – ein Jahr später waren es doppelt so viele. Dennoch reichte dies in der Folgezeit nicht aus. Man behalf sich damit, daß die Brockenzüge auf acht Reisezugwagen

verstärkt wurden. Seit dem Herbst 1961 wird die Brockenstrecke allerdings nur noch für Versorgungsfahrten genutzt.

Weitere Veränderungen und Erneuerungen kennzeichneten die 50er und 60er Jahre: Bereits 1958 war der noch bestehende Restabschnitt der ehemaligen Südharzbahn zwischen Sorge und Tanne – zwischenzeitlich als Anschlußstrecke genutzt – abgebaut worden. Gelegentlich hatte es auf dieser Strecke noch Versorgungsfahrten durch Fahrzeuge der Harzquerbahn gegeben. Am 15. Juli 1962 schließlich wurde der Bahnhof Sorge zum Haltepunkt. Weichen, Gleise und sonstige Anlagen mußten abgebaut werden.

1960 wurde der ehemalige GHE-Abschnitt Eisfelder Talmühle–Hasselfelde so überholt, daß auch hier die schweren Neubauloks eingesetzt werden konnten. Im gleichen Jahr, am 26. Mai, wurde die Bahnpostbeförderung auf der Harzquerbahn eingestellt. Die letzten Züge waren: 1235 (Wernigerode–Nordhausen), 1239 (Nordhausen–Wernigerode), 1234 (Wernigerode–Nordhausen) und 1242 (Nordhausen–Wernigerode). Bis 1962 aufrechterhalten wurde die Bahnpostbeförderung zwischen Nordhausen und Ilfeld.

Nach erfolgversprechenden Probefahrten mit den Babelsberger Neubaulokomotiven wurde 1963/64 auf der gesamten Harzquerbahn der Rollwagenverkehr eingeführt, Wernigerode und Nordhausen erhielten entsprechende Rollwagenanlagen.

4.3. Abbauten, Umbauten und Unfälle in den 60er und 70er Jahren

Wegen Personalmangels mußten zwei weitere Bahnhöfe zu Haltepunkten „degradiert" werden: Niedersachswerfen im September 1964 und Stiege im Jahre 1967. Aus dem gleichen Grunde stellte man den seit 1914 existierenden Fahrkartenverkauf auf dem Haltepunkt Wernigerode Kirchstraße im August 1973 ein.

Aufgehoben und weitestgehend abgebaut wurden die Holzverladestellen Allerbach (1965) und Kälberbruch (1967). Zu einer weiteren Anlagenreduzierung kam es am 25. September 1968 mit dem Abbau der Blockstelle Drängetal. Ebenfalls abgebaut wurden 1972/73 die Dreischienenweichen im Spurwechselbahnhof Wernigerode. An ihre Stelle kamen einfache Normalspurweichen.

Im nachfolgenden Jahr ging man an den inzwischen insgesamt dritten Umbau des Überweges Westerntor, der am 4. Mai 1971 abgeschlossen war: Eine Straßenampelanlage in Verbindung mit einer Haltlichtanlage der Deutschen Reichsbahn wurde installiert. Die Auslösung erfolgt über Schienenkontakt.

Weitere Abbauten folgten. Am 16. März 1974 wurde das Empfangsgebäude des ehemaligen Bahnhofs Sorge abgerissen. Ebenfalls abgerissen werden mußte das Verbindungsgleis vom Bahnhof Wernigerode Westerntor zum Umladebahnhof, da es die vielbefahrene Ochsenteichstraße gekreuzt hatte. Nach größeren Baumaßnahmen (u.a. Brückenneubau über die Holtemme) konnte am 14. September 1975 die neue Trasse vom Hauptbahnhof Wernigerode entlang der Hauptbahnstrecke nach Ilsenburg bis zum Umladebahnhof in Betrieb genommen werden. Nachteilig ist nur, daß alle Überführungsfahrten den „Umweg" über den Hauptbahnhof machen müssen.

Aus diesen Jahren sind leider auch mehrere Unfälle zu vermelden. Ein größerer Unfall ereignete sich am 18. Mai 1968 am Kilometer 5,38 bei Niedersachswerfen. Ein Güterzug mit drei aufgerollten Normalspurwagen sowie ein Gepäckwagen entgleisten infolge überhöhter Geschwindigkeit. Die Lokomotive 99 7244 kippte um, und die Wagen rollten an der Maschine vorbei, entgleisten und kippten ebenfalls zur Seite. Wie durch ein Wunder erlitt bei diesem Unfall das Betriebspersonal nur relativ leichte Verletzungen.

Einen weiteren Unfall gab es am 13. März 1977 am Kilometer 20,41 in der Nähe des Bahnhofs Tiefenbachmühle. Infolge eines Schienenbruchs entgleisten die Lokomotive 99 7245 sowie zwei Reisezug-

Bild 4.5.
Beim Bau der
Holtemmenbrücke
in Wernigerode.
Foto: Röper

Bild 4.6. Das neue Gebäude der Lokleitung in Wernigerode im Jahre 1974.

Foto: Rejke

wagen und stürzten die Böschung hinab. Ein Reisender wurde getötet, während das Lokpersonal mit dem Schrecken davon kam, obwohl sich die Lokomotive mehrmals überschlagen hatte. Einer der Wagen mußte verschrottet werden, während die Lok und der zweite Reisezugwagen wieder aufgearbeitet werden konnten.

Ein letzter Unfall ereignete sich am 6. Dezember 1978. Ein mit Nordhäuser Korn beladener Lkw kollidierte bei Nordhausen mit einem Personenzug, gezogen von der 99 7239. Der Lkw stürzte um, und ein Gepäckwagen entgleiste.

4.4. Der gegenwärtige Stand

Die Harzquerbahn, die in den 70er Jahren entsprechend einem Beschluß des Ministeriums für Verkehrswesen zu einer erhaltungswürdigen Touristikbahn erklärt wurde und heute als technisches Denkmal gilt, gehört auch in der Zeit nach ihrem 75jährigen Jubiläum nicht zum alten Eisen. Mit dem Wiederaufbau des 14 km langen Abschnitts der ehe-

maligen GHE zwischen Stiege und Straßberg von 1981 bis 1983 sind wieder ein verstärkter Güterverkehr und Fahrzeugüberführungen möglich. Der Reiseverkehr wurde am 3. Juni 1984 wieder aufgenommen.

Bereits 1977 war der Vereinfachte Nebenbahndienst für die gesamte Harzquerbahn eingeführt worden, der gleichermaßen für den „neuen" Abschnitt gilt und eine bemerkenswerte Personaleinsparung mit sich brachte. Gleichzeitig damit war die Dispatcherzentrale aufgelöst worden, deren Aufgaben Zugleiter in den Bahnhöfen Wernigerode Westerntor und Nordhausen übernahmen.

Die Anlagen der Bahn erfuhren und erfahren umfangreiche Veränderungen: Am 4. August 1980 wurden im Bahnhof Drei Annen Hohne neue Lichtsignale in Betrieb genommen. Weitere in anderen Bahnhöfen folgten. Verschiedene kleinere Brücken wurden erneuert, Hochbauten renoviert bzw. rekonstruiert.

Unangenehm zu vermerken sind die baupolizeiliche Sperrung des Lokschuppens Wernigerode Hauptbahnhof wegen Einsturzgefahr am 4. Februar 1982,

Bild 4.7.
Ersttagsbrief des Deutschen Modelleisenbahn-Verbands der DDR anläßlich der 75-Jahr-Feier der Harzquerbahn.
Foto: Sammlung Röper

die schwere Beschädigung des Lokschuppens Hasselfelde durch eine Rangierabteilung infolge falscher Weichenstellung am 15. Mai 1982 sowie die Brandschäden an der Lokomotive 99 0232 und am Lokschuppen in Benneckenstein.

Die vorerst letzte Erneuerungsmaßnahme ist die Instandsetzung des Bruchsteinmauergewölbes des Thumkuhlenkopf-Tunnels im Drängetal durch die Brückenmeisterei Magdeburg-Buckau und den VEB Schachtbau Nordhausen. Neben der Verfestigung der Tunnelwände durch Zementmilch wurden im Bereich der Portale das Mauerwerk neu verankert und die schadhafte Isolierung durch PVC-Folie ersetzt. Diese Arbeiten, ausgeführt mit Hilfe eines erstmals eingesetzten Instandsetzungsgerüstwagens für die Schmal- und Normalspur, wurden im Laufe des Jahres 1985 beendet.

4.5. Oldtimer-Zugfahrten

Aus Anlaß des 75jährigen Bestehens der Harzquer- und Brockenbahn im Jahre 1974 wurde ein Oldtimerzug zusammengestellt, bestehend aus einer der ältesten noch im Dienst befindlichen Lokomotive der Deutschen Reichsbahn, der Mallet-Lokomotive

Bild 4.8.
Ein Personenzug hat das Einfahrsignal am Bahnhof Nordhausen-Altentor passiert, 1982. *Foto: Becher*

101

Bild 4.9.   Der Jubiläumszug am Bahnhof Wernigerode Westerntor.

Foto: Barkowksy

Bild 4.10.   Der Traditionszug fährt in Benneckenstein ein (9. Juni 1981).

Foto: Sprang

Bild 4.11.   Der Traditionszug auf dem Endbahnhof Wernigerode, fotografiert 1980.   *Foto: Dill*

99 5903 mit der alten NWE-Betriebsnummer 13, sowie aus einem Gepäck-Personenwagen und drei Reisezugwagen der ältesten Baujahre. Dieser Oldtimer-

zug fuhr als Jubiläumszug von Nordhausen nach
Wernigerode. Anschließend fuhr er noch vier Wochen lang täglich, um alle Eisenbahnfreunde zufrie-
denzustellen.

Vom Freien Deutschen Gewerkschaftsbund wurde
angeregt, diesen Oldtimerzug auch weiterhin für die
vielen Urlauber in den Sommermonaten verkehren
zu lassen. Die Anregung fiel auf fruchtbaren Boden.
Nun rollt der Zug auch bei den verschiedensten
Sonderfahrten. Bei der Einweihung des neuerbauten Streckenabschnitts zwischen Stiege und Straßberg am 30. November 1983 fuhr er über die neue
Strecke.

Planmäßig verkehrt dieser Zug in den Sommermonaten jeweils am Dienstag und am Freitag bis nach
Benneckenstein. Während des Unterwegshalts in
Drei Annen Hohne kann ein Frühstück eingenom-
men werden. Da der Zug schon bei der Jubiläums-
fahrt am 27. März 1974 mit Lautsprecheranlagen in
jedem Wagen ausgestattet wurde, können die Urlauber jetzt mit Harzer Folkloremusik unterhalten werden und Hinweise auf die Landschaft erhalten. Die
starke Nachfrage spricht für die große Beliebtheit
dieser Harzquerbahn-Attraktion.

Eigentlich untypisch, aber sehr originell war die
Harzquerbahn während der 750-Jahrfeier von Wernigerode am 1. Juli 1979 dabei. Im großen Festumzug
wurde mittels eines Straßenrollers die Mallet-Lokomotive 11 – die älteste noch in Betrieb stehende Lok
der Deutschen Reichsbahn – mitgeführt, besetzt mit
Personal in historischen Uniformen...!

5. Die Fahrzeuge der Harzquer- und Brockenbahn

5.1. Dampflokomotiven

Die NWE-Lokomotiven 1, 2 und 3 waren bereits beim Bau der Strecke eingesetzt – zwei von ihnen auf der Nordhäuser und eine auf der Wernigeroder Seite.

Dazu kam eine Krauss-Lokomotive der Baufirma im nördlichen Abschnitt, die später wieder abgezogen wurde. Die drei NWE-Maschinen verblieben als Rangierlokomotiven in Wernigerode bzw. Nordhausen. Für die teilweise recht steilen Stellen waren jedoch

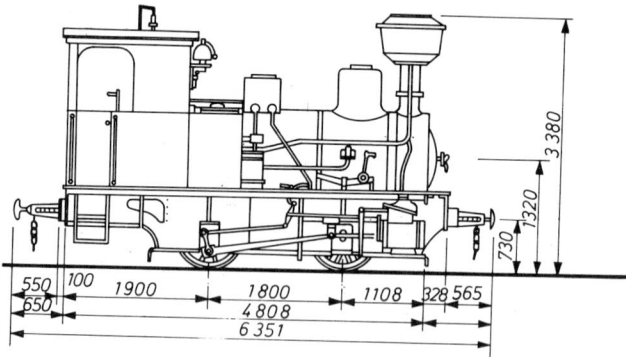

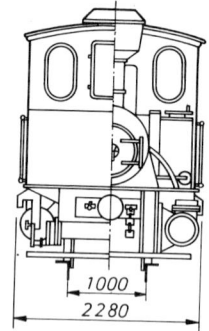

Bild 5.1.   Maßskizze für die Lokomotiven 1 bis 3.

Zeichnung: Dill

Bild 5.2.
Lokomotive mit der ehemaligen Betriebsnummer 1.
Foto: Sammlung Röper

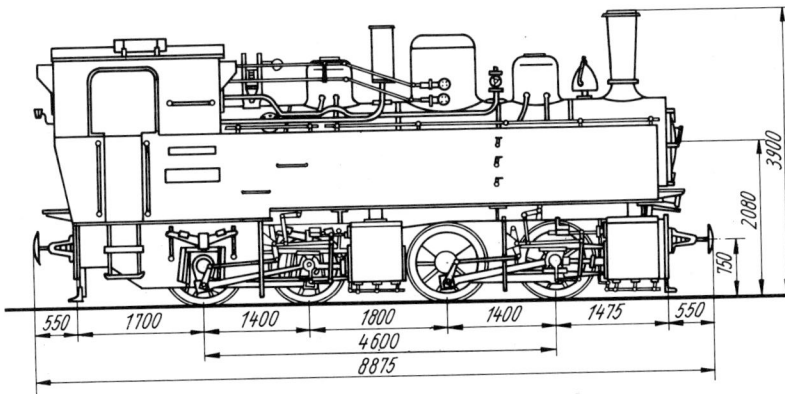

Bild 5.3. Maßskizze für die Lokomotiven 11 bis 22.

Zeichnung: Dill

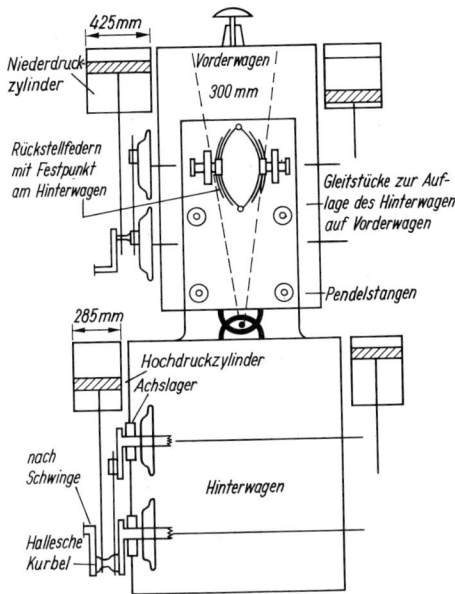

Bild 5.4. Darstellung eines Mallet-Fahrgestells.
Zeichnung: Becker

leistungsstärkere Lokomotiven vonnöten, die auch in der Lage sein mußten, die engen Gleisbögen zu befahren. Dazu wurden zwischen 1897 und 1901 zwölf kurvenbewegliche Mallet-Lokomotiven (B + Bn4vt) angeschafft. So konnten unter einem genügend großen Kessel zwei Zwillingsdampfmaschinen (Hoch- und Niederdruck) untergebracht werden.

Die leistungsstarken 350-PS-Maschinen waren in der Lage, eine Zuglast von 86t bei einer Steigung von 1 : 30 zu befördern und den kleinsten Bogenhalbmesser der Strecke von lediglich 60 m beim Bahnhof Steinerne Renne mühelos zu durchfahren. Mit dem Einsatz von DR-Neubaulokomotiven ab 1954 kamen die noch verbliebenen fünf Mallets zur Selketalbahn. Es sind die letzten betriebsfähigen Lokomotiven dieser Bauart in der DDR. Die ehemaligen Nummern 11 und 18 (spätere 13) kehren regelmäßig wechselweise in den Sommermonaten zur Harzquerbahn zurück, um hier die Oldtimerzüge zu befördern.

Als zu schwer erwiesen sich die beiden 1909 gelieferten Mallet-Lokomotiven 31 und 32 mit jeweils drei Achsen im Vorder- und Hinterrahmen. Sie mußten deshalb verkauft werden.

Ganz anders war es bei den Lokomotiven 6 und 7. 1914 gebaut, wurden sie auf einer Versuchsstrecke nahe dem Bahnhof Drei Annen Hohne im Rahmen eines Manövers des Württembergischen Eisenbahnregimentes für die Heeresfeldbahnen getestet. Die 6, eine Heißdampfmaschine mit drei Kuppelachsen, kam 1917 zur NWE, die 7, als Naßdampfmaschine ausgebildet, folgte erst 1920. Beide dienten als Rangierlokomotiven, vor allem für die Rollbockzüge im Raum Wernigerode, sowie nach 1945 auch als Zugloks bei der Selketalbahn. Bei den Bauarbeiten am Verbindungsstück Stiege–Straßberg waren beide Maschinen als Bauloks im Einsatz.

Als Ersatz für die sechs Mallets, die während des ersten Weltkriegs zu den Heeresfeldbahnen gingen, wurden 1914 zwei neue Henschel-Lokomotiven erworben. Die vierfach gekuppelten Maschinen mit je einer Laufachse hinten und vorn waren jedoch unge-

105

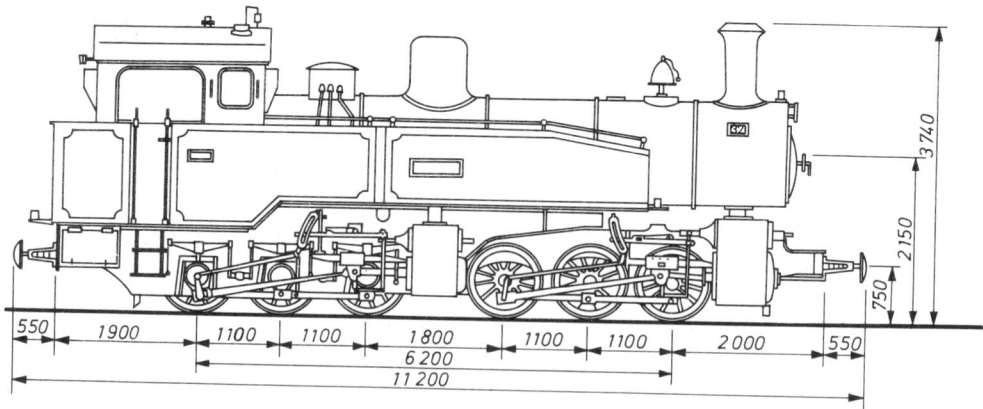

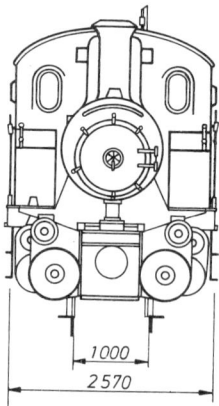

Bild 5.5.
Maßskizze für die Loko-
motiven 31 und 32.
Zeichnung: Dill

eignet. Sie mußten verkauft werden und wurden später für die Lübeck-Büchener-Eisenbahn auf Normalspur umgebaut.

Im wesentlichen konzentrierte man sich bei den Neuanschaffungen auf Mallet-Maschinen. Die 51 und die 52, ausgerüstet mit je zwei Kuppelachsen und je einer Laufachse hinten und vorn, liefen übrigens wegen ihrer hohen Anhängelast (105 t) meist auf der Brockenstrecke. Die tatsächliche Leistung dieser Borsig-Lokomotiven blieb allerdings hinter den Erwartungen zurück – die Störanfälligkeit war ziemlich hoch.

Eine sehr gute Maschine war die 21^{II}, eine nach neuesten Erkenntnissen konzipierte, dreifach gekuppelte Lokomotive mit zwei Laufachsen. Zur Auslieferung weiterer Triebfahrzeuge dieser Bauart, die zur

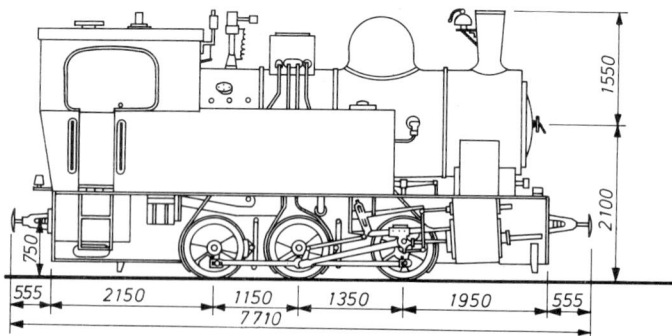

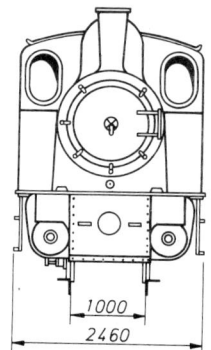

Bild 5.6.   Maßskizze für die Lokomotiven 6 und 7.

Zeichnung: Dill

106

Bild 5.7.
Die ehemalige Lok 7
im Juni 1981.
Foto: Sprang

Schmalspur-Einheitslokomotive werden sollte, kam es jedoch infolge des zweiten Weltkriegs nicht mehr. Zur Aufstockung des Bestands wurden 1951/52 einige Schmalspurlokomotiven anderer Bahnen nach Wernigerode umgesetzt. Sie dienten nur als Rangierloks.

Für den Rangierdienst auf dem Spurwechselbahnhof Nordhausen waren von der NWE nacheinander zwei gebrauchte zweiachsige Normalspurlokomotiven gekauft worden. Ab 1960 versah dort eine Diesel-

lok den Rangierdienst.

Nach der Übernahme der NWE durch die Deutsche Reichsbahn erteilte diese dem VEB Lokomotivbau „Karl Marx", Babelsberg, den Auftrag, eine leistungsfähige 1000-mm-Tenderlokomotive zu entwickeln. Vorbild war die Einheitslokomotive von Schwartzkopff, von der 1931 drei Stück gebaut worden waren. Sie galten als die stärksten Schmalspurlokomotiven in Deutschland. Eine dieser Maschinen kam 1966 zur Harzquerbahn.

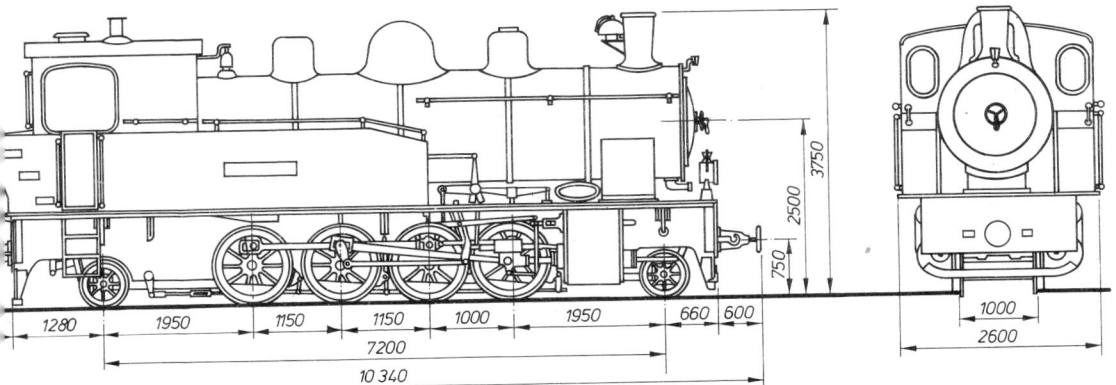

Bild 5.8.   Maßskizze für die Lokomotiven 41 und 42.

Zeichnung: Dill

107

Die Fahrzeuge

Tabelle 5.1.   Die Dampflokomotiven der NWE

NWE-Nummern Numerierung			DR-Nummer	Bauart	Baujahr	Fabr.-Nr.	Hersteller	Einsatzzeit	Bemerkungen
I	II	III							
1			99 5804	Bn2t	1896	163	Güstrow	1897 bis 1960	1966 +, 1)
2			–	Bn2t	1896	164	Güstrow	1897 bis 1939	1939 +, 2)
3			99 5803	Bn2t	1896	165	Güstrow	1897 bis 1961	1961 nach Reichenbach/Vogtl., 1967 +, 1)
6			99 6101	Ch2t	1914	12879	Henschel	1917	1917 Kauf von Heeresfeldbahn
7			99 6102	Cn2t	1914	12880	Henschel	1920	1920 von NKB
11			99 5901	B + Bn4vt	1897	258	Jung	1897 bis 1956	1956 nach Gernrode
12			–	B + Bn4vt	1897	259	Jung	1897 bis 1914	3)
13			–	B + Bn4vt	1897	260	Jung	1897 bis 1914	3)
14	12		99 5902	B + Bn4vt	1897	261	Jung	1897 bis 1956	1956 nach Gernrode
15			–	B + Bn4vt	1897	184	Güstrow	1897 bis 1914	3)
16			–	B + Bn4vt	1897	185	Güstrow	1897 bis 1914	3)
17			–	B + Bn4vt	1897	186	Güstrow	1897 bis 1914	3)
18	13		99 5903	B + Bn4vt	1898	345	Jung	1897 bis 1956	1956 nach Gernrode
19			–	B + Bn4vt	1898	346	Jung	1898 bis 1914	3)
20	12		–	B + Bn4vt	1901	463	Jung	1901 bis 1927	1927 im
21	15		99 5904	B + Bn4vt	1901	464	Jung	1901 bis 1956	1956 Gernrode
22	16	14	99 5905	B + Bn4vt	1901	465	Jung	1901 bis 1956	1956 nach Gernrode
31			–	C + Cn4vt	1909	3939	O & K	1910 bis 1921	nach Bolivien an eine Zinnmine
32			–	C + Cn4vt	1909	3940	O & K	1910 bis 1921	nach Bolivien an eine Zinnmine
41			–	1D1n2t	1913	13569	Henschel	1915 bis 1917	1917 zur LBE 4), dann zu KLS
42			–	1D1n2t	1913	13570	Henschel	1915 bis 1917	1917 zur LBE 4), dann zu OHE
41..			99 5906	B + Bn4vt	1918	2052	Karlsruhe	1920 bis 1956	1956 Gernrode
51			99 6011	1B + B1n4vt	1922	11382	Borsig	1923 bis 1956	1963 an GMWE, 1967 + 1964 +
52			99 6012	1B + B1n4vt	1923	11831	Borsig	1924 bis 1956	
61			–	Bn2t	1899	1209	Hohen-zollern	1925 bis 1934	1925 von Stralsund–Tribsees, 1934
61..			98 6213	Bn2t	1908	6947	Borsig	1934 bis 1960	1934 von BHE, 23. 8. 1960 +
21..			99 6001	1C1h2t	1939	1875	Krupp	1939	1956 nach Gernrode
–			99 5001	Bh2t	1925	11870	Borsig	1957 bis 1963	1957 von Spremberg, 1967 abgestellt, 1972 aufgearbeitet nach Frankreich
–			99 5201	Bn2t	1938	13178	O & K	1957 bis 1963	1957 von Spremberg, 1967 abgestellt, 6. 11. 1968 +
71			99 5631	C1n2t	1890	zwischen 2456 und 2467	S & K	1952 bis 1958	1952 von HHE, 1958 an FKB
72			99 5632	C1n2t	1890			1953 bis 1956	1952 von HHE, 1956 an FKB, 6. 1. 1959 +
–			99 7222	1E1h2	1931	9921	Schwartz-kopff	1966	1966 von Eisfeld ex 99 222
–			99 7231	1E1h2	1954	134008	LKM	1973	1973 von Eisfeld
–			99 7232	1E1h2	1954	134009	LKM	1954	1956 zur GMWE, 1960 zurück nach Wernigerode
–			99 7233	1E1h2	1954	134010	LKM	1954	1956 zur GMWE, 1958 zurück nach Wernigerode
–			99 7234	1E1h2	1954	134011	LKM	1954	1956 zur GMWE, 1957 an Eisfeld, 1973 zurück nach Wernigerode
–			99 7235	1E1h2	1954	134012	LKM	1973	1973 von Eisfeld
–			99 7236	1E1h2	1955	134013	LKM	1973	1973 von Eisfeld
–			99 7237	1E1h2	1955	134014	LKM	1956	
–			99 7238	1E1h2	1956	134015	LKM	1956	
–			99 7239	1E1h2	1956	134016	LKM	1956	
–			99 7240	1E1h2	1956	134017	LKM	1956	
–			99 7241	1E1h2	1956	134018	LKM	1956	

NWE-Nummern Numerierung I II III	DR-Nummer	Bauart	Bau-jahr	Fabr.-Nr.	Hersteller	Einsatzzeit	Bemerkungen
–	99 7242	1E1h2	1956	134019	LKM	1956	
–	99 7243	1E1h2	1956	134020	LKM	1956	
–	99 7244	1E1h2	1956	134021	LKM	1956	
–	99 7245	1E1h2	1956	134022	LKM	1956	
–	99 7246	1E1h2	1956	134023	LKM	1956	
–	99 7247	1E1h2	1956	134024	LKM	1956	

1) nach 1946 kurzzeitig als Zuglok auf der ehemaligen GHE
2) Verschrottung wegen schadhaften Kessels
3) im ersten Weltkrieg an Heeresfeldbahnen nach Frankreich abgegeben
4) auf Normalspur umgebaut

Bild 5.9.
Die Lokomotive 99 5906 trug seinerzeit die Nummer 41[II].
Foto: Becker

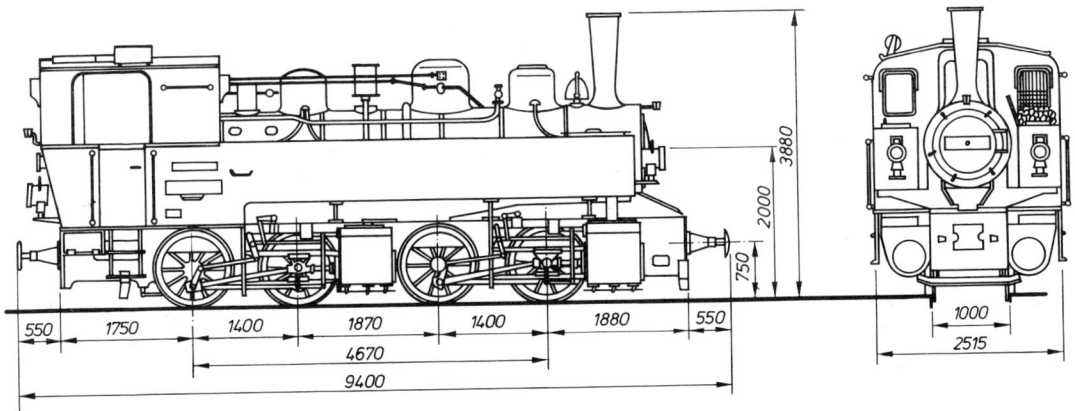

Bild 5.10.   Maßskizze der Lok 41[II].

Zeichnung: Dill

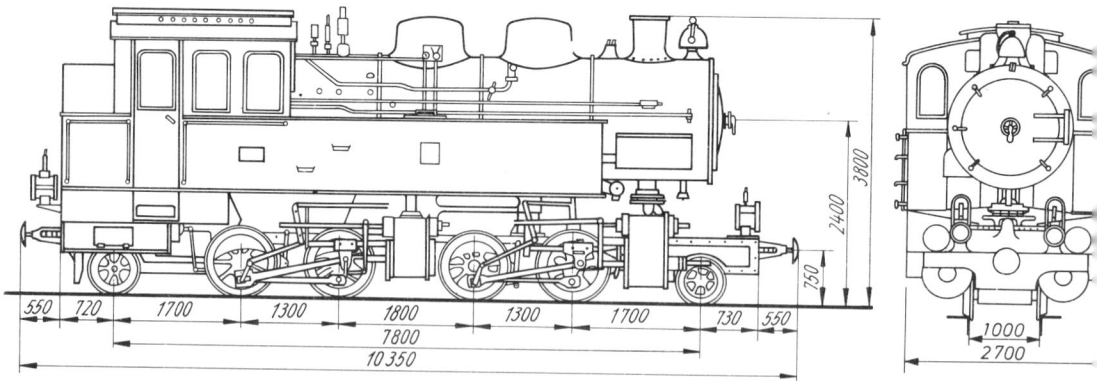

Bild 5.11.   Maßskizze der Lokomotiven 51 und 52.

Zeichnung: Dill

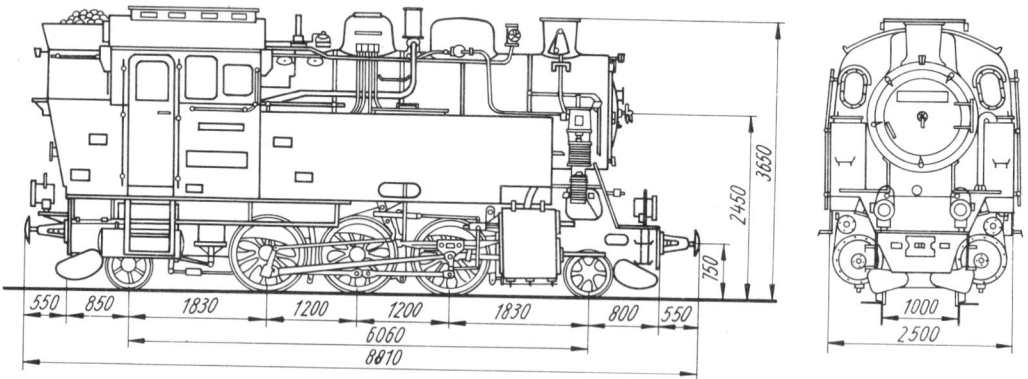

Bild 5.12.   Maßskizze der Lok 21[II].

Zeichnung: Dill

Bild 5.13.
Die Lokomotive 21.
Foto: Sammlung Becker

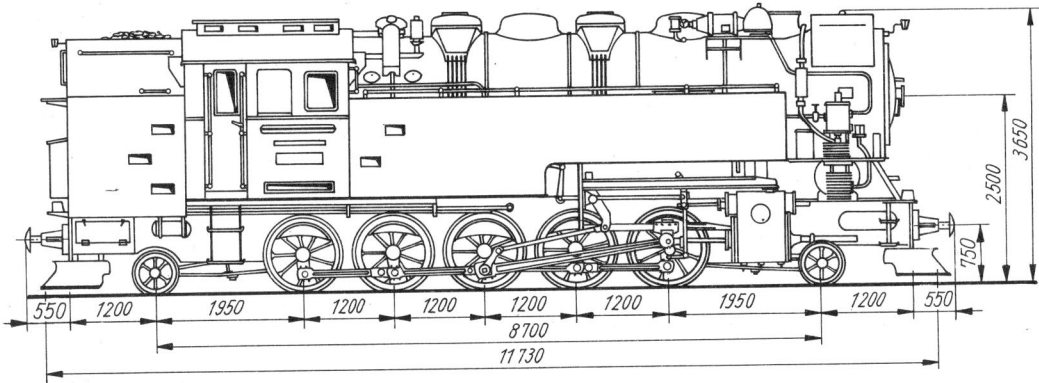

Bild 5.14. Maßskizze der Lokomotive 99 231 bis 99 247.
Zeichnungsentwurf: Taege

LKM baute von 1954 bis 1956 17 Lokomotiven der neuen Baureihe 99²³⁻²⁴, von denen zwölf Stück sofort in den Harz geliefert wurden. Die restlichen Lokomo-

tiven folgten bis 1973, nachdem sie zuvor im Thüringer Wald Dienst getan hatten.

Probleme mit den Neubauloks gab es allerdings beim Durchfahren des engen Bogens am Bahnhof Steinerne Renne. Häufig entgleiste die führende Kuppelachse, und die dritte Achse (Treibachse) hob von der Schienenkrone ab. Tests der VES-M Halle auf dem Bahnhof Wernigerode Westerntor führten zu folgenden Änderungen, die alle Beanstandungen aus der Welt räumten: Die Rückzugfedern der Drehgestelle wurden abgeschwächt, und die Treibachse erhielt einen breiteren Radreifen (150 mm). Die Kuppelachsen behielten allerdings ihre 125 mm breiten Laufflächen. Auf den Spurkranz der Treibachse wurde verzichtet. Alle anderen Achsen waren seitlich verschiebbar. Trotz ihrer äußerlichen Ähnlichkeit mit der Einheitslokomotive besitzen die neuen Maschinen alle Merkmale moderner Neubauloks: geschweißte Kessel, Längskessel aus einem Schuß, Mischvorwärmanlage statt Oberflächenvorwärmer und vollständig geschweißte Blechrahmen.

Bild 5.15.
Maßskizze der normalspurigen
Lok 61.
Zeichnung: Dill

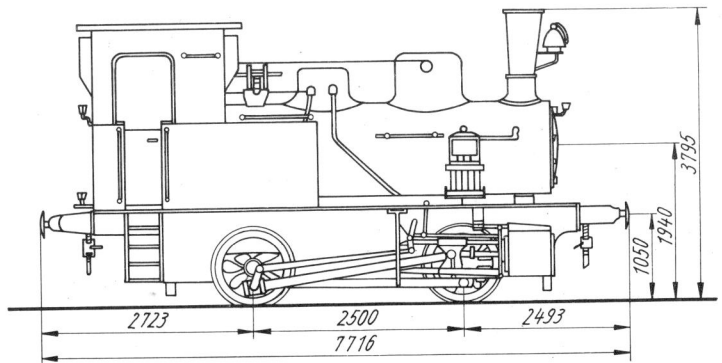

Tabelle 5.2. Technische Daten der NWE-Dampflokomotiven

NWE-Nummer	1 bis 3	6	7	11 bis 22	31	41	41..
Bauart	Bn2t	Ch2t	Cn2t	B + Bn4vt	C + Cn4vt	1D1h2t	B + Bn4vt
Höchstgeschwindigkeit km/h	30	30	30	30			30
Zylinderdurchmesser mm	300	430	400	$2\frac{285}{425}$	$2\frac{380}{600}$	500	$2\frac{230}{425}$
Kolbenhub mm	450	400	400	500	500	500	500
Steuerung	Ha	Ha	Ha	Ha	Ha	Ha	Ha
Kesseldruck MPa (kp/cm²)	1,0 (10)		1,4 (14)	1,4 (14) 3)	1,2 (12)	1,4 (14)	1,2 (12)
Rostfläche m²	0,7	1,4	1,5	1,388	1,9	2,0	1,356
Heizfläche Feuerbuchse m²	3,1	4,76	5,08	5,24	7,15	7,1	5,57
Heizfläche gesamt m²	38	51,36	69,65	61,34	110,6	87	67,87
Wasservorrat m³	1,83	4,0	4,0	5,0	6,0	6,0	3,77
Kohlevorrat t	1,5	1,1	1,1	1,5	2,0	1,6	1,1
Treibrad-Durchmesser mm	900	800	800	1000	1000	1000	1000
Laufrad-Durchmesser mm	–	–	–	–	–	600	–
Achsstand gesamt mm	1700	2500	2500	4600	6200	7300	4670
Länge über Puffer mm	6250	7734	7734	8875	11300	10400	9400
Breite mm	2436	2500	2500	2600	2650	2600	2700
Lokhöhe über SO mm	3270	3650	3650	3900	3740	3750	3800
Lokmasse leer	12,4	26	26	28	44	38,6	28,5
Lokmasse betriebsfähig t	16	32	32	36	54	48	36
Zugkraft kN (Mp)	26,5 (2,7)	76,0 (7,8)	65,9 (6,7)	55,8 (5,7)	127,4 (13,0)	102,9 (10,5)	46,8 (4,8)
Induzierte Leistung kW (PS)	115 (155)	280 (380)	220 (300)	190 (255)	370 (500)		200 (270)

1) DR-Nummern 99 7231 bis 99 7247
2) DR-Nummern 99 7222
3) 1,4 MPa mit neuen Kesseln seit 1924/1926, vorher 1,2 MPa

4) 99 7232 bis 99 7234 und 99 7238 bis 99 7247 mit Krauss-Helmholtz-Lenkgestellen mit Beugniot-Hebeln zwischen 1. und 2. Kuppelachse; 99 7231 und 99 7235

Im Herbst 1963 nahm die VES-M Halle eine leistungstechnische Untersuchung einer dieser Lokomotiven hinsichtlich des Einsatzes für den Rollwagenverkehr vor. Die Versuchsfahrten mit der 99 7233 fanden auf der 33‰ geneigten Brockenstrecke statt. Gebremst wurde mit der 99 7232 mit vereinfachter Riggenbach-Gegendruckbremse. Die Messungen erfolgten in einem Reisezugwagen, der als Behelfsmeßwagen umgerüstet worden war. Es ergab sich ein Wirkungsgrad von 5,5 %.
Ab 1976 wurden die Lokomotiven im Raw Görlitz auf Ölhauptfeuerung umgebaut. Probleme auf dem Energiesektor zwangen jedoch später zum Rückbau auf die alte Rostfeuerung.
Aber es waren nicht nur reine „Harzquerbahn-Lokomotiven", die im Laufe der Jahre zum Einsatz kamen. 1957 übernahm die Bahn die Lokomotiven 11 und 12 der ehemaligen Spremberger Stadtbahn, zweiachsige Maschinen, die aber nur im Rangierdienst einsetzbar waren. Als gänzlich ungeeignet für den Gebirgsdienst, aber beschränkt zu verwenden für den Rollbockverkehr waren zwei französische Lo-

komotiven, die 1952/53 aus Hildburghausen kamen. Im Raw Blankenburg erhielten sie neue Kessel, wurden dann aber an die FKB weitergegeben.

5.2. Triebwagen und Diesellokomotiven

Im Interesse einer attraktiveren und wirtschaftlicheren Personenbeförderung beschaffte die Harzquerbahn in den 30er Jahren – wie viele andere Privatbahnen auch – dieselelektrische Triebwagen.
Der 1935 gelieferte erste Wagen (T 1) besaß ein Personenabteil und war mit einer Außen-Koks-Warmwasserheizung ausgerüstet. Die NWE steuerte den Beiwagen 14 bei, indem sie den hisherigen Reisezugwagen mit einem kleinen Packabteil und ebenfalls einer Außen-Koks-Warmwasserheizung versah. Triebwagen und Beiwagen waren rot lackiert. Bereits die erste Probefahrt am 1. Februar 1935 verlief so gut, daß die Triebwageneinheit sofort in Betrieb gehen konnte. Die interessierte Öffentlichkeit – namentlich das „Wernigeröder Tageblatt" – regi-

51 u. 52 1B + B1h4vt	21.. 1C1h2t	61.. Bn2t	1) 1E1h2t 4)	2) 1E1h2t
30	50	40	40	40
$2\,\frac{360}{560}$	420	320	500	500
400	500	500	500	500
Ha	Ha	Gooch	Ha	Ha
1,4 (14)	1,4 (14)	1,2 (12)	1,4 (14)	1,4 (14)
1,99	1,56	0,95	1,4	1,78
9,05	7,36	4,25	10,4	7,7
85,89	72,00	56,2	95,5	95,9
6,0	5,0	3,5	8,0	8,0
2,5	2,0	1,4	4,0	3,0
850	1000	1000	1000	1000
600	600	–	550	550
7800	6060	2500	8700	8700
10350	8910	7716	12500	11636
2860	2600	2600	2645	2645
3800	3650	3795	3650	3650
43,5	37,84	18,5	48	50,11
53	47,58	24	61	65,8
86,2 (8,8)	72,5 (7,4)	35,5 (3,6)	102,9 (10,5)	102,9 (10,5)
480 (650)	400 (540)		515 (700)	515 (700)

bis 99 7237 mit Krauss-Helmholtz-Drehgestellen, ab 1974 Beugniot-Hebel

strierte nur Vorteile gegenüber dem herkömmlichen Dampflokbetrieb:

„Die Betriebsführung der Nordhausen-Wernigeroder Eisenbahn gab uns gestern die Gelegenheit, zusammen mit den Mitgliedern des Vorstandes und des Aufsichtsrates an einer Probefahrt mit dem neuen Triebwagen der NWE teilzunehmen. Das neue Fahrzeug, das das Zeichen T 1 trägt, stand mit dem inzwischen in den Werkstätten der NWE fertiggestellten Anhänger-Personenwagen im Schmuck von Fähnchen und frischem Tannengrün auf dem Güterbahnhof zum Empfang der Gäste bereit. Das gefällige satte Rot, das beide Wagen gewissermaßen ,Ton in Ton' als Teile eines zusammenhängenden Ganzen schon äußerlich erkennen läßt, dürfte einmalig und erstmalig im Harze einem öffentlichen Schienenverkehrsmittel beigelegt worden sein. Erstmalig und einmalig aber wie die Farbe ist auch die Konstruktion dieses Verkehrsmittels. Die Konstrukteure mußten sich mit folgenden, durch die besonderen Verhältnisse des Harzes bedingten Gegebenheiten abfinden. Einmal handelt es sich um eine Bahn mit

einer Spurweite, die unter der normalen Spurweite liegt; weiter ist auf der Strecke eine fast ständige Steigung von 1 : 30 zu überwinden, und schließlich mußte eine kurvenreiche Gebirgsstrecke, die besondere Anforderungen an Material und Konstruktion stellt, berücksichtigt werden. All diesen Umständen ist bei der Planung und Konstruktion des Wagens Rechnung getragen worden. In weitschauender Weise war die Direktion der NWE schon seit langer Zeit bemüht, die Strecke an den kurvenreichsten Stellen, soweit das Gelände es überhaupt gestattet, zu begradigen und zum größten Teil mit einem neuen Oberbau zu versehen. Dennoch blieb eine große Zahl von technischen Fragen zu klären, die nur im engsten Einvernehmen zwischen Betriebsführung und Erbauerfirma gelöst werden konnte.

Die Fahrt, die wir gestern unternahmen, hinterließ den Eindruck, daß es sich bei diesem Triebwagen um eine Konstruktion handelt, die alle Errungenschaften der modernen Technik sinnreich und zweckmäßig verbindet mit den Erfordernissen des modernen Reiseverkehrs, nämlich Sicherheit, Bequemlichkeit und Schnelligkeit.

Wir befuhren die bekannte Strecke über Drei Annen Hohne, Sorge, Benneckenstein nach Nordhausen. Wie oft sahen wir unterwegs überraschte Menschen, die erstaunt stehen blieben als sie das Hupen- und Läutesignal des Triebwagens vernahmen und das neue Verkehrsmittel dann selbst in forscher Fahrt sahen. Jawohl: es war eine forsche, eine schnelle Fahrt, die wir erlebten. Die Strecke von Wernigerode bis Nordhausen durchfuhren wir, mit allerdings nur zwei Aufenthalten, in 1 Stunde und 43 Minuten. Und wir haben uns alle sehr wohl gefühlt. Es war naheliegend, daß wir uns auch nach einigen technischen Einzelheiten erkundigten. Wir nahmen, was bei normalem Betrieb selbstverständlich nicht möglich und nicht gestattet ist, neben dem Fahrer Aufstellung, und auf alle Fragen, die man als Laie stellen kann, erhielten wir erschöpfende Auskunft von Direktor Scharnhorst.

Zuerst die Frage der Sicherheit: wir fragten, wie es sei, wenn aus irgendeinem Grunde der Fahrer vielleicht auf voller Fahrt unwohl oder ohnmächtig werde und er die auf das einfachste Maß beschränkten technischen Griffe nicht mehr ausführen könne. Die Antwort gab uns die Praxis selbst. In dem Augenblick, wo der Fahrer die Hände von den auf seinem Schaltbrett angebrachten Griffen wegnimmt, schaltet sich selbsttätig die Maschine ab und der Wagen bleibt auf die denkbar kürzeste Entfernung stehen. Man nennt diese moderne Sicherheitseinrichtung die ,Totmann-Einrichtung'. Auf den Gefällestrecken fährt der Wagen im Leerlauf. Wir erreichten auf diese Weise auf der Gefällestrecke zwischen Niedersachswerfen und Ilfeld eine Geschwindigkeit von 50–60 km/h. Die Bremse, die auf das empfindlichste reagiert, ist eine unbedingt wirksame Luftsaugebremse, deren Wirkung zusätzlich noch durch die Betätigung der Handbremse erhöht werden kann. Über die Frage der Bequemlichkeit brauchten wir uns Erläuterungen nicht geben zu lassen; denn das auch in dieser Frage Erreichte empfand jeder der Fahrtteilnehmer im wahrsten Sinne des Wortes ‚am eigenen Leibe'. Die elektrisch und mit Warmwasserheizung gewärmten Wagen, der Triebwagen sowohl auch der Anhänger, sind so prächtig gefedert, daß man weder Schienenstöße, die ja ohnehin kaum vorkommen, noch Kurvenfahrten empfindet. Der Blick durch die großen Aussichtsfenster ist nicht mehr durch Rauchwolken beeinträchtigt; eine Rauchbelästigung fällt ja beim diesel-elektrischen Betrieb überhaupt fort. Zudem ist oben auf dem Dache eine Ventilatoren-Anlage angebracht, welche für beste und dauernde Belüftung und Entlüftung sorgt. Die Sitze selbst sind, wie es wahrer Dienst am Kunden verlangt, behaglich und bequem.

Wir wünschen dem neuen Triebwagen zu seiner planmäßigen Indienststellung aufrichtig:

Gute Fahrt."

Die nächsten zwei, 1938 gelieferten Triebwagen T 2 und T 3 erhielten statt des Personenabteils nur ein kleines Gepäckabteil. Neu waren der stärkere Motor und eine Warmwasserölheizung. Jetzt konnten mühelos bis zu vier Wagen befördert werden. Zwei der Triebwagen waren in Wernigerode und einer in Benneckenstein stationiert. Zeitweise trug man sich gar mit dem Gedanken, mit diesen Wagen einen Eilzugbetrieb einzurichten: Die 60 km zwischen Werni-

gerode und Nordhausen hätten dann in zwei Stunden bewältigt werden können.

Ein Einzelstück aus jüngster Zeit ist die Diesellok der Baureihe V 30. Sie stammt aus einer Serie von insgesamt 30 Maschinen, die für den leichten Strecken- und Rangierdienst nach Indonesien geliefert wurden. Die Testlok, schon 1966 auf den Harzstrecken für gut befunden, kam 1970 zur Harzquerbahn und wird seitdem im Rangierdienst und für Arbeitszüge eingesetzt. Auch beim Bau der Verbindungsstrecke Straßberg–Stiege zur Selketalbahn war sie dabei.

Von der 1983 auf Normalspur umgebauten Reststrecke der Spreewaldbahn trafen am 26. März 1983 zwei kleine Dieselloks der Baureihe V 10 C (LKM) in Wernigerode ein. Die Maschinen, die 199 005 und die 199 006, die in Cottbus im Rollwagengüterverkehr Dienst taten, sind jetzt im Bw Wernigerode Westerntor und in der Lokeinsatzstelle Gernrode im Rangierdienst eingesetzt.

Nachdem sich zwei auf Meterspur umgebaute Dieselkleinlokomotiven der Baureihe 100 (Kö II) auf der Industriebahn in Halle-Turmstraße gut bewährt hatten, traf am 2. Dezember 1984 in Wernigerode eine solche Lok mit der Betriebsnummer 199 010 ein, die künftig in Nordhausen im Rangierdienst eingesetzt werden soll. In den nächsten Jahren ist vorgesehen, auch Streckendiesellokomotiven auf der Harzquerbahn einzusetzen.

Testfahrzeuge auf der Harzquer- und Brockenbahn

Abgesehen von den beiden Lokomotiven, die 1914 nahe dem Bahnhof Drei Annen Hohne vom Militär getestet wurden, erprobte man später auch Fahrzeuge mit anderen Antriebskonzepten.

1925 ließ die Firma AEG einen neuen Öltriebwagen testen, der zum Export nach Brasilien bestimmt war.

Tabelle 5.3.   Die Triebwagen und Diessellokomotiven der NWE

NWE-Nummer	DR-Nummer	Bau-jahr	Leistung kW (PS)		Her-steller	Einsatz-zeit	Bemerkungen
T 1	137 561	1935	300	(400)	MAN/B&B	1935 bis 1961	1961 zur Spreewaldbahn, 1963 +
T 2	137 565	1938	380	(520)	MAN/B&B	1939 bis 1962	1962 nach Wittenberge, 1962 +
T 3	137 566	1938	380	(520)	MAN/B&B	seit 1939	historisches Fahrzeug der DR
–	199 301	1966	265		LKM	seit 1970	ex V 30001 C, ex 103 901
–	199 005	1964	75	(102)	LKM	seit 1983	ex Spree, 1970 von Spanplattenwerk Gotha
–	199 006	1964	75	(102)	LKM	seit 1983	ex Spree, 1970 von Spanplattenwerk Gotha

Bild 5.16.
Der Triebwagen T 1,
hier noch während des
Baus.
Foto: Sammlung Becker

Bild 5.17.
So wurde die Antriebsanlage
des T 1 montiert.
Foto: Sammlung Becker

Bild 5.18. Der Triebwagen T 1 mit Beiwagen in voller Fahrt.

Foto: Sammlung Becker

Bild 5.19 Innenansicht des Führerhauses des T 1.

Foto: Sammlung Becker

Tabelle 5.4.
Umbaumaßnahmen an den Neubaulokomotiven

DR-Nummer 1)	Umbau auf Ölhauptfeuerung	Rückbau auf Rostfeuerung
99 0 244	2)	26. 2. 1983
99 0 234	18. 8. 1977	4. 11. 1983
99 0 237	20. 7. 1977	1. 12. 1983
99 0 240	21. 10. 1977	22. 4. 1983
99 0 235	6. 1. 1978	3. 9. 1983
99 0 245	27. 4. 1978	26. 7. 1983
99 0 236	22. 7. 1978	1. 6. 1983
99 0 231	21. 10. 1978	6. 8. 1983
99 0 238	19. 1. 1979	29. 3. 1983
99 0 241	19. 5. 1979	15. 1. 1984
99 0 239	1. 8. 1979	25. 9. 1983
99 0 243	20. 10. 1979	10. 2. 1983
99 0 242	11. 1. 1980	25. 2. 1984
99 0 232	9. 5. 1980	21. 12. 1982
99 0 247	23. 7. 1980	28. 5. 1983
99 0 233	1. 12. 1980	12. 4. 1984
99 0 246	2. 2. 1981	17. 12. 1983

1) „0" bei Ölhauptfeuerung wird durch „7" bei Rostfeuerung ersetzt
2) nach Probefahrten am 25./26. 8. 1976 ab 10. 9. 1976 drei Monate Probebetrieb

Ein Jahr später folgten Probefahrten mit einem Schienenbus für Venezuela.

1927 schließlich wurde eine von der „Fürst Stolberg Hütte" erbaute kleine Diesellokomotive auf den Strecken der Harzquer- und Brockenbahn getestet. Das vorerst letzte Testfahrzeug war die bereits erwähnte dreiachsige Diesellok der Baureihe V 30.

Lange blieb die Diesellok der Baureihe V 30, jetzt 199 301-3, das letzte Testfahrzeug. Die Dampflokomotive hatte noch immer das unumstrittene Primat. Als sich jedoch in den 80er Jahren Alterungserscheinungen zeigten und der Güterverkehr zunahm, ging die DR daran, die Dampflok durch Diesellok zu ersetzen. Am 21. November 1988 traf die erste neue Diesellok, die 199 863, in Wernigerode ein. Es war eine im Raw Stendal umgebaute ehemalige V 100, heute Baureihe 110. Sie erhielt zwei neue dreiachsige Drehgestelle. Mit der Höhe von 4 355 mm über SO sieht sie etwas gewaltig aus. Die Fahrzeugmasse von 60 t mußte auf sechs Achsen verteilt werden. Noch einige Daten: Antrieb dieselhydraulisch, Leistung 900 kW, v_{max} 50 km/h, LüP 13 560 mm, größte Breite 3 140 mm.

Bild 5.20.
Der Triebwagen T 3.
Foto: Heuer

Bild 5.21.
Die Diesellok V 30.
Foto: Sammlung Röper

Bild 5.22.
AEG-Öltriebwagen auf
der Brockenstrecke.
Foto: Sammlung Kieper

Bild 5.23.
Leichtbauschienenbus
für Venezuela bei der
Probefahrt auf der
Harzquerbahn.
Foto: Sammlung Fiebig

Bild 5.24.
Probefahrt oberhalb
des Bahnhofs
Steinerne Renne.
*Foto: Sammlung
Mahrholz*

5.3. Der Wagenpark

Reisezugwagen

In Anbetracht der bogenreichen Streckenführung beschaffte die „Eisenbahnbau- und Betriebsgesellschaft Berlin" für die Personenbeförderung auf der NWE ausschließlich Drehgestellwagen. Bis zum Jahre 1900 wurden insgesamt 45 Wagen gekauft. Die Erstaustattung von 1897/98 stellten fünf BC- und 21 C-Wagen der Firma Herbrandt dar, die an jeder Wagenseite über zwölf Fenster verfügten und deshalb „Aussichtswagen" genannt wurden. Neben 14 Reisezugwagen aus Hannover waren fünf „Sommerwagen" aus Weimar hinzugekommen – gedeckte Wagen mit halbhoher, hölzerner Bordwand, die an beiden Stirnseiten Einstiegbühnen besaßen.

Der Reisekomfort verbesserte sich, als 1910 die Hannoversche Beleuchtungsindustrie GmbH Ricklingen in die meisten Wagen Azetylenbeleuchtung einbaute und damit die bis dato gebräuchliche Kerzenbeleuchtung ersetzte. Dennoch sollte es noch bis 1922 dauern, bis sich die moderne elektrische Zugbeleuchtung durchgesetzt hatte.

Ebenfalls 1910 erwarb die NWE – zeitgleich mit den zwei schweren Mallet-Sechsachsern – neun große Reisezugwagen mit Seitengang aus Görlitz, die teilweise für alle drei Wagenklassen ausgelegt waren (ABC-Wagen). Die I. und II. Wagenklasse der NWE verfügte über Polsterbänke, während sich die III. Klasse mit Holzlattensitzen begnügen mußte. Da die Görlitzer Wagen sich jedoch als zu schwer erwiesen, wurden sie 1918 an die Warschauer Zubringerbahn verkauft. Dort waren sie noch 1942 im Einsatz. Als Ersatz dafür dienten fünf große BC-Wagen (z. T.

auch ABC), die 1922 von der Waggonfabrik Wismar kamen. Sie verfügten über eigene Lichtmaschinen, mit denen sie alle im Zug laufenden Wagen mit elektrischer Energie für die Beleuchtung versorgen konnten.

Eine Besonderheit war der 1924 erworbene, neuentwickelte Ganzstahlwagen aus Wismar (Betriebsnummer 21^{II}), der zuvor Ausstellungsstück auf einer technischen Messe war. Infolge seiner ungewöhnlich großen Länge verfügte er über Schwenkpuffer, die besondere Vorsicht beim Rangieren geboten.

Als Ersatz für die Wagen der ersten Generation – die nun teilweise ausgemustert und verschrottet wurden – kaufte die NWE zwischen 1926 und 1930 neue Fahrzeuge bei verschiedenen Herstellern. Die ehemaligen Sommerwagen wurden sämtlichst abgestellt oder zu OO-Wagen umgebaut. Dringend notwendig war damit eine Umnumerierung der verbleibenden Wagen geworden, die etwa 1930 erfolgte.

Eine wesentliche technische Verbesserung von NWE-Wagen bis zum zweiten Weltkrieg war der Umbau der Wagen 71 bis 75 in den Jahren 1937/38. Nachdem sie 1925 bereits mit neuen Wagenkästen aus Hannover versehen worden waren, erhielten sie nun neue Drehgestelle der Wismarer Einheitsbauart. Nach 1945 verblieb ein Reisezugwagen der Südharzbahn, der als Kurswagen zwischen Braunlage und Wernigerode verkehrte, bei der Harzquerbahn. Er erhielt hier die Nummer 64.

Nach dem Wiederaufbau der Strecke Straßberg–Stiege erhöhte sich der Bedarf an Gepäckwagen. Zunächst wurden im Raw Wittenberge, BT Perleberg, aus alten G-Wagen sechs neue Gepäckwagen gebaut. Mit dem 904-164 begann der Bau von vierachsigen Gepäckwagen.

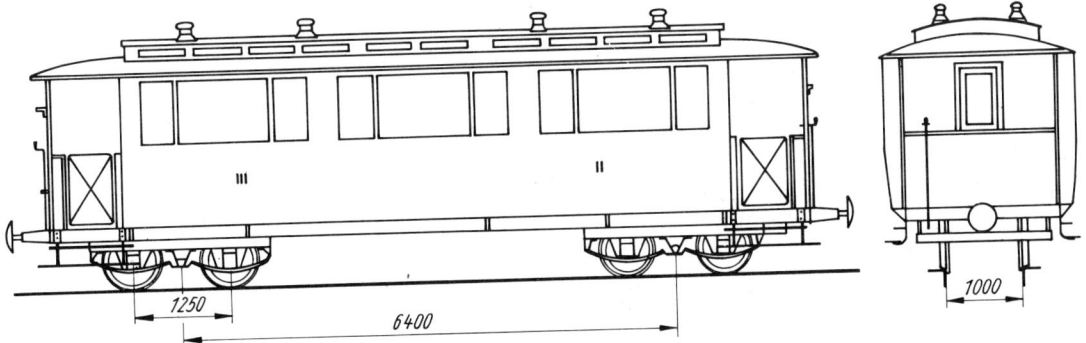

Bild 5.25. Maßskizze für die Wagen 63 und 64 von 1912.

Zeichnung: Bollmann

Die Fahrzeuge

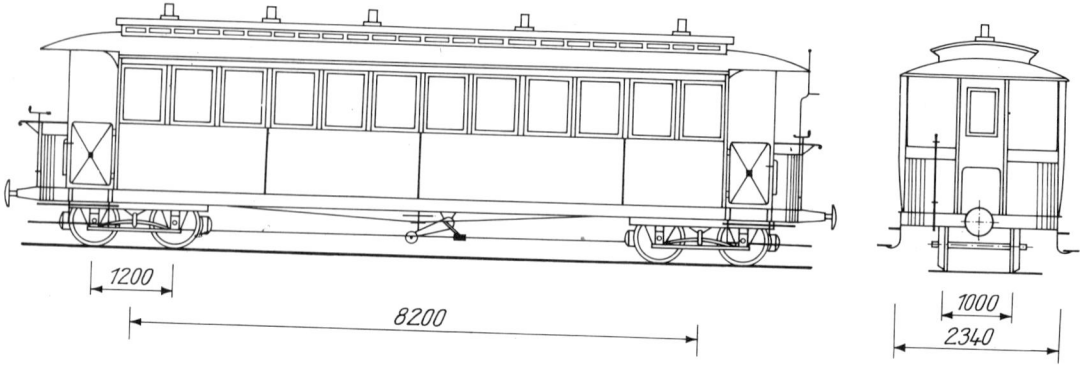

Bild 5.26.   Maßskizze für die Wagen 1 bis 5 von 1912.

Zeichnung: Bollmann

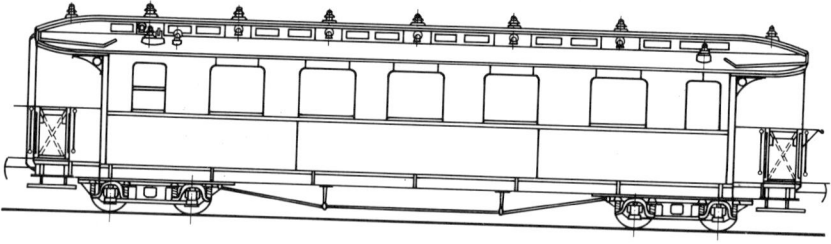

Bild 5.27.
Die Wagen 21 bis 29
von 1912.
Zeichnung: Kieper

Bild 5.28.
Der Wagen 900 472
gehörte zur Lieferserie
der Wagen 11 bis 15.
Foto: Rejke

Bild 5.29.
Der Wagen 900 483
aus der Wagenserie
33 bis 50.
Foto: Rejke

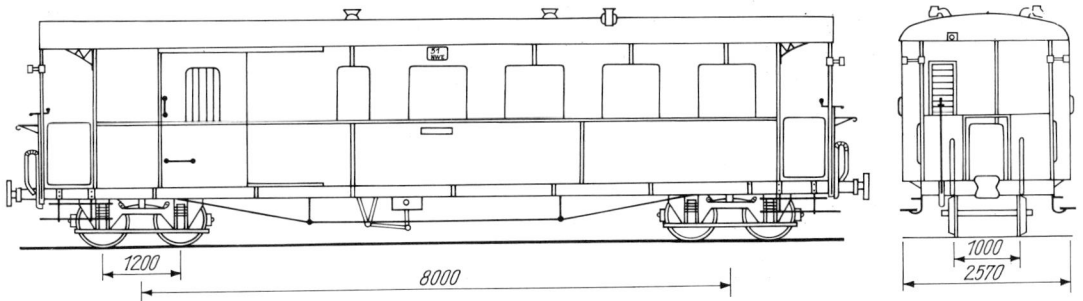

1200 8000 1000 2570

Bild 5.30. Maßskizze des Gepäck-Personenwagens 51.

Zeichnung: Bollmann

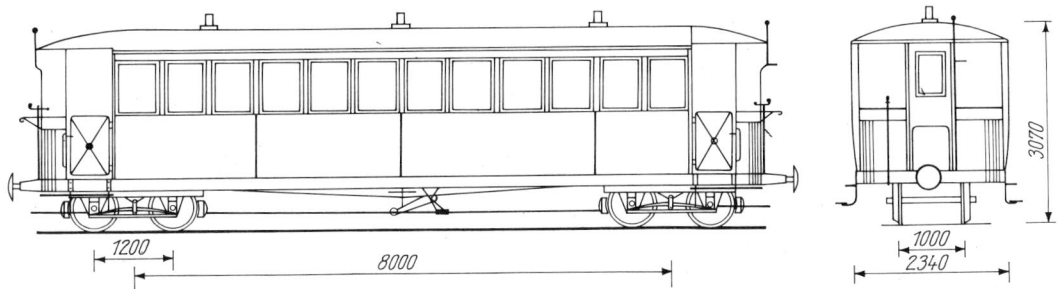

1200 8000 3070 1000 2340

Bild 5.31. Maßskizze für die Wagen 101 bis 116 von 1912.

Zeichnung: Bollmann

Bild 5.32.   Der Wagen 900 455.   Foto: Rejke

Bild 5.33.   Der ehemalige sächsische Wagen trägt die Nummer 900 515.   Foto: Rejke

Tabelle 5.5. Reisezugwagenbestand 1912

NWE-Nummer	Gattung	Hersteller	Baujahr	Drehzapfenabstand mm	Drehgestellachsstand mm	Anzahl der Plätze			Bemerkungen
						I.	II.	III.	
							Klasse		
1	BC	Köln	1897	8200	1200		23	23	
2	BC	Köln	1897	8200	1200		23	23	
3	BC	Köln	1897	8200	1200		23	23	um 1926 +
4	BC	Köln	1897	8200	1200		23	23	
5	BC	Köln	1897	8200	1200		23	23	
21	ABC	Görlitz	1910	9500	1500	6	6	28	
22	ABC	Görlitz	1910	9500	1500	6	6	28	
23	ABC	Görlitz	1910	9500	1500	6	6	28	
24	ABC	Görlitz	1910	9500	1500	6	6	28	
25	ABC	Görlitz	1910	9500	1500	6	6	28	1918 verkauft
26	ABC	Görlitz	1910	9500	1500	6	6	28	
27	ABC	Görlitz	1910	9500	1500	6	6	28	
28	ABC	Görlitz	1910	9500	1500	6	6	28	
29	ABC	Görlitz	1910	9500	1500	6	6	28	
51	C	Köln	1897	8200	1200			48	1925 neue
52	C	Köln	1897	8200	1200			48	Wagenkästen
53	C	Köln	1897	8200	1200			48	und neue Nummern
54	C	Köln	1897	8200	1200			48	71 bis 75
55	C	Köln	1897	8200	1200			48	
61	C	Hannover	1899	6400	1250			48	
62	C	Hannover	1899	6400	1250			48	
63	BC	Hannover	1899	6400	1250		16	32	
64	BC	Hannover	1899	6400	1250		16	32	
71	BC	Hannover	1900	8000	1250		16	32	
72	BC	Hannover	1900	8000	1250		16	32	
81	BC	Hannover	1900	8000	1250		16	32	
82	BC	Hannover	1900	8000	1250		16	32	
83	BC	Hannover	1900	8000	1250		16	32	
84	BC	Hannover	1900	8000	1250		16	32	mit Oberlicht-dachaufbau
85	BC	Hannover	1900	8000	1250		16	32	
86	BC	Hannover	1900	8000	1250		16	32	
87	BC	Hannover	1900	8000	1250		16	32	
88	B	Hannover	1900	8000	1250		32		1905 Salonwagen
101	C	Köln	1897	8000	1200			48	
102	C	Köln	1897	8000	1200			48	
103	C	Köln	1897	8000	1200			48	
104	C	Köln	1897	8000	1200			48	
105	C	Köln	1897	8000	1200			48	
106	C	Köln	1897	8000	1200			48	
107	C	Köln	1897	8000	1200			48	
108	C	Köln	1897	8000	1200			48	
109	C	Köln	1897	8000	1200			48	vor 1930 +
110	C	Köln	1897	8000	1200			48	
111	C	Köln	1898	8000	1200			48	
112	C	Köln	1898	8000	1200			48	
113	C	Köln	1898	8000	1200			48	
114	C	Köln	1898	8000	1200			48	
115	C	Köln	1898	8000	1200			48	
116	C	Köln	1898	8000	1200			48	
201	SS	Weimar	1899	7000	1200			48	
202	SS	Weimar	1899	7000	1200			48	
203	SS	Weimar	1899	7000	1200			48	Sommerwagen,
204	SS	Weimar	1899	7000	1200			48	1926 +
205	SS	Weimar	1899	7000	1200			48	

Bild 5.34. Der ehemalige Eisfelder Wagen mit der Nummer 900 523.

Foto: Rejke

Nach der Übernahme der Privatbahnen durch die Deutsche Reichsbahn wurden neue Wagennummern eingeführt. In der Regel geschah dies, indem man lediglich die Zahlen 100 oder 101 vor die bisherige Betriebsnummer setzte. So wurde beispielsweise der NWE-Wagen 32 zur 101 32. In der Folgezeit schaffte die Deutsche Reichsbahn die Wagenklassen im Reisezugverkehr der Schmalspurbahnen ab und ließ alle Wagen einheitlich mit Hartpolstersitzen ausstatten.

Eine Bestandserweiterung gab es, nachdem 1952 probeweise zwei Wagen der 750-mm-Bahn Zittau–Oybin in den Harz umgesetzt wurden. Es handelte sich um Einheitsreisezugwagen, wie sie in den 30er Jahren in größerer Stückzahl gebaut worden sind. Meterspurige Achsen wurden eingebaut und die Kupplungen den schweren der Harzbahnen angeglichen. Die Wagen bewährten sich gut. Daraufhin kamen nach Streckenstillegungen im sächsischen Raum in den 50er Jahren 16 weitere solcher Umbauwagen in den Harz.

1958 schließlich wurde eine vollkommen neue Numerierung aller Wagen vorgenommen. Reisezugwagen der Meterspurbahnen erhielten als Kennzahl die 900 und die Wagennummer, die sich jetzt nach dem Alter des Wagens richtete. So erhielt der älteste NWE-Wagen von 1897 die Nummer 900 451. Der jüngste vom Baujahr 1936 dagegen hieß nun 900 518.

Anfang der 60er Jahre kamen weitere fünf Wagen zur Harzquerbahn. Sie waren ursprünglich für die Strecke Eisfeld–Schönbrunn vorgesehen und im Raw Karl-Marx-Stadt mit neuen Wagenkästen versehen worden. Bei der Harzquerbahn erhielten sie die Nummern 900 519 bis 900 523. Nach der Stillegung der Spreewaldbahn gelangte Anfang 1970 eine Serie ehemaliger sächsischer Reisezug- und Gepäckwagen nach Wernigerode. Diese Wagen wurden jedoch wegen ihres anderen Brems- und Heizungssystems (Druckluftbremsen und Ofenheizung) nicht eingesetzt, sondern dienten als Ersatzteilspender. Die noch „unversehrten" Wagen sind 1983 aufgearbeitet worden und mit den Wagennummern 900 211, 900 230, 900 242 und 900 243 im Einsatz.

Die automatische Saugluftbremse – auch Vakuumbremse genannt – hatte sich als bestgeeignet für extrem lange Gefällestrecken erwiesen. In den Anfangsjahren der NWE dominierte, ebenso wie auf

Bild 5:35.   Ein ehemaliger sächsischer Wagen, modernisiert mit der Nummer 900 517, vor dem dreiständigen Lokschuppen in Wernigerode.
Foto: Rejke

Bild 5.36   Der ehemalige Salonwagen 100, hier mit der Bezeichnung 900 461.
Foto: Sammlung Becker

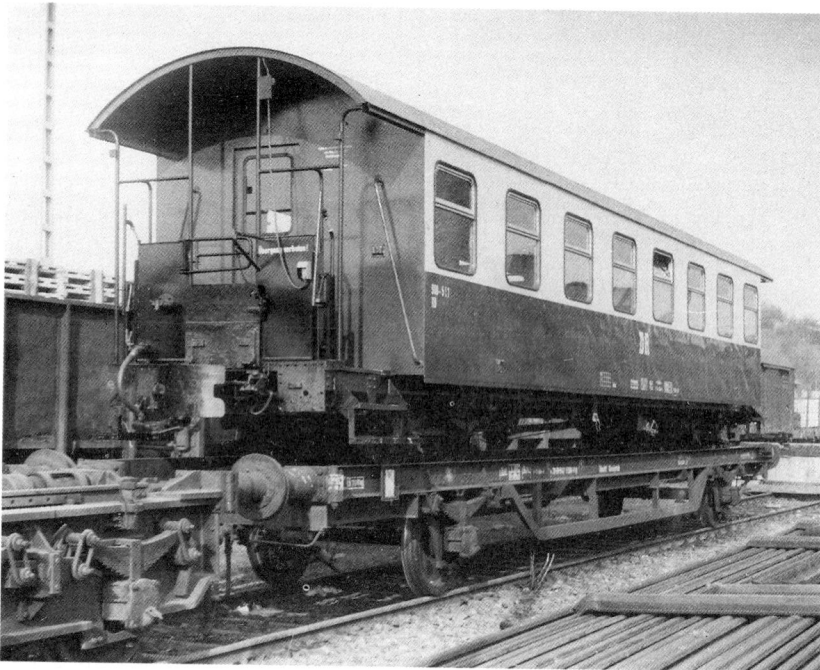

Bild 5.37.
Nummer 900511, einer
der ersten Wagen des
neuen Modernisie-
rungsprogramms ab
1983/84.
Foto: Röper

der SHE und der GHE, das System Körting. Man mußte jedoch erkennen, daß diese Bauart bei sehr starker Beanspruchung – besonders auf der Brokkenstrecke – nicht immer eine volle Bremswirkung gewährleistete. In solchen Fällen mußten die Zugbegleiter die Handbremsen der Fahrzeuge mitbedienen! Erst mit der Einführung der leistungsfähigeren Hardy-Bremse war die erforderliche Sicherheit gewährleistet.

Im Gegensatz zu der Druckluftbremse besteht das Prinzip der Vakuumbremse darin, daß mit Hilfe einer durch den Dampf der Lokomotive betriebenen Vakuumpumpe sowie über Rohre, Schlauchleitungen, Bremsbehälter und Bremshilfsbehälter ein Unterdruck im Bremssystem des gesamten Zuges hergestellt wird. Dieser Unterdruck bleibt während der Fahrt konstant. Bei Bremsungen strömt – durch das Führerbremsventil – Luft in die Bremsbehälter und bewirkt ein Anziehen der Bremsen. Und sollten während der Fahrt Wagen des Zuges abreißen, würde durch den abgerissenen Bremsschlauch Luft einströmen. Der gesamte Zug einschließlich der abgetrennten Wagen käme sofort zum Stehen.

Die Farbgebung der Reisezugwagen war zunächst grün. Zur 75-Jahr-Feier der Bahn im Jahre 1974 wurde der rot-elfenbein-farbene Anstrich eingeführt. Lediglich der Oldtimerzug behielt seine traditionell grüne Farbgebung.

Seit Ende 1983 läuft ein Modernisierungsprogramm für die alten Reisezugwagen der NWE. Alle Wagen erhalten neue Wagenkästen, neue Inneneinrichtungen und durchgehende Tonnendächer. Ferner werden alle Wagen mit der KE-Druckluftbremse ausgerüstet. Solcherart aufgefrischt sind inzwischen die Wagen 900482, 900486, 900489, 900500, 900503, 900504, 900506 und 900511.

Waren bis 1949 alle Fahrzeuge in eigener Werkstatt repariert und überholt worden, unterstehen nunmehr alle Wagen dem Raw Karl-Marx-Stadt. Später wurde das Raw Wittenberge Außenstelle Perleberg mit der Instandhaltung aller Schmalspurwagen der Deutschen Reichsbahn betraut. Lediglich die normalen Untersuchungen und die Behebung kleinerer Schäden erfolgen weiterhin in Wernigerode.

Gepäck- und Postwagen, kombinierte Wagen

Die Erstausstattung lieferte – genau wie bei den Reisezugwagen – die Kölner Firma Herbrandt. Drei der insgesamt sechs zweiachsigen Gepäckwagen besa-

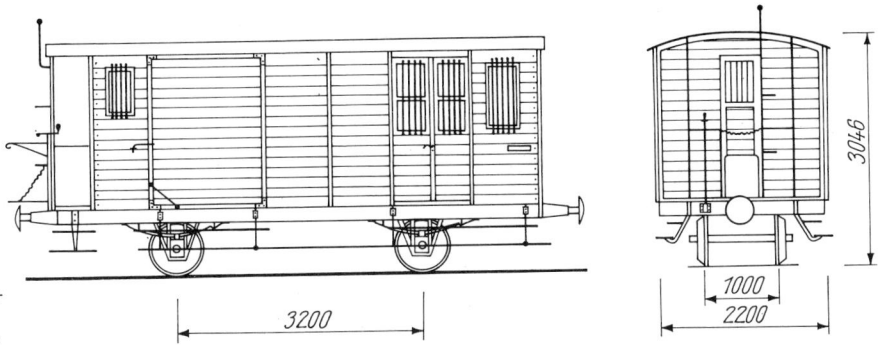

Bild 5.38.
Maßskizze des
zweiachsigen Gepäck-
wagens.
Zeichnung: Bollmann

3046

1000
2200

3200

Bild 5.39.
Der Gepäckwagen
905 152.
Foto: Rejke

ßen ein Abteil für die Postbeförderung. Von den 1900 gelieferten, vier vierachsigen Gepäckwagen hatten wiederum drei ein Postabteil. Diese Wagen waren vorrangig für die durchgehenden Züge zwischen Wernigerode und Nordhausen gedacht. Drei der frühen Fahrzeuge wurden später umgebaut oder dienten anderen Zwecken. Einer, die Nummer 154, endete als Geräteschuppen.

Im Rahmen der Reisezugwagen-Beschaffung von 1929/30 wurden auch zwei kombinierte Wagen geliefert (Nr. 51 und 52), die bereits vom Hersteller mit einem Packabteil versehen worden waren. Den Reisenden standen deshalb nur 31 Sitzplätze (sonst 48) zur Verfügung. Die NWE konnte so in verkehrsschwachen Zeiten oder bei kurzen Zugläufen, z. B. Wernigerode–Schierke oder Nordhausen–Ilfeld, auf die Mitnahme eines gesonderten Gepäckwagens verzichten.

Auch für die Postbeförderung von und nach den Orten an ihrer Strecke und der Umgebung war die NWE zuständig. Die Postabteile besaßen Briefeinwurfschlitze, und ein Postbeamter bearbeitete während der Fahrt die ein- und ausgehende Post. Die Postbeförderung per Bahn endete am 25. Mai 1960. Da sich die kombinierten Gepäck-Personenwagen gut bewährt hatten, rüstete die Bahn 1953 und 1955 in eigener Werkstatt die Reisezugwagen 34 und 35 nachträglich mit je einem Gepäck- und einem Zugführerabteil aus. Die drei noch verbliebenen zweiachsigen Gepäckwagen wurden an die Selketalbahn abgegeben.

Mit dem Zugang ehemaliger sächsischer Reisezugwagen kam 1956 auch ein kombinierter Gepäck-Personenwagen zur Harzquerbahn, so daß nun fünf derartige Wagen im Einsatz waren. Einer davon ist allerdings in Gernrode stationiert, einer verunglückte

Tabelle 5.6. Reisezugwagenbestand 1930

NWE-Nr.	Gattung	Hersteller	Baujahr	LüP mm	Drehzapfenabstand mm	Drehgestellachsstand mm	Bemerkungen
1	BC	Gotha	1926	12730	8800	1200	
2	BC	Gotha	1926	12730	8800	1200	
3	BC	Gotha	1926	12730	8800	1200	
4	BC	Gotha	1926	12730	8800	1200	
5	BC	Gotha	1926	12730	8800	1200	
11	BC	Wismar	1922	14600	9000	1400	
12	BC	Wismar	1922	14600	9000	1400	
13	BC	Wismar	1922	14600	9000	1400	
14	BC	Wismar	1922	14600	9000	1400	mit Lichtmaschinen
15	BC	Wismar	1922	14600	9000	1400	
21	BC	Wismar	1924	14300	9000	1400	
31	C	Wismar	1926	12600	8600	1200	
32	C	Wismar	1926	12600	8600	1200	
33	C	Wismar	1926	12600	8600	1200	
34	C	Wismar	1926	12600	8600	1200	
35	C	Wismar	1926	12600	8600	1200	
36	C	Wismar	1926	12600	8600	1200	
37	C	Wismar	1926	12600	8600	1200	
38	C	Wismar	1926	12600	8600	1200	
39	C	Wismar	1929	12600	8600	1200	
40	C	Wismar	1930	12600	8600	1200	
41	C	Wismar	1929	12600	8600	1200	
42	C	Wismar	1929	12600	8600	1200	
43	C	Wismar	1929	12600	8600	1200	
44	C	Wismar	1930	12600	8600	1200	
45	C	Wismar	1930	12600	8600	1200	
46	C	Wismar	1930	12600	8600	1200	
47	C	Wismar	1930	12600	8600	1200	
48	C	Wismar	1930	12600	8600	1200	
49	C	Wismar	1930	12600	8600	1200	
50	C	Wismar	1930	12600	8600	1200	
51	BP	Gotha	1928	12600	8600	1200	komb. Gepäck-Personenwagen
52	BP	Wismar	1929	12600	8600	1200	
62	C	Hannover	1899	11500	6400	1250	
63	C	Hannover	1899	11500	6400	1250	
64	C	Hannover	1899	11500	6400	1250	
71	C	Köln	1897	11850	8000	1200	
72	C	Köln	1897	11850	8000	1200	
73	C	Köln	1897	11850	8000	1200	1925 neue Wagenkästen (Hannover)
74	C	Köln	1897	11850	8000	1200	
75	C	Köln	1897	11850	8000	1200	
81	BC	Hannover	1900	12200	8000	1250	
82	BC	Hannover	1900	12200	8000	1250	
100	B	Hannover	1900	12200	8000	1250	ex 88 Salonwagen

1974. 1970 kam von der Spreewaldbahn ein weiterer Gepäck-Personenwagen. Wegen seiner beibehaltenen Druckluftbremse lief er zunächst nur innerhalb von Zügen (ohne angeschlossene Bremse). Heute gehört er zu einem der neuen modernisierten Wagenzüge.

Als 1963/64 der Rollwagenverkehr eingeführt wurde, waren auch wieder Gepäckwagen notwendig. Sechs vierachsige, gedeckte Güterwagen wurden zu Güterzuggepäckwagen umgebaut. Sie erhielten Schlitzpuffer für die Kupplungsbäume, und teilweise bekamen sie Zugführerabteile. Im Gegensatz

Tabelle 5.7. Gepäck- und Postwagenbestand 1909

NWE-Nummer	Gattung	Hersteller	Baujahr	Achsstand mm		LüP mm	Gepäckabteil m²	Postabteil m²
151	GP	Köln	1897	3200		7500	12,5	
152	GP	Köln	1897	3200		7500	12,5	
153	GP	Köln	1897	3200		7500	12,5	
154	PP	Köln	1897	3200		7500	6,6	6,5
155	PP	Köln	1898	3200		7500	6,6	6,5
156	PP	Köln	1898	3200		7500	6,6	6,5
				Drehzapfenabstand mm	Drehgestellachsstand mm			
161	PP	Köln	1900	6700	1200	12500	12,2	8,7
162	PP	Köln	1900	6700	1200	12500	12,2	8,7
163	PP	Köln	1900	6700	1200	12500	12,2	8,7
164	GP	Köln	1900	6700	1200	12500	21,0	

Foto: Rejke

Bild 5.40. Der Gepäck-Reisezugwagen 902 201.

zu den weinroten Reisezuggepäckwagen sind sie braun oder grün gestrichen. Einer dieser sechs ehemaligen Güterwagen, der 99-07-02, mußte durch einen Wagen der Strecke Eisfeld–Schönbrunn ersetzt werden, nachdem er 1979 zur Schneeschleuder umgebaut worden war. Ein anderer, der 99-07-04, wurde nach Abstellen des GHE-Triebwagens als Hilfszuggerätewagen in Gernrode stationiert.

Güterwagen

Der weitaus größte Teil des rollenden Materials der NWE diente dem Güterverkehr. Von 1900 bis 1916 wurden etwa 130 Güterwagen verschiedener Bauarten beschafft. Die Palette reichte vom Drehschemelwagen mit einem Achsstand von nur 1400 mm bis hin zum vierachsigen Schienenwagen mit 20 t Trag-

Die Fahrzeuge

Tabelle 5.8.   Reisezugwagenbestand 1982

DR-Nummer ab 1957	ab 1950	NWE-Nummer	Gat-tung	Hersteller	Baujahr	LüP mm	Dreh-zapfen-abstand mm	Dreh-gestell-achsstand mm	Sitz-plätze	Bemerkungen
900451	10171	71	KB4ip	Köln	1897	11850	8000	1200	44	1)
900452	10172	72	KB4ip	Köln	1897	11850	8000	1200	44	1), 5)
900453	10173	73	KB4ip	Köln	1897	11850	8000	1200	44	1)
900454	10174	74	KB4ip	Köln	1897	11850	8000	1200	44	1)
900455	10175	75	KB4ip	Köln	1897	11850	8000	1200	44	1), 2)
900456	10162	62	KB4ip	Hannover	1899	11500	6400	1250	48	1974[2]), [3])
900457	10163	63	KB4ip	Hannover	1899	11500	6400	1250	48	1965 +
900458	10164	–	KB4ip	Hannover	1899	11500	6300	1300	42	1974[2]), [4])
900459	10181	81	KB4ip	Hannover	1900	12200	8000	1250	38	1965 +
900460	10183	83	KB4ip	Hannover	1900	12200	8000	1250	38	2), 6)
900461	10185	85	KB4ip	Hannover	1900	12200	8000	1250	32	7), 1967 +
900471	10011	11	KB4ip	Wismar	1922	14600	9000	1400	52	
900472	10012	12	KB4ip	Wismar	1922	14600	9000	1400	51	
900473	10013	13	KB4ip	Wismar	1922	14600	9000	1400	52	
900474	10014	14	KB4ip	Wismar	1922	14600	9000	1400	52	8)
900475	10015	15	KB4ip	Wismar	1922	14600	9000	1400	45	
900476	10021	21..	KB4ip	Wismar	1924	14300	9000	1400	45	Stahlkasten
900477	10001	1	KB4ip	Gotha	1926	12730	8800	1200	44	
900478	10002	2	KB4ip	Gotha	1926	12730	8800	1200	44	
900479	10131	31	KB4ip	Wismar	1926	12600	8600	1200	38	Mod.-Wagen
900480	10132	32	KB4ip	Wismar	1926	12600	8600	1200	48	
900481	10133	33	KB4ip	Wismar	1926	12600	8600	1200	48	
900482	10136	36	KB4ip	Wismar	1926	12600	8600	1200	46	
900483	10137	37	KB4ip	Wismar	1926	12600	8600	1200	46	
900484	10138	38	KB4ip	Wismar	1926	12600	8600	1200	46	
900485	10003	3	KB4ip	Gotha	1928	12730	8800	1200	44	
900486	10004	4	KB4ip	Gotha	1928	12730	8800	1200	44	
900487	10005	5	KB4ip	Gotha	1928	12730	8800	1200	44	
900488	10139	39	KB4ip	Wismar	1929	12600	8800	1200	46	
900489	10141	41	KB4ip	Wismar	1929	12600	8800	1200	46	9)
900490	10142	42	KB4ip	Wismar	1929	12600	8800	1200	46	
900491	10143	43	KB4ip	Wismar	1929	12600	8800	1200	46	1965 +
900492	10161	–	KB4ip	LHB	1929	14800	9000	1300	35	10) seit 1956 Harz
900493	10165	–	KB4ip	LHB	1929	14800	9000	1300	35	10) seit 1955 Harz
900494	10166	–	KB4ip	LHB	1929	14800	9000	1300	35	10) seit 1954
900495	10167	–	KB4ip	LHB	1929	14800	9000	1300	35	10) seit 1956 Harz
900496	10168	–	KB4ip	LHB	1929	14800	9000	1300	35	10)
900497	10169	–	KB4ip	LHB	1929	14800	9000	1300	35	10)
900498	10170	–	KB4ip	LHB	1929	14800	9000	1300	40	10)
900499	10140	40	KB4ip	Wismar	1930	12700	8800	1200	36	
900500	10144	44	KB4ip	Wismar	1930	12700	8800	1200	46	9)
900501	10145	45	KB4ip	Wismar	1930	12700	8800	1200	40	1978 Mod.-Wagen
900502	10146	46	KB4ip	Wismar	1930	12700	8800	1200	46	11)
900503	10147	47	KB4ip	Wismar	1930	12700	8800	1200	46	
900504	10148	48	KB4ip	Wismar	1930	12700	8800	1200	46	
900505	10149	49	KB4ip	Wismar	1930	12700	8800	1200	46	9)
900506	10150	50	KB4ip	Wismar	1930	12700	8800	1200	46	
900507	10186	–	KB4ip	LHB	1936	14800	9000	1300	14	10) seit 1953 Harz

130

noch Tabelle 5.8.

DR-Nummer ab 1957	NWE-Nummer ab 1950	Gattung	Hersteller	Baujahr	LüP mm	Drehzapfenabstand mm	Drehgestellachsstand mm	Sitzplätze	Bemerkungen
900511	10182	–	KB4ip	LHB	1936	14800	9000	1300	42	10) seit 1952 Harz
900512	10184	–	KB4ip	LHB	1936	14800	9000	1300	43	10) seit 1952 Harz
900513	–	–	KB4ip	LHB	1936	14800	9000	1300	43	10)
900514	–	–	KB4ip	LHB	1936	14800	9000	1300	43	10)
900515	–	–	KB4ip	LHB	1936	14800	9000	1300	43	10)
900516	–	–	KB4ip	LHB	1936	14800	9000	1300	43	10)
900517	–	–	KB4ip	LHB	1936	14800	9000	1300	42	10), Mod.-Wagen
900518	–	–	KB4ip	LHB	1936	14800	9000	1300	43	10)
900519	–	–	KB4ip	LHB	1930	14400	7000	1300	38	12)
500520	–	–	KB4ip	LHB	1930	12400	7000	1300	38	12)
500521	–	–	KB4ip	LHB	1930	12700	7000	1300	38	12)
500522	–	–	KB4ip	LHB	1930	12800	7000	1300	38	12)
500523	–	–	KB4ip	LHB	1930	12200	7000	1300	42	12)

1) 1925 neuer Wagenkasten (Hannover), 1937/38 neues Drehgestell (Wismar)
2) gehört zum Traditionszug
3) ex Arbeitszugbegleitwagen 909-102
4) ex SHE, dann Arbeitszugbegleitwagen 909-103
5) nach Unfall auf Selketalbahn Oktober 1974 +
6) 1960 neuer Wagenkasten (Raw Karl-Marx-Stadt)
7) ex Salonwagen Nr. 100, ab 18. Juni 1948 C-Wagen Nr. 85 (ohne Oberlicht)

8) seit Januar 1936 mit Gepäckabteil, ex Beiwagen zum T1, 4. November 1954 Rückbau
9) überwiegend bei Selketalbahn
10) ex sächsische Einheitsreisezugwagen
11) nach Unfall Bf Tiefenbachmühle 13. März 1977 +
12) Aufbau im Raw Karl-Marx-Stadt, ursprünglich für Eisfeld vorgesehen

Bild 5.41. Der Gepäck-Reisezugwagen 902305.

Foto: Rejke

Bild 5.42. Vierachsiger, gedeckter ehemaliger Güterwagen Nr. 904 157 als Güterzuggepäckwagen. *Foto: Röper*

Bild 5.43. Der zweiachsige, gedeckte Güterwagen mit der NWE-Nummer 38 läuft bei der Reichsbahn als 99 02 26. *Foto: Zieglgänsberger*

Bild 5.44. Offener Güterwagen 990308, bei der NWE als 408 bezeichnet.

Foto: Zieglgänsberger

Bild 5.45.
Steinkübelwagen im
Bahnhof Eisfelder Tal-
mühle im Jahre 1959.
Foto: Grunig

fähigkeit. In der Regel waren die mit einem Bremsersitz ausgerüsteten Wagen jedoch zweiachsig und besaßen eine Tragfähigkeit von 10t.
1929/30 baute die NWE in eigener Werkstatt 15
O-Wagen mit je 15t Tragfähigkeit zu Kübelwagen
um. Aufgesetzt wurden je zwei Stahlkübel der Firma
Krupp. Diese Wagen dienten dem Abtransport des
Schotters aus den Steinbrüchen nahe dem Bahnhof
Eisfelder Talmühle. In Nordhausen wurden die ge-
füllten Kübel dann mittels eines Kranes auf Normal-
spurgüterwagen umgesetzt. Nach 1949 ging eine
Reihe von Güterwagen an die Selketalbahn. Als Ersatz dafür kamen Güterwagen von anderen Schmalspurbahnen, beispielsweise von der GMWE und von

Bild 5.46. Vierachsiger, offener Güterwagen 990386, bei der NWE als 506 bezeichnet. *Foto: Zieglgänsberger*

der Strecke Eisfeld–Schönbrunn. Als allerdings auf der gesamten Strecke der Rollwagenverkehr eingeführt und der Langholztransport auf die Straße verlagert wurde, mußten viele der jetzt überflüssigen Schmalspurgüterwagen ausgemustert und verschrottet werden. 1982 waren nur noch rund 40 Güterwagen im Bestand. Die meisten davon sind vorwiegend auf der Selketalbahn im Einsatz.

Nachdem mit dem Wiederaufbau der Strecke Stiege –Straßberg der Rollwagenverkehr bis nach Alexisbad und Harzgerode ausgedehnt werden konnte, waren auch die restlichen Schmalspurgüterwagen überflüssig: Der Güterverkehr läuft jetzt fast nur noch über Rollwagen.

Die Farbgebung der Güterwagen war übrigens nicht immer gleich: Während der NWE-Zeit waren sie grau, und nach der Übernahme durch die Deutsche Reichsbahn wurden sie oxidrot lackiert.

Rollböcke, Zwischenwagen und Rollwagen

Rollböcke, so wie sie in den Anfangsjahren der NWE gang und gäbe waren, sind kleine schmalspurige, zweiachsige Fahrzeuge mit 1,5 t Eigenmasse. In der Regel besitzen sie keine Bremseinrichtung. Seitlich zwischen den beiden tragenden Achsen des Rollbocks befinden sich die Radauflage für den aufzunehmenden Normalspurwagen und zwei Achshalterbügel, die ein Abrollen des aufgebockten Fahrzeugs verhindern. Jeweils zwei Rollböcke nehmen

einen zweiachsigen Normalspurwagen mit einem Achsstand bis zu 7,5 m auf.

Die aufgebockten Fahrzeuge wurden untereinander mittels ihrer Kupplung verbunden. Die Verbindung zwischen der Schmalspurlokomotive und der Rollbockeinheit sicherte in den Anfangsjahren der Bahn ein Kuppelbaum. Nach 1922 wurden statt dessen Zwischenwagen eingesetzt, die – mit einer Handbremseinrichtung versehen – als Bremswagen dienten (und dafür mit Rangierpersonal besetzt waren) und gleichzeitig die Verbindung zwischen Schmalspurlok (mit einem Puffer) und Rollbockeinheit (mit zwei Puffern) herstellten. Um den Zug von beiden Seiten rangieren zu können, lief ein weiterer Zwischenwagen am Zugende. Das Bremsgewicht von 13 t wurde erreicht, indem man die Zwischenwagen mit Steinen oder Zementblöcken belastete. Andernfalls mußten früher besondere Bremswagen eingestellt werden, deren Funktion heute zusätzliche Schmalspurgüterwagen erfüllen könnten. Für den Dreischienenbetrieb auf der Umladung in Wernigerode wurde ein spezieller Zwischenwagen mit seitlich versetzter Normalspurkupplung eingesetzt.

Mit dem Einsatz leistungsfähigerer Lokomotiven konnte der Rollwagenverkehr aufgenommen werden. Bereits 1952/53 beschaffte Rollwagen mußten damals wegen der unzureichenden Zugkraft der Mallet-Lokomotiven an die Spreewaldbahn abgeben werden.

Rollwagen sind niedrig gehalten, vierachsige

Schmalspurfahrzeuge mit einer automatischen Luftbremseinrichtung. Die 8t schweren Wagen haben eine Fahrbahnlänge von 9 m und verfügen über eine Tragfähigkeit von 40t. Ihr Bremsgewicht beträgt 9t (bei beladenen Normalspurwagen) bzw. 10t (bei leeren Wagen). Auch Rollwagen können nur zweiachsige Normalspurwagen aufnehmen. Befestigt werden diese mittels Vorlegeschuhen und Achshal-

terketten. Die Rollwagen sind durch kurze Kuppelbäume miteinander verbunden. Durch Schlauchleitungen an Rollwagen und Kuppelbäumen erfolgt der Anschluß an die durchgehende Bremse. Die Kuppelbäume werden in Schlitze der Schmalspurpuffer eingesteckt und befestigt.

Der Bestand wuchs an: Zusätzlich zu den 43 bereits vorhandenen kamen 40 weitere Rollwagen der ehe-

Tabelle 5.9. Gepäck- und Postwagenbestand 1982

DR-Nummer ab 1957	NWE-Nummer ab 1950		Gattung	Hersteller	Baujahr	LüP mm	Drehzapfenabstand mm	Drehgestellachsstand mm	Bemerkungen
902301	10134	34	KBDw4i	Wismar	1926	12480	8600	1200	1)
902302	10135	35	KBDw4i	Wismar	1926	12480	8600	1200	2)
902303	10151	51	KBDw4i	Gotha	1928	12700	8800	1200	3)
902304	10152	52	KBDw4i	Wismar	1929	12700	8800	1200	
902305	10153	–	KBDw4i	LHB	1929	14600	9000	1300	4)
902201	10265	–	KBd4i	LHB	1930	14600	9000	1300	5)
904151	10264	164	KD4	Köln	1900	11200	6700	1200	
904152	10263	163	KD4	Köln	1900	11200	6700	1200	
904153	10261	161	KD4	Köln	1900	11200	6700	1200	
904154	10262	162	KD4	Köln	1900	11200	6700	1200	
904101	–	–	KD4			12700	7500	1500	6)
99-07-01	10496	302	Pwg4	Breslau	1900	11100	7000	1200	7)
99-07-02	–	101	Pwg4	Bautzen	1949	11200	6500	1400	8)
99-07-03	10497	303	Pwg4	Breslau	1900	11100	7000	1200	9)
99-07-04	10495	301	Pwg4	Breslau	1900	11100	7000	1200	10)
99-07-05	–	102	Pwg4	Bautzen	1949	11200	6500	1400	11)
99-07-06	–	103	Pwg4	Bautzen	1949	11200	6500	1400	12)
								Achsstand mm	
905151	10281	151	KDwi	Köln	1897	7500		3200	
905152	10282	155	KDwi	Köln	1898	7500		3200	
905153	10283	156	KDwi	Köln	1898	7500		3200	
99-01-83	730025	152	G	Köln	1897	7500		3200	13)
–		153	KDwi	Köln	1897	7500		3200	14)
99-01-85	730023	154	G	Köln	1897	7500		3200	15)

1) seit 1953 mit Gepäck- und Zugführerabteil, nach Unfall auf Selketalbahn Oktober 1974 +
2) seit 1953 Gepäck- und Zugführerabteil, ab September 1973 Rekowagen
3) gehört zum Traditionszug (grün)
4) ex Sachsen
5) ex Spree, ab Mai 1978 Mod.-wagen
6) ex Eisfeld
7) ex 99-02-52
8) ex 99-71-21, 1979 Umbau als Schneeschleuder (Bw Blankenburg)

9) ex 99-02-52
10) ex 99-02-51 (Hilfszugwagen Selketalbahn)
11) ex 99-71-22, 1982 rot
12) ex 99-71-23
13) ab 1912 Krankenwagen, ab 1922 Bw-Werkstattwagen
14) nach Unfall Thumkuhlental Juli 1927 +
15) 1934 Umbau als Heizkesselwagen, ab 1965 Geräteschuppen für Wagenausbesserung

Bild 5.47. Vierachsiger Schienenwagen 99 04 73, bei der NWE ehemals als 254.

Foto: Zieglgänsberger

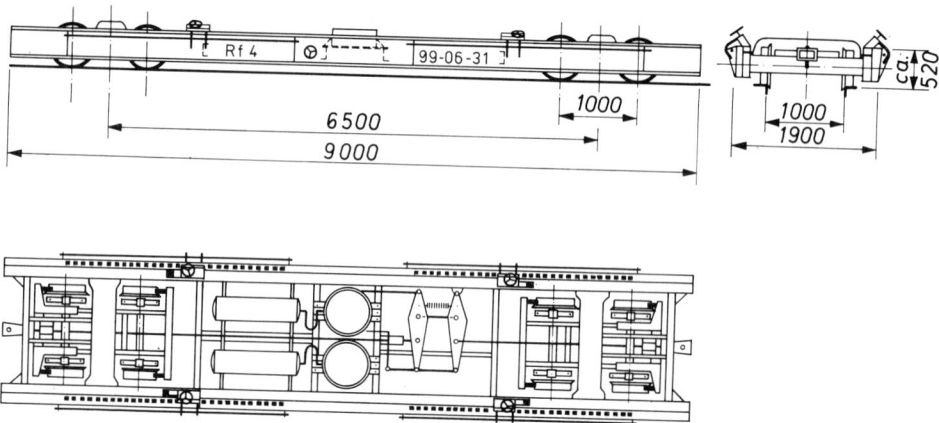

Bild 5.48. Der Rollwagen 99-06-31.

Zeichnung: Uhlemann

maligen Spreewaldbahn und von der stillgelegten Strecke Eisfeld–Schönbrunn (Unterneubrunn) hinzu. Da diese Fahrzeuge Druckluftbremsen besitzen, erhielten einige Lokomotiven und Güterzuggepäckwagen zusätzlich Druckluftbremseinrichtungen. Zur Zeit fahren die Güterzüge zwischen Wernigerode und Benneckenstein bzw. zum Brocken mit Druckluftbremsen, während auf der Nordhäuser Seite weiterhin mit Saugluftbremsen gefahren wird.

Spezialfahrzeuge

In den Anfangsjahren ihres Bestehens besaß die NWE einen kleinen, zweiachsigen Güterwagen, welcher bei Entgleisungen als Gerätewagen zum Einsatz kam. Die Ausrüstung bestand lediglich aus mehreren handbetriebenen Zahnstangen- und Schlittenwinden. Dazu kamen die erforderlichen Geräte und Werkzeuge sowie Unterleghölzer verschiedener Ab-

Bild 5.49.
Ein Rollbock der NWE.
Foto: Sammlung Becker

Bild 5.50.
Ein aufgerollter
Normalspurwagen auf
einem Rollfahrzeug.
Foto: Sammlung Becker

Bild 5.51. Ein Zwischenwagen (OrdWagen bedeutet offener Rangierdienstwagen).

Foto: Röper

Bild 5.52.
Drehschemelwagen
990408, bei der NWE
als 812 gelaufen.
Foto: Rejke

messungen. Kleinere Entgleisungen im Rangierdienst in Nordhausen machten es jedesmal erforderlich, daß der Gerätewagen von Wernigerode aus 60 km über die Strecke gefahren werden mußte.

Deshalb entschloß sich die Verwaltung, einen größeren, vierachsigen G-Wagen zum Gerätewagen umzurüsten und in Wernigerode Westerntor zu stationieren. Der bisherige Gerätewagen wurde nach

Nordhausen umgesetzt. Die Ausrüstung des neuen Gerätewagens wurde modernisiert und erweitert, so beispielsweise mit einem Notstromaggregat, einem Schweiß- und Schneidgerät und verbesserten Handwinden verschiedener Hubstärken.

Weitere Spezialfahrzeuge waren ein Krankenwagen, ein Heizkesselwagen und ein Schneepflug. Letzterer war Bestandteil eines Spezialzugs: Der mit einem Spitzpflug versehenen Lokomotive folgten ein Personenwagen für die Mannschaft, der seitlich offene

Bild 5.53.
Ein ehemaliger
Reisezuggepäckwagen
als Werkstattwagen
99 01 83.
Foto: R. Preuß

Bild 5.54. Der Gerätewagen 99 01 80 gehört zum Feuerlöschzug.

Foto: Sammlung Becker

Die Fahrzeuge

Tabelle 5.10. Güterwagenbestand 1909

Lfd.-Nr.	NWE-Nummer	Stück	Gattung	Hersteller	Baujahr	LüP mm	Drehzapfenabstand mm	Drehgestellachsstand mm	Tragfähigkeit t	Ladefläche m²
1	206 bis 210	5	SS	Weimar	1899	11 290	7000	1200	15,0	23,3
2	301 bis 307	7	G	Breslau	1897	6 520	2820	–	7,5	10,0
3	311 bis 314	4	G	Weimar	1899	6 650	2800	–	7,5	12,6
4	321 bis 326	6	Gml	Breslau	1900	11 100	7000	1200	15,0	23,3
5	331 bis 335	5	Gm	Görlitz	1906	7 500	3250	–	10,0	14,2
6	351 bis 356	6	Oml	Weimar	1897	11 100	7200	1200	15,0	21,2
7	361 bis 370	10	Oml	Breslau	1900	10 670	6600	1200	15,0	23,0
8	371 bis 380	10	Oml	Köln	1905	10 670	6600	1200	15,0	23,0
9	381 bis 385	5	Oml	Köln	1906	10 670	6600	1200	15,0	23,0
10	401 bis 410	10	O		1897	5 600	2200	–	7,5	9,5
11	411 bis 415	5	Ox		1898				5,0	8,9
12	420 bis 429	10	Om	Görlitz	1907	6 600	3000	–	10,0	13,1
13	430 bis 435	6	Om	Görlitz	1907	6 600	3000	–	10,0	13,1
14	451 bis 458	8	H		1897		2500	–	15,0	5,4
15	461 bis 488	28	OmHm	Breslau	1900	4 500	1800	–	10,0	8,0
16	490 bis 499	10	OmHm		1907				10,0	13,1
17	501 bis 508	4 Paar	(Rollböcke)		1897		1000		15,0	
18	509 bis 512	2 Paar	(Rollböcke)		1898		1000		15,0	
19	513 bis 532	10 Paar	(Rollböcke)		1899		1000		15,0	

Schneepflugwagen und ein vierachsiger Gerätewagen. Die meisten Spezialfahrzeuge waren Umbauten aus vorhandenen Güter- oder Gepäckwagen. Ein O-Wagen bekam einen Wasserbehälter zum Transport von Speisewasser für Lokomotiven auf dem Brocken-Bahnhof. Sechs offene Wagen erhielten seitliche Entladeklappen für den Schottertransport. Weiterhin wurde ein Wagen als Unkrautbekämpfungsfahrzeug umgebaut.

Der erste eigene Feuerlöschzug der Harzquerbahn entstand nach 1950. Er besteht aus einem Kesselwagen, dem Gerätewagen für die Feuerlöschpumpe und dem notwendigen Gerät. Ein auf einen Rollwagen gesetzter Loktender einer Normalspurlokomotive dient als Wasservorratsbehälter. Übrigens besitzt auch die Lokeinsatzstelle Gernrode (Selketalbahn) einen Feuerlöschzug, bestehend aus Gerätewagen und Kesselwagen.

Mit dem Einsatz schwererer Lokomotiven mußte auch der Hilfszug der Harzquerbahn entsprechend verstärkt werden. Er besitzt heute zwei vierachsige Gerätewagen sowie einen Mannschaftswagen mit Heizung und Kochgelegenheit.

Zusätzlich zu den mechanischen Aufgleisgeräten wurde ein komplettes hydraulisches Hebezeug für Lokomotiven, ähnlich dem „Deutschlandgerät" der Normalspur, beschafft. Zur Ausrüstung gehört weiterhin ein stärkeres Notstromaggregat einschließlich der Lampen und Scheinwerfer, außerdem ein eigens zum Aufgleisen von beladenen Rollwagen gebautes Gerät.

Außerdem sind im Bestand der Spezial- und Dienstfahrzeuge einige Schlackewagen, die aus offenen Güterwagen hervorgegangen sind. 1970 wurden sie zu Bahnhofswagen.

Mit dem Einsatz der Babelsberger Neubaulokomotiven konnte der Spitzpflug entfallen, da die neuen Loks serienmäßig über montierbare Schneeräumer verfügen. Im Winter 1978/79 war ein meterspuriger Schneepflug der Polnischen Staatsbahn im Einsatz. Er war das Vorbild für den im Bahnbetriebswerk Westerntor aus einem gedeckten Güterwagen gefertigten Eigenbau-Schneepflug, der am 9. November 1979 in Betrieb ging. Ebenfalls eine Eigenentwicklung, gebaut vom Bahnbetriebswerk Blankenburg und vom Oberbauwerk Königsborn, ist die seit dem 29. Januar 1980 eingesetzte Schneeschleuder, die aus einem vierachsigen, gedeckten Güterwagen entstand. Sie ist die einzige ihrer Art bei den Schmalspurbahnen der DDR.

Bild 5.55.
Der Schienenklein-
wagen SKL 3745.
Foto: Heuer

Bild 5.56.
Der alte Schneepflug,
die sogenannte
Kasperbude.
Foto: Rejke

Seit Mai 1981 ist die erste meterspurige Stopf- und Richtmaschine der Deutschen Reichsbahn, die dem Oberbauwerk Königsborn unterstehende UNIMA II-77 M, auf der Harzquerbahn im Einsatz. Sie wird bei Bedarf zur Thüringerwaldbahn Gotha–Walters-hausen–Tabarz und zur Überlandbahn Halle–Mer-seburg umgesetzt. Der Transport zu den verschiede-nen Bahnen erfolgt mit einem speziellen Tieflader über die Straße.

Die Omnibusse, Lastkraftwagen und Pkw der Harz-querbahn wurden in Wernigerode in eigener Werk-statt gepflegt und repariert. Untergestellt waren die Fahrzeuge seinerzeit in betriebseigenen Garagen in Nordhausen, in Wernigerode und in Schierke.

Tabelle 5.11. Güterwagenbestand 1982 einschließlich vorheriger Ausmusterungen

DR-Nummer ab 1957	ab 1950	NWE-Nummer	Gat-tung	Her-steller	Baujahr	LüP mm	Achs-stand mm	Trag-fähigkeit t	Bemerkungen
99-02-01	10405	311	Gw	Weimar	1899	6650	2800	7,5	1)
99-02-02	10406	312	Gw	Weimar	1899	6650	2800	7,5	2), 99-01-80
99-02-03	10411	331	Gw	Görlitz	1906	7500	3200	10,5	
99-02-04	10412	332	Gw	Görlitz	1906	7500	3200	10,5	1965 +
99-02-05	10413	333	Gw	Görlitz	1906	7500	3200	10,5	
99-02-06	10414	334	Gw	Görlitz	1906	7500	3200	10,5	
99-02-07	10415	335	Gw	Görlitz	1906	7500	3200	10,5	
99-02-08	10416	336	Gw	Görlitz	1909	7500	3200	10,5	
99-02-09	10417	337	Gw	Görlitz	1909	7500	3200	10,5	1)
99-02-10	10418	338	Gw	Görlitz	1909	7500	3200	10,5	1969 +
99-02-11	10419	339	Gw	Görlitz	1909	7500	3200	10,5	3), 99-01-76
99-02-12	10420	340	Gw	Görlitz	1909	7500	3200	10,5	
99-02-13	10421	341	Gw	Görlitz	1909	7500	3200	10,5	
99-02-14	10422	342	Gw	Görlitz	1909	7500	3200	10,5	1969 +
99-02-15	10423	343	Gw	Görlitz	1909	7500	3200	10,5	1965 +
99-02-16	10424	344	Gw	Görlitz	1909	7500	3200	10,5	1965 +
99-02-17	10425	345	Gw	Görlitz	1909	7500	3200	10,5	1965 +
99-02-18	10426	346	Gw	Görlitz	1909	7500	3200	10,5	1977 +
99-02-19	10427	347	Gw	Görlitz	1909	7500	3200	10,5	4), 99-01-99
99-02-20	10428	348	Gw	Görlitz	1909	7500	3200	10,5	1966 +
99-02-21	10429	349	Gw	Görlitz	1909	7500	3200	10,5	3), 99-01-75
99-02-22	10430	350	Gw	Görlitz	1909	7500	3200	10,5	
99-02-23	10431	315	Gw	Görlitz	1912	7500	3200	10,5	1963 +
99-02-24	10432	316	Gw	Görlitz	1912	7500	3200	10,5	1979 +
99-02-25	10433	317	Gw	Görlitz	1912	7500	3200	10,5	
99-02-26	10444	318	Gw	Görlitz	1912	7500	3200	10,5	
99-02-27	10445	319	Gw	Görlitz	1912	7500	3200	10,5	1965 +
99-02-28	10446	320	Gw	Görlitz	1912	7500	3200	10,5	
99-02-30	10438	329	Gw	Görlitz	1912	7500	3200	10,5	1965 +
99-02-29	10437	328	Gw	Görlitz	1912	7500	3200	10,5	1965 +
99-02-31	10439	330	Gw	Görlitz	1912	7500	3200	10,5	
99-02-82	730022	401	Ow	Görlitz	1907	6600	3000	10,5	11)
	10801	401..	Ow	Hannover	1912	6600	3000	10,5	12)
99-03-01		401..	Ow						13)
99-03-02	10802	402	Ow	Hannover	1912	6600	3000	10,5	14) Nr. 12
99-03-03	10803	403	Ow	Hannover	1912	6600	3000	10,5	
99-03-04	10804	404	Ow	Görlitz	1907	6600	3000	10,5	
99-03-05	10805	405	Ow	Hannover	1912	6600	3000	10,5	1979 +
99-03-06	10806	406	Ow	Hannover	1912	6600	3000	10,5	
99-03-07	10807	407	Ow	Hannover	1912	6600	3000	10,5	1955 +
99-03-08	10808	408	Ow	Görlitz	1907	6600	3000	10,5	
99-03-09	10809	409	Ow	Görlitz	1907	6600	3000	10,5	14) Nr. 13
99-03-10	10810	410	Ow	Görlitz	1907	6600	3000	10,5	
99-03-11	10811	411	Ow	Hannover	1912	6600	3000	10,5	1965 +
99-03-12	10812	412	Ow	Görlitz	1909	6600	3000	10,5	
99-03-13	10813	413	Ow	Hannover	1909	6600	3000	10,5	
99-03-14	10814	414	Ow	Hannover	1909	6600	3000	10,5	
99-03-15	10810	415	Ow	Görlitz	1909	6600	3000	10,5	
99-03-16	10816	416	Ow	Görlitz	1909	6600	3000	10,5	
99-03-17	10817	417	Ow	Hannover	1909	6600	3000	10,5	
99-03-18	10818	418	Ow	Görlitz	1909	6600	3000	10,5	
99-03-19	10821	419	Ow	Görlitz	1909	6600	3000	10,5	1966 +
99-03-20	10822	420	Ow	Görlitz	1907	6600	3000	10,5	
99-03-21	10823	421	Ow	Görlitz	1907	6600	3000	10,5	

Tabelle 5.11. Güterwagenbestand 1982 einschließlich vorheriger Ausmusterungen

DR-Nummer ab 1957	ab 1950	NWE-Nummer	Gattung	Hersteller	Baujahr	LüP mm	Achsstand mm	Tragfähigkeit t	Bemerkungen
99-03-22	10824	422	Ow	Görlitz	1907	6600	3000	10,5	1966 +
99-03-23	10825	423	Ow	Görlitz	1907	6600	3000	10,5	
99-03-24	10826	424	Ow	Görlitz	1907	6600	3000	10,5	
99-03-25	10827	425	Ow	Görlitz	1907	6600	3000	10,5	
99-03-26	10828	426	Ow	Görlitz	1907	6600	3000	10,5	1966 +
99-03-27	10829	427	Ow	Görlitz	1907	6600	3000	10,5	
99-03-28	10830	428	Ow	Görlitz	1907	6600	3000	10,5	
99-03-29	10831	429	Ow	Görlitz	1907	6600	3000	10,5	14) Nr. 10
99-03-30	10832	454	Ow	Görlitz	1907	6600	3000	10,5	
99-03-31	10833	455	Ow	Görlitz	1907	6600	3000	10,5	
99-03-32	10834	456	Ow	Görlitz	1907	6600	3000	10,5	14) Nr. 4, vorher 99-01-87
99-03-33	10835	457	Ow	Görlitz	1907	6600	3000	10,5	
99-03-34	10836	458	Ow	Görlitz	1907	6600	3000	10,5	15)
99-03-35	10837	452	Ow	Görlitz	1907	6600	3000	10,5	1965 +
99-03-36	10838	453	Ow	Görlitz	1907	6600	3000	10,5	1965 +
99-03-61	10841	441	Ow	Görlitz	1907	6600	3000	10,5	16), 25)
99-03-62	10842	442	Ow	Hannover	1909	6600	3000	10,5	25), 1966 +
99-03-63	10843	443	Ow	Hannover	1909	6600	3000	10,5	25), 1965 +
99-03-64	10844	444	Ow	Görlitz	1909	6600	3000	10,5	25), 1965 +
99-03-65	10845	445	Ow	Hannover	1909	6600	3000	10,5	25), 1965 +
99-03-66	10846	446	Ow	Hannover	1912	6600	3000	10,5	17)
99-04-01	101141	804	Hw	Breslau	1900	4500	1800	10,5	1965 +
99-04-02	101142	805	Hw	Breslau	1900	4500	1800	10,5	1965 +
99-04-03	101143	806	Hw	Breslau	1900	4500	1800	10,5	22) 99-04-80
99-04-04	101144	807	Hw	Breslau	1900	4500	1800	10,5	1965 +
99-04-05	101145	808	Hw	Breslau	1900	4500	1800	10,5	1965 +
99-04-06	101146	810	Hw	Breslau	1900	4500	1800	10,5	bei Selketalbahn
99-04-07	101147	811	Hw	Breslau	1900	4500	1800	10,5	22) 99-04-81, 23)
99-04-08	101148	812	Hw	Breslau	1900	4500	1800	10,5	bei Selketalbahn
99-04-09	101149	813	Hw	Breslau	1900	4500	1800	10,5	1965 +
99-04-10	101150	814	Hw	Breslau	1900	4500	1800	10,5	1965 +
99-04-11	101151	815	Hw	Breslau	1900	4500	1800	10,5	22) 99-04-82, 23)
99-04-12	101152	816	Hw	Breslau	1900	4500	1800	10,5	22) 99-04-83, 24)
99-04-13	101153	817	Hw	Breslau	1900	4500	1800	10,5	1965 +
99-04-14	101154	818	Hw	Breslau	1900	4500	1800	10,5	1965 +
99-04-15	101155	819	Hw	Breslau	1900	4500	1800	10,5	1965 +
99-04-16	101156	820	Hw	Breslau	1900	4500	1800	10,5	1965 +
99-04-17	101157	822	Hw	Breslau	1900	4500	1800	10,5	bei Selketalbahn
99-04-18	101158	823	Hw	Breslau	1900	4500	1800	10,5	bei Selketalbahn
99-04-19	101159	824	Hw	Breslau	1900	4500	1800	10,5	1965 +
99-04-20	101160	825	Hw	Breslau	1900	4500	1800	10,5	1965 +
99-04-21	101161	803	Hw	Breslau	1900	4500	1800	10,5	1965 +
99-04-22	101162	809	Hw	Breslau	1900	4500	1800	10,5	1965 +
99-05-01	101321	901	Kw	Görlitz	1909	6600	3000	10,5	1965 +
99-05-02	101322	902	Kw	Görlitz	1909	6600	3000	10,5	1965 +
99-05-03	101323	903	Kw	Görlitz	1907	6600	3000	10,5	1965 +
99-05-04	101324	904	Kw	Görlitz	1909	6600	3000	10,5	1965 +
99-05-05	101325	905	Kw	Görlitz	1907	6600	3000	10,5	1965 +

Tabelle 5.11.   Güterwagenbestand 1982 einschließlich vorheriger Ausmusterungen

DR-Nummer ab 1957	ab 1950	NWE-Nummer	Gattung	Hersteller	Baujahr	LüP mm	Drehzapfenabstand mm	Drehgestell achsstand mm	Tragfähigkeit t	Bemerkungen
99-05-06	101326	906	Kw	Görlitz	1909	6600	3000	10,5	1965 +	
99-05-07	101327	907	Kw	Hannover	1909	6600	3000	10,5	1965 +	
99-05-08	101328	908	Kw	Hannover	1909	6600	3000	10,5	1965 +	
99-05-09	101329	909	Kw	Hannover	1912	6600	3000	10,5	1965 +	
99-05-10	101330	910	Kw	Hannover	1912	6600	3000	10,5	1965 +	
99-05-11	101331	911	Kw	Görlitz	1916	6600	3000	10,5	1965 +	
99-05-12	101332	912	Kw	Görlitz	1909	6600	3000	10,5	1965 +	
99-05-13	101333	913	Kw	Görlitz	1916	6600	3000	10,5	1965 +	
99-05-14	101334	914	Kw	Görlitz	1916	6600	3000	10,5	1965 +	
99-05-15	101335	915	Kw	Hannover	1909	6600	3000	10,5	1965 +	
99-02-51	10495	301	GG	Breslau	1900	11 100	7000	1200	15,5	5)
99-02-52	10496	302	GG	Breslau	1900	11 100	7000	1200	15,5	6)
99-02-53	10497	303	GG	Breslau	1900	11 100	7000	1200	15,5	7)
99-71-21	–	101	GG	Lowa Bautzen	1949	11 000	6500	1400	21,0	8)
99-71-22	–	102	GG	Lowa Bautzen	1949	11 000	6500	1400	21,0	9)
99-71-23	–	103	GG	Lowa Bautzen	1949	11 000	6500	1400	21,0	10)
99-03-81	10981	501	OO	Köln	1905	10 670	6600	1200	21,0	1966 +
99-03-82	10982	502	OO	Köln	1906	10 670	6600	1200	21,0	1966 +
99-03-83	10983	503	OO	Breslau	1900	10 670	6600	1200	21,0	
99-03-84	10984	504	OO	Köln	1905	10 670	6600	1200	21,0	16), 18)
99-03-85	10985	505	OO	Breslau	1900	10 670	6600	1200	21,0	
99-03-86	10986	506	OO	Breslau	1900	10 670	6600	1200	21,0	
99-03-87	10987	507	OO	Breslau	1900	10 670	6600	1200	21,0	
99-03-88	10988	508	OO	Breslau	1900	10 670	6600	1200	21,0	
99-03-89	10989	509	OO	Köln	1906	10 670	6600	1200	21,0	
99-03-90	10990	510	OO	Köln	1906	10 670	6600	1200	21,0	
99-03-91	10991	511	OO	Köln	1905	10 670	6600	1200	21,0	
99-03-92	10992	512	OO	Köln	1905	10 670	6600	1200	21,0	
99-03-93	10993	203	OO	Görlitz	1916	12 600	7800	1400	25,0	1965 +
99-03-95	730037	07	OO	Görlitz	1916	12 600	7800	1400	21,0	19)
99-03-71	10971	603	OO	Breslau	1900	10 670	6600	1200	16,0	1965 +
99-03-72	10972	606	OO	Breslau	1900	10 670	6600	1200	16,0	1965 +
99-72-11	–	201	OO	Lowa Bautzen	1950	11 000	6500	1400	21,0	1965 +
99-72-12	–	202	OO	Lowa Bautzen	1950	11 000	6500	1400	21,0	1965 +
99-72-13	–	203	OO	Lowa Bautzen	1950	11 000	6500	1400	21,0	1965 +
99-72-14	–	204	OO	Lowa Bautzen	1950	11 000	6500	1400	21,0	1965 +
99-04-71	101251	251	SS	Görlitz	1916	12 600	7800	1400	21,0	
99-06-50	101252	252	SS	Görlitz	1916	12 600	7800	1400	21,0	20)
99-04-72	101253	253	SS	Görlitz	1916	12 600	7800	1400	21,0	
99-04-73	101254	254	SS	Köln	1905	10 670	6600	1200	21,0	
99-04-51	101231	202	RRm	Görlitz	1916	12 600	7800	1400	21,0	
99-04-74	101261	261	SS	Wismar	1942	12 730	8350	1500	31,0	
99-04-75	101262	262	SS	Wismar	1942	12 730	8350	1500	31,0	21)

1) 1965 an Eisenwerke Mägdesprung, 1981 +
2) 1965 als Feuerlöschzuggerätewagen

15) 1. Januar 1966 Umbau zum Schlackewagen, ab 1970 Bahnhofswagen Nr. 5 in Wernigerode, vorher 99-01-88

3) seit 1. Juni 1966 als Stoffwagen (Bw Wernigerode)
4) Umbau im Bw Wernigerode zum Schneepflug (1979)
5) Pwg4 99-07-04 grün
6) Pwg4 99-07-01 braun
7) Pwg4 99-07-03 braun
8) Pwg4 99-07-02 grün, 1979 Umbau zur Schneeschleuder 99-07-02
9) Pwg4 99-07-05 grün, 1982 904 159 rot
10) Pwg4 99-07-06 grün
11) Umbau zum Schneepflug 99-01-82
12) nach Unfall 21. März 1952 +
13) 1954 ex Eisfeld, 1965 +
14) 1. Januar 1966 Umbau zum Schlackewagen, ab 1970 Bahnhofswagen in Nordhausen

16) nach Unfall 10. März 1977 +
17) 1982 neuer Wagenkasten aus Eisenblech
18) Versuchsdrehgestelle aus Niesky
19) Bremswagen für Rollbockzüge, erst 99-01-54, später 99-01-87, 1965 +
20) ab 1966 Löschwasserwagen in Gernrode
21) ab 1966 Schotterwagen mit Seitenklappen Nr. 99-01-79
22) ab 1966 Bm – Schienentransportwagen
23) jetzt Güterwagen Selketalbahn
24) jetzt in Umladung Wernigerode
25) Schotterwagen mit seitlichen Klappen

Tabelle 5.12. Fremdwagen auf der Harzquerbahn nach 1945

DR-Nummer	ab 1950	Bahn-Nummer	Gat-tung	Her-steller	Bau-jahr	LüP mm	Achs-stand mm	Dreh-zapfen-abstand mm	Dreh-gestell-achsstand mm	Trag-fähig-keit t	Her-kunft	Bemer-kungen
99-02-32	10440	152	Gw	Weimar	1899	7250	3000	–	–	7,5	SHE	1)
99-71-01	10401	71	Gw	Görlitz	1897	6900	3000	–	–	7,5	GHE	2)
99-71-02	10402	72	Gw	Breslau	1897	7000	3000	–	–	7,5	GHE	1965 +
99-71-03	10403	80	Gw	Görlitz	1903	7500	3500	–	–	10,0	GHE	1965 +
99-71-04	10404	82	Gw	Görlitz	1903	7500	3500	–	–	10,0	GHE	19.. +
99-71-05	10491	92	GG	Breslau	1905	9700	–	5200	1200	15,5	GHE	
99-71-06	10492	93	GG	Breslau	1905	9700	–	5200	1200	15,5	GHE	
99-02-54	10498	364	GG	LHB	1930	11000	–	6500	1400	15,5	Eisfeld	3)
99-02-55	10499	357	GG	Weimar	1930	11000	–	6500	1400	15,5	Eisfeld	1965 +
99-02-56	10500	390	GG	Weimar	1930	11000	–	6500	1400	15,5	Eisfeld	1980 +
99-03-37	10339	288	Ow	Bremen	1917	6700	3000	–	–	10,0	SHE	1965 +
99-03-38	10840		Ow	Breslau	1908	6600	3000	–	–	10,5	GHE	1965 +
99-03-39	10847	261	Ow	Weimar	1899	6700	3000	–	–	7,5	SHE	4)
99-03-40	10848	262	Ow	Weimar	1899	6700	3000	–	–	7,5	SHE	5)
99-03-41	10849		Ow	Bremen	1918		2400	–	–	7,5	GMWE	6)
99-03-42	10850		Ow			6400	2400	–	–		GMWE	7), 1977 +
99-03-43	10851	477	Ow	Rastatt	1905	7700	3000	–	–	15,0	Eisfeld	1965 +
99-03-44	10852	463	Ow	Rastatt	1904	7700	3000	–	–	15,0	Eisfeld	1965 +
99-03-45	10853	264	Ow	O & K	1903	6200	3000	–	–	12,5	SHE	1965 +
99-03-46	10622	323	Ow	Köln	1922		2400	–	–		GMWE	1965 +
99-03-47	10618	318	Ow	Bremen	1918	6500	2450	–	–	10,0	GMWE	8)
99-03-48	10619	320	Ow	Bremen	1918		2400	–	–		GMWE	9), 1965 +
99-72-01		130	Ow	Görlitz	1898		4000	–	–	10,0	GHE	1965 +
99-72-02		274	Ow	O & K	1903	6000	3000	–	–	12,5	SHE	10)
99-72-03		265	Ow	O & K	1903	6000	3000	–	–	12,5	SHE	11)
99-03-94		627	OO			11750	–	7000	1400	20,0	Eisfeld	1965 +
99-04-76	101263	636	SSm			11200	–	6300	1250	21,0		12)
99-04-77	101264	685	SSm			11200	–	6500	1250	21,0		12)
99-04-78	101265	683	SSm			11200	–	6500	1250	21,0		12)
99-04-79		679	SSm		1900	11200	–	6400	1250	21,0		13), 1968
99-04-80		680	SSm		1900		–	6500	1300	21,0		14)

1) ab 1957 Gw 99 02 32, ab 1. Januar 1966 Stoffwagen 990177 (Westertor)
2) ab 1957 Gerätewagen Gernrode 99 01 88, 1963 990233 (öff. Verkehr), 1970
3) als 99 01 78 im Hilfszug Wernigerode

7) Holzaufbau und Bremsersitz
8) ex 99 62 60, ab 1959 Schlackewagen 99 01 96 (Wernigerode), ab 1970 Bahnhofswagen Nr. 7 (Wernigerode)
9) ex 99 62 83
10) 1970 Schlacke-/Bahnhofswagen Nr. 11 (Nordhausen)

Die Fahrzeuge

4) ab 1957 Schlackewagen 99 01 99 (Gernrode), ab 1970 Bahnhofswagen Nr. 1, 1983 Nr. 21

5) ab 1957 Schlackewagen 99 01 97 (Westerntor), ab 1970 Bahnhofswagen Nr. 8

6) ab 1959 als Schlackewagen 99 01 95 (Blechkastenaufbau), ab 1970 Bahnhofswagen Nr. 6
   1982 Umbau zum Kohlewagen für Heizlok Westerntor

11) 1970 Schlackewagen/Bahnhofswagen Nr. 9 (Gernrode)

12) ex FKB ? 1951, vom Raw Jena 1951

13) ex ?

14) ex ? wie 13), 1958 Kastenaufbau, ab 1970 Bahnhofswagen Nr. 2 (Gernrode)

Bild 5.57.
Schneepflug der PKP in Wernigerode.
Foto: Röper

Bild 5.58.
Der im Bahnbetriebswerk Wernigerode aufgebaute Schneepflug, hier noch ohne Beschriftung.
Foto: Heuer

Tabelle 5.13. Spezial- und Bahndienstwagenbestand 1983

DR-Nummer (ab 1966)	(ab 1957, Klammer-angabe 1950)	Gattung	Bahn	Betriebs-nummer	Bemerkungen
99-01-75	99-02-21	Gw	NWE	349	Gerätewagen der Bm Wernigerode
99-01-76	99-02-11	Gw	NWE	339	Stoffwagen Bm Wernigerode
99-01-77	99-02-32	Gw	SHE	152	Stoffwagen Bm Wernigerode
99-01-78	99-02-54	GGw	Eisfeld	357	Hilfszuggerätewagen
99-01-79	99-04-75	SS	NWE	262	Schotterwagen
99-01-80		Gw	NWE	312	Feuerlöschzuggerätewagen
99-01-81		Ow	NWE		Schlackewagen/Bahnhofswagen Nr. 3
99-01-82	(730022)	Ow	NWE	401	Schneepflug (Kasperbude), 1987 verschrottet
99-01-83	(730025)	Pw	NWE	152	Gerätewagen Bw Wt
99-01-84	(730024)	GGw	NWE	304	Hilfszuggerätewagen
99-01-85	99-01-57	Pw	NWE	154	ex Heizkesselwagen Geräteschuppen der Umladung Wernigerode
99-01-86		Ow	NWE		Unkrautbekämpfungswagen
99-01-87	(730027)	OOw	NWE		Bremswagen für Rollbockzüge, 1965 +
99-01-88	99-03-33	Gw	GHE	71	Gerätewagen Gernrode, Schuppen in Stiege
99-01-89	99-01-51	Ord	NWE	1001	Zwischenwagen für Rollbockzüge
99-01-90	99-01-52	Ord	NWE	1002	Zwischenwagen für Rollbockzüge
99-01-91	99-01-53	Ord	NWE	1003	Zwischenwagen für Rollbockzüge
99-01-92	99-01-54	Ord	NWE	1011	Zwischenwagen für Rollbockzüge
99-01-93	99-01-55	Ord	NWE	1012	Zwischenwagen für Rollbockzüge
99-01-94	99-01-56	Ord	NWE	1013	Zwischenwagen für Rollbockzüge .
99-01-95	(730035)	Ow	GMWE		Schlackewagen/Bahnhofswagen Nr. 6, ab 1982 Kohlebeiwagen Heizlok Bw
99-01-96	99-62-60	Ow	GMWE	318	Schlackewagen/Bahnhofswagen Nr. 7
99-01-97	(730039)	Ow	SHE	262	Schlackewagen/Bahnhofswagen Nr. 8
99-01-98		Ow	GHE	502	Kesselwagen für Feuerlöschzug
99-01-99	(730020)	Ow	SHE	261	Schlackewagen/Bahnhofswagen Nr. 1, ab 1983 Nr. 21
99-01-87..	99-03-32	Ow	SHE	456	Schlackewagen/Bahnhofswagen Nr. 4
99-01-88..	99-03-34	Ow	NWE	458	Schlackewagen/Bahnhofswagen Nr. 5
99-72-02		Ow	NWE	274	Schlackewagen/Bahnhofswagen Nr. 11
99-72-03		Ow	SHE	265	Schlackewagen/Bahnhofswagen Nr. 9
99-04-80		SS/OO	FKB?		Schlackewagen/Bahnhofswagen Nr. 2
99-01-99..	99-02-19	Gw	NWE	347	neuer Schneepflug
99-03-02		Ow	NWE	402	Schlackewagen/Bahnhofswagen Nr. 12
99-03-09		Ow	NWE	409	Schlackewagen/Bahnhofswagen Nr. 13
99-03-29		Ow	NWE	429	Schlackewagen/Bahnhofswagen Nr. 10
99-06-50	99-04-72	SS	NWE	253	Löschwasserwagen Gernrode
99-06-51		Gw	NWE		Gerätewagen Feuerlöschzug in Gernrode
909-101		GG	Eisfeld		Hilfszuggerätewagen

979 7622-3 Loktender, auf Rollwagen 99 0671 gesetzt, dient als Wasserwagen für Feuerlöschzug (Wasservorrat 21 m^3)

Bild 5.59.   Die neue Schneeschleuder

Foto: Heuer

Bild 5.60.   Gleisstopf- und Richtmaschine UNIMA II im Einsatz auf der Benneckensteiner Hochebene am 10. Juni 1981.

Foto: Sprang

Tabelle 5.14.
Die Schienenkleinwagen der Harzquer- und Selketalbahn

Be-triebs-num-mer	Gat-tung	Bau-jahr	Eigen-masse	Lade-masse	Höchst-geschwindig-keit im Gefälle 1 : 100/ bis 1 : 25/ unter 1 : 25
			t	t	km/h
3745	KL	1972	5,8	6,0/5,0	50/30/15
3746	KL	1972	5,8	6,0/5,0	50/30/15
3857	KL	1976	5,8	6,0/5,0	50/30/15
3858	KL	1976	5,8	6,0/5,0	50/30/15
3859	KL	1976	5,8	6,0/5,0	50/30/15
3860	KL	1976	5,8	6,0/5,0	50/30/15
4151	KL[1]	1972	3,4	9,0/8,0	
4152	KL[1]	1972	3,4	9,0/8,0	
4313	KL[1]	1976	3,4	9,0/8,0	
4316	KL[1]	1976	3,4	9,0/8,0	

[1] Beiwagen

Tabelle 5.16. Technische Daten der Nivellier-Hebe-Rück- und Stopfmaschine UNIMA II-77 M sowie des Tiefladeanhängers

UNIMA II

Typ	UNIMA II – 77 M
Hersteller	Plasser & Theurer, Österreich
Baujahr	1981
Fahrzeugnummer	72 13 46
Länge	5800 mm
Breite	2500 mm
Höhe	2700 mm
Raddurchmesser	550 mm
Achsstand	3200 mm
Spurbreite	1000 mm
Gesamtmasse	etwa 12 t
Anzahl der Stopfpickel	8
Motorleistung	55 kW (75 PS)
Maximale Fahrgeschwindigkeit	40 km/h (in beiden Richtungen)
Maximale Arbeitsgeschwindigkeit	90 m/h

Tiefladeanhänger

Typ	TUP 160-3
Hersteller	Gebr. Gföllner, Österreich
Eigenmasse	4,6 t
Nutzlast	17,4 t
Gesamtmasse	22 t
Anzahl der Achsen	3
Maximalgeschwindigkeit	
beladen	40 km/h
unbeladen	80 km/h

Tabelle 5.15. Rollbock- und Rollwagenbestand

Lieferzeit	Roll-böcke	Roll-wagen	Hersteller	Betriebsnummer (NWE bzw. DR)
1897/1899	32		Weimar	501 bis 532[1]
1909	16		Görlitz	533 bis 543[1]
1916	24		Görlitz	
1922	12			[2]
1924	22			701 bis 722
1928	8			723 bis 730
1949	72[3]			99 01 01 bis 99 01 72
1962		28[4]	Raw Jena	99 06 01 bis 99 06 28
1963		15[4]		99 06 29 bis 99 06 43

[1] 1914 davon 24 Stück an Heeresfeldbahn
[2] Eigentum der Anschließer
[3] von der DR übernommener Restbestand, davon 8 Stück ehem. Eigentum der Anschließer, bis 1965 Ausmusterung von insgesamt 25 Rollböcken
[4] mit Vakuumbremse
Ab 1973 Übernahme weiterer, allerdings luftdruckgebremster Rollwagen von stillgelegten Strecken (Spreewald, Eisfeld).

Tabelle 5.17. Die Kraftfahrzeuge 1926 bis 1940

NWE-Nr.	Hersteller	Fahrzeugart	Einsatz
1	Daag	kleiner Bus	Stadtlinie Wernigerode
2	Daag	kleiner Bus	Stadtlinie Nordhausen
3	Daag[1]	großer Bus	Stadtlinie Wernigerode
10	NAG	großer Bus	Stadtlinie Nordhausen
11	NAG	großer Bus	Stadtlinie Nordhausen
15	Henschel	großer Bus	Stadtlinie Nordhausen
16	Daag	großer Bus	Rundfahrten Wernigerode
17	Hansa	Aussichts-bus	Rundfahrten Wernigerode
18	Hansa	Aussichts-bus	Rundfahrten Wernigerode
21	MAN	Reisebus	Rundfahrten
22	MAN	Reisebus	Rundfahrten
23	MAN	Reisebus	Rund- u. Touristenfahrten
24	MAN	Reisebus	Rund- u. Touristenfahrten
31	Hansa	Lkw	f. Betriebszwecke
?	MAN	Lkw	f. Betriebszwecke
–	Steyr	offener Pkw	Direktionszwecke
–	Brennabor	Limousine	Direktionszwecke

[1] in der Werkstatt der NWE für Linienbetrieb umgebaut

6. ANHANG: Die Südharzeisenbahn

6.1. Die Geschichte der SHE

Bis zum Bahnbau

Neben der schmalspurigen NWE gab es noch einige andere Bahnen, die zur Erschließung des Harzes oder seines Umlandes gebaut worden waren. Dazu gehörten nicht nur die Selketalbahn und die Rübelandbahn (die frühere Halberstadt-Blankenburger Eisenbahn), beide heute noch in Betrieb, sondern ebenso die inzwischen fast vergessene Südharzeisenbahn, auch braunschweigische Harzbahn oder im Dialekt der Einheimischen „Braunläger Bahn" genannt. Nur ein kleiner Teil der längst abgebauten Strecke lag auf dem Territorium der DDR. Erhalten geblieben sind lediglich die Reste einiger Anlagen und das Empfangsgebäude der HBE in Tanne.

In der zweiten Hälfte des 19. Jahrhunderts, als im Zuge des technischen Fortschritts überall Eisenbahnstrecken gebaut wurden, ging man im Harzvorland zuerst an den Bau normalspuriger Strecken. Im Süden begann es: 1869 wurde als Verlängerung der von Halle kommenden Bahn die Strecke Nordhausen—Northeim fertiggestellt. Anfangs trug sie den Namen „Südharzeisenbahn".

1873 fand die Eröffnung der ersten Strecke der HBE von Halberstadt nach Blankenburg statt, die den Harz von der nordöstlichen Seite her erschloß. Und 1886 schließlich wurde der HBE-Abschnitt Blankenburg—Tanne eröffnet, dessen Steilstrecken damals nur im Zahnradbetrieb zu bewältigen waren. Damit ging eine Bahn in Betrieb, die heute – als Rübelandbahn bezeichnet – wegen ihres elektrifizierten Betriebssystems (25 kV bei 50 Hz) eine technische Rarität bei deutschen Bahnen darstellt. An eine Weiterführung dieser Strecke, inzwischen längst als Reibungsbahn betrieben, war jedoch nicht gedacht. Erst später als diejenigen Interessenten, die sich bereits 1866 für den Bau der schließlich 33 Jahre später in Betrieb gegangenen Strecke Nordhausen—Werni-

gerode eingesetzt hatten, dachte man auch im Südharz an den Bau einer weiteren schmalspurigen Verbindung. Der Fiskus nämlich, die herzogliche Kreisdirektion Blankenburg, war ebenfalls stark daran interessiert, die verkehrsmäßige Erschließung des braunschweigischen Südharzes mit seiner kleinen Industrie und seinen Kurorten voranzutreiben.

In der Nähe Braunlages, in der bis 1796 eine Eisenhütte existierte, entstanden mehrere Glashütten. Unternehmer in Braunlage und in Wieda (Wiedaer Hütte AG, gegründet 1875) wollten einen Gleisanschluß.

Zum anderen gewann der Tourismus an Bedeutung: Das südlich des 971 m hohen Wurmberges auf einer Hochfläche gelegene Braunlage entwickelte sich zu einem Kurort. Sommerfrischler und Urlauber „eroberten" den Harz. Erreicht werden konnten die Ortschaften im Harz vorerst jedoch nur mit dem Pferdeomnibus.

Die stark geneigten und im Winter vollkommen zugeschneiten Zufahrtswege bereiteten allerdings große Schwierigkeiten. Der seit 1680 befahrbare Weg von Harzburg nach Braunlage wurde zwar 1831 als Chaussee ausgebaut, wies aber immer noch sehr starke Neigungen auf. Ende des 19. Jahrhunderts schließlich erfolgte der Ausbau der „Neuen Harzburger Straße" Harzburg—Königskrug—Braunlage, die endlich eine gleichmäßige Neigung erhielt. In ihrer Bedeutung blieb die Straße vorerst der Hauptreiseweg zur nördlich gelegenen Landeshauptstadt Braunschweig.

In dieser Zeit war Braunlage bereits – nach einem entsprechenden Fußmarsch oder einer teuren Kutschfahrt – über die Eisenbahnstationen Tanne (HBE) sowie St. Andreasberg, Ellrich und Harzburg (alle KPEV) zu erreichen. Ein mögliche Weiterführung der Strecke von Harzburg, also vom Norden her, wäre wegen der Errichtung teurer Kunstbauten und wegen fehlender Industrieanschließer unrentabel gewesen.

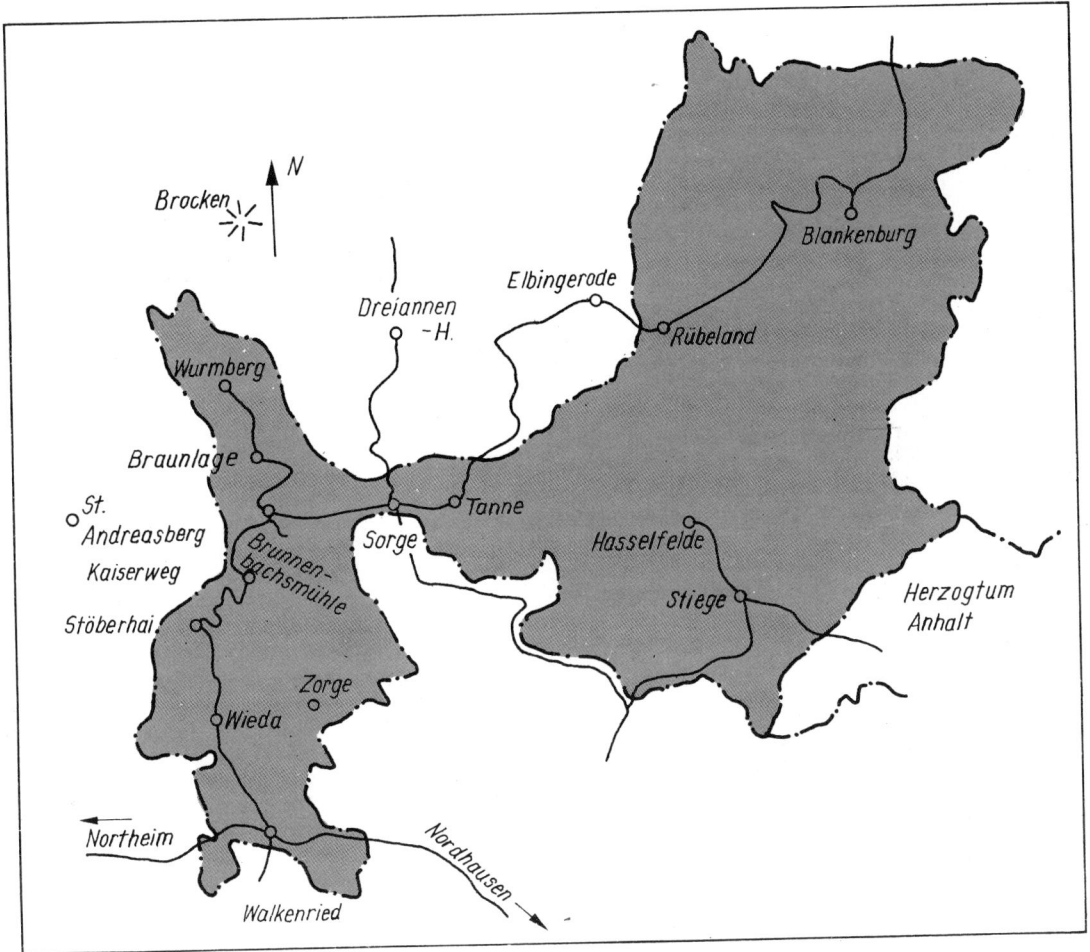

Bild 6.1. Übersichtskarte des braunschweigischen Kreises Blankenburg von 1905.
Quellen: STA Magdeburg KD Blankenburg 3275, S.3 r

Die ersten. Anträge für den Bau einer Bahn vom Süden her stammen aus dem Jahre 1893. Der Gemeindevorsteher Schmidt aus Tanne richtete ein Gesuch an die Kreisdirektion Blankenburg, die HBE darum zu bitten, ihre Strecke über Tanne hinaus über Benneckenstein-Hohegeiß nach Zorge weiterzuführen. Dieser Antrag wurde von den Orten Hohegeiß, Zorge und Walkenried unterstützt. Wegen der zu erwartenden hohen Subventionsgesuche bei 3,4 Millionen Mark Baukosten lehnte die Eisenbahngesellschaft jedoch alle diese Anträge ab.

Vom Eisenbahnbaukomitee zur Bahngesellschaft

1894 gründeten einige Unternehmer aus Walkenried, Wieda und Braunlage ein Eisenbahnbaukomitee, das am 5. Januar 1896 um die Konzession für die Anlage einer Schmalspurbahn Walkenried–Wieda–Braunlage–Tanne und der Seitenstrecke Walkenried–Zorge bat. Erstaunlich schnell gab es dazu eine Entscheidung: Am 11. März 1896 wurde in einem Staatsvertrag zwischen dem Herzogtum Braun-

151

Bild 6.2.
Reste der Rollbock-
grube in Tanne, um
1970. Oben auf der
Kante lagen die
normalspurigen
Schienen, unten die
schmalspurigen.
Foto: Sammlung Röper

Ellrich.

P.	10¹⁵	6¹⁰	km	♥ Ellrich Bahnhof	. . .	↑	9³⁰	4²⁰
	10³⁵	6³⁰	1	Ellrich Stadt	. . .		9²⁵	4¹⁵
	11⁵	7⁰	5	Sülzhayn	. . .		8⁴⁵	3³⁰
	12³⁵	8⁴⁵	13	Benneckenstein	. . .		7⁴⁵	2³⁰
	.	9²⁵	17	↓ Hohegeiss	. . .	■	7⁰	.
P.	6⁵		km	♥ Ellrich Bahnhof	. . .	↑	9⁵⁰	
	6³⁰		1	Ellrich	. . .		9⁴⁵	
	7²⁵		8	Zorge	. . .		9⁰	
	9³⁵		21	↓ Braunlage	. . .	■	7¹⁰	

P. s. auch Tanne. Pr. Fw. ohne Pol. T. 2sp. W. tgl.
12—18 Mk., 1sp. W. tgl. 6—9 Mk.
A. St. Hôtel Steinecke.

Braunlage.

P.	7⁴⁰	km	♥ Braunlage	. . .	↑	1⁵⁰	.
	9¹⁰	9	Oderbrück	. . .		12⁵⁵	.
	11¹⁵	23	Harzburg	. . .		10⁵	.
	11²⁵	24	↓ Harzburg Bahnhof	. . .	■	9⁴⁰	.
	10⁵⁰	km	♥ Braunlage	. . .	↑	.	2¹⁵
	12⁰⁵	10	Tanne	. . .		.	12³⁵
	12¹⁰	11	↓ Tanne Bahnhof	. . .	■	.	12²⁰
	2¹⁵	km	♥ Braunlage	. . .	↑	10⁵⁰	
	4¹⁵	12	↓ Andreasberg	. . .	■	8⁵⁰	

P. Bw. nach Bedarf. O. s. Harzburg. P. s. Andreasberg,
Ellrich und Harzburg. Pr. Fw. ohne Pol. T. 2sp. W. tgl.
12—20 Mk., 1sp. W. tgl. 7—12 Mk.
A. St. Kfm. Lehne.

Bild 6.3.
Omnibusfahrplan Ellrich und Braunlage 1897
(2spW = zweispänniger Wagen, 1spW = ein-
spänniger Wagen).
Foto: Sammlung Zieglgänsberger

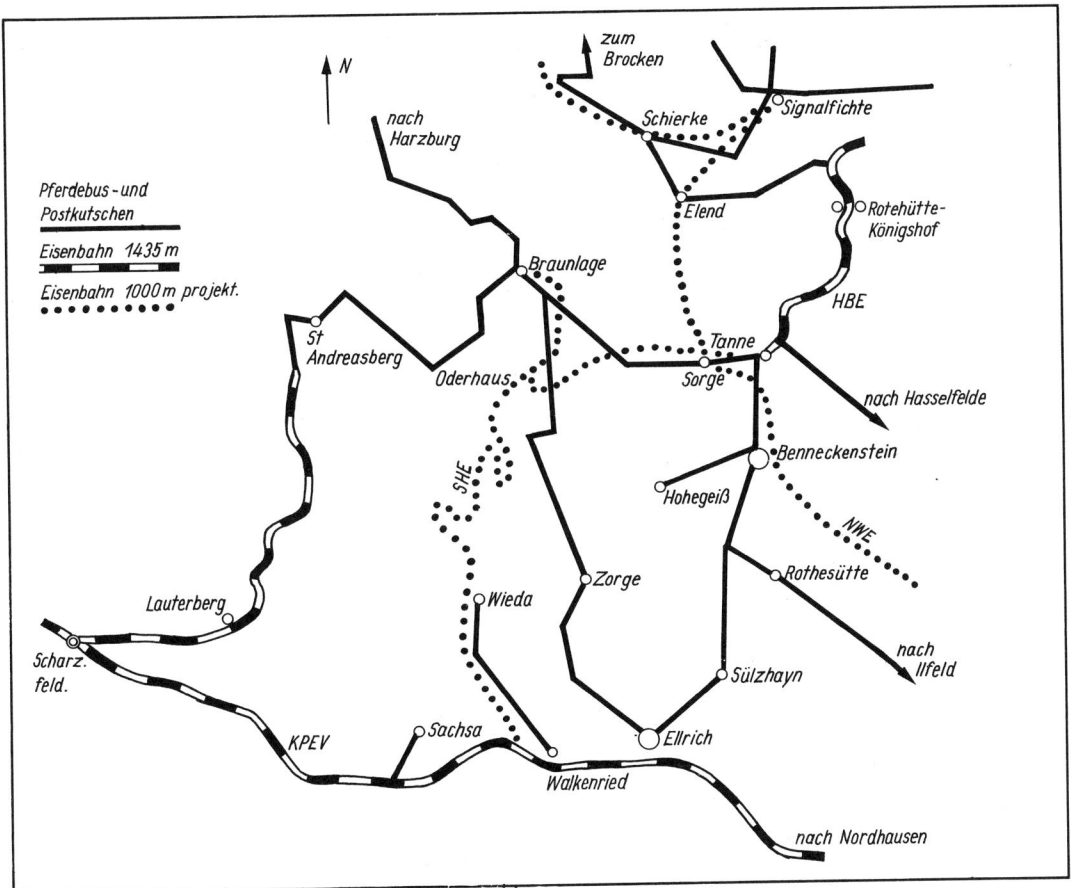

Bild 6.4.   Pferdeomnibus- und Postkutschenlinien im Harz.

Quellen: Routenkarte des Harzclubs 1897, Quedlinburg

schweig und Preußen der Bau einer meterspurigen Schmalspurbahn von Walkenried nach Tanne festgelegt, die an die Harzquerbahn (NWE) anschließen sollte. Für den Fall, daß diese Bahn nicht gebaut werden könne, sollte die HBE nach Benneckenstein zur NWE herangeführt und ein Abzweig vom Bahnhof Elend (NWE) nach Braunlage zugelassen werden. Der Plan einer Normalspurbahn Tanne–Walkenried wurde endgültig verworfen.

Am 21. Mai 1896 beschloß der Braunschweiger Landtag eine staatliche Beihilfe in Höhe von 400 000 Mark. Noch im gleichen Jahr begannen die Vorarbeiten: Vom 29. Juli an waren zwölf Geodäten mit den Vermessungsarbeiten beschäftigt. Begonnen wurde von Walkenried her entlang dem Wiedatal in Rich-

tung der Ortschaft Wieda. Während der Absteckarbeiten stellte sich heraus, daß das Projekt offensichtlich noch nicht baureif war. Im Interesse einer besseren Steigungsverteilung im Wiedatal ergab sich nun eine korrigierte Streckenführung mit 1,2 km Mehrlänge. Damit konnte auch der ursprünglich für den oberen Ausgang des Tales vorgesehene Zahnradbetrieb entfallen.

Im Oktober 1896 übertrug die Braunschweigische Landesregierung Projektierung und Bauleitung dem Unternehmer Louis Degen „in Generalentreprise". Der Vertrag verpflichtete Degen zur Gründung einer Bahngesellschaft, der dann die Bahnkonzession erteilt werden sollte.

Weitere Veränderungen standen zur Debatte: Eine

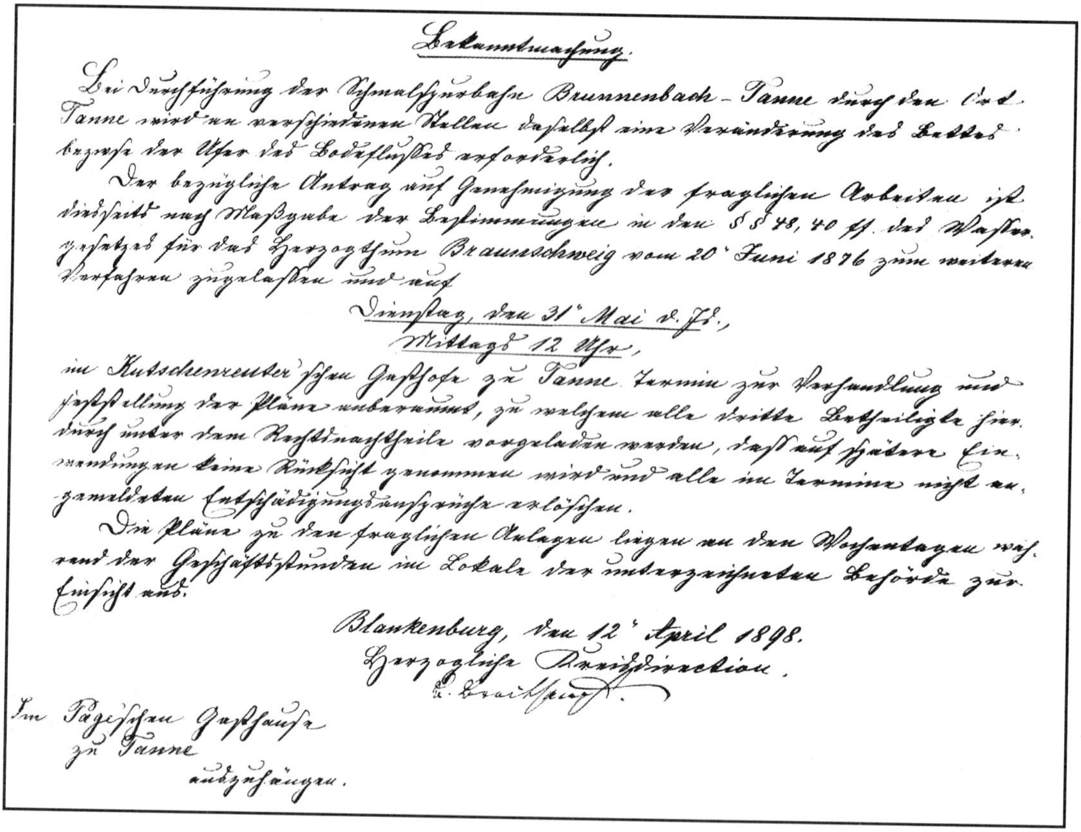

Bild 6.5.   Aushang in Tanne zu Beginn des Bahnbaus 1898.   *Quelle: STA Magdeburg KD Blankenburg 3263, S. 29 r*

stärkere Gleiskonstruktion wurde gefordert, und die Abzweigung nach Tanne sollte – wie anfangs vorgesehen – beim Forstort Nullpunkt liegen. Tatsächlich wurde sie jedoch bei der Brunnenbachsmühle angelegt. Größere Streitigkeiten zwischen dem Bahnbauunternehmer und den Anliegern gab es um die geplanten Haltepunkte in Wieda. Obwohl die Wirtschaftlichkeit bezweifelt wurde, setzten sich letztendlich die Interessenvertreter der Gemeinde, der Forstverwaltung und der Zündholzfabrik durch: Alle drei geforderten Haltepunkte wurden gebaut.

Die Gründung der Bahngesellschaft erfolgte am 28. April 1897, die Eintragung ins Handelsregister knapp drei Monate später, am 5. Juli, unter „AG Süd-Harz-Bahngesellschaft Sitz Walkenried". Gründer der Gesellschaft und Aktieninhaber waren: Louis Degen, Charlottenburg; Kreismaurermeister Pfeiffer,

Walkenried; Fabrikant Schröder Wieda; Fabrikant Carl Roerig, Wernigerode und Kaufmann Kahn, Braunlage. Direktor wurde Ingenieur G. Halberstadt aus Walkenried. Das Aktienkapital betrug 2,3 Millionen Mark. Aktien für 1,3 Millionen Mark wurden als Vorzugsaktien mit höherer Verzinsung ausgegeben. Der Bahnbau selbst war mit 2,5 Millionen Mark veranschlagt worden. Nachdem am 4. Juni 1897 die landesherrliche Bahnbaukonzession „auf unbestimmte Zeit" erteilt wurde, konnte es beginnen: Ab sofort waren 15 deutsche und 30 italienische Arbeiter auf den Baustellen.

Ein Jahr später, am 18. August 1898, gab es einen Besitzerwechsel. Nach dem plötzlichen Tod des Unternehmers Degen ging die Aktienmehrheit an die „Centralverwaltung für Secundärbahnen Hermann Bachstein, Berlin". Dieses Unternehmen, dem bereits einige andere Bahnen gehörten – darunter die ebenfalls meterspurige Weimar-Rastenburger Eisenbahn – war nun für Bau und Betrieb verantwortlich.

Mit dem Bau wurde auf dem südlichen Streckenabschnitt begonnen. Im September 1898 hatte die Firma Liepold & Co., Holzmünden, Oberbau und Brücken des Teilstückes Walkenried–Wieda und den Anschluß in Tanne fertiggestellt.

Zur Jahreswende 1898/99 wurde an der Haltestelle Wurmberg gearbeitet. Hier kam es allerdings zu Unstimmigkeiten zwischen dem Bahnbauunternehmer und der Gemeindeverwaltung Braunlage, die wegen der zukünftigen Streckenführung durch ihren Ort eine Störung des Kurbetriebs befürchtete. Die Trassierung war jedoch gewählt worden, um einen von L. Degen eingerichteten Steinbruch anfahren zu können. Letztendlich konnte sich die Gemeinde nicht durchsetzen und mußte diese Streckenführung akzeptieren.

Immer wieder tauchten neue Ideen zur Trassierung auf: So traten beispielsweise im Januar 1899 Interessenten für eine schmalspurige Verbindung Tanne–Hasselfelde auf den Plan. Diesem Projekt standen allerdings – wegen der Durchschneidung des Waldes – berechtigte Bedenken der Forstverwaltung entgegen, die eine ernsthafte Erwägung dieses Vorschlags verhinderten.

Betriebseröffnung

Anfang Juni 1899 waren die Bauarbeiten soweit fortgeschritten, daß die Eröffnung der Strecke Walkenried–Braunlage für den 1. Juli und die der Weiterführung bis Tanne für den 17. Juli 1899 vorgesehen wurden. Diese Termine konnten jedoch nicht gehalten werden. Die landespolizeiliche Abnahme der Gesamtstrecke begann schließlich am 10. August 1899 in Walkenried und endete einen Tag später in Braunlage. Der Abnahmekommission gehörte u. a. Eisenbahndirektor Glanz von der HBE an. Empfohlen wurden der SHE eine Überprüfung der Lichtraumumgrenzung hinsichtlich der geplanten Beförderung normalspuriger Staatsbahngüterwagen und die Aufstellung von Einfahrsignalen für den Bahnhof Brunnenbachsmühle. Wegen der problematischen Kreuzung der durch Tanne führenden Fernverkehrsstraße wurden dauerhaft gültige Geschwindigkeitsbeschränkungen erlassen: Züge in Richtung Sorge durften nur 5 km/h und Züge zum Endbahnhof Tanne maximal 12 km/h fahren. Am Wegübergang mußte dem Zug anfangs sogar der Zugführer voranlaufen und eine Handglocke bedienen!

Beanstandungen ergaben sich bei der Kontrolle der Spurweite. Die Abweichungen lagen teilweise bei über 25 mm. Sehr günstig fielen dagegen die Belastungsproben der Brücken aus.

Noch im Bau befanden sich die Rollbockgruben – damals als Truckgruben bezeichnet – in Walkenried und Tanne. Und noch nicht angeschlossen waren die Morseapparate für die Einzelstationen. Doch alles in allem bestand kein Grund zur Besorgnis: Für die Haltestelle Sorge waren bereits die Wartehalle und die Übergangstreppe zu den Gleisen der NWE fertiggestellt. Die Mallet-Lokomotiven mit den Jung-Fabriknummern 327 und 329 hatten ihre Betriebszulassung erhalten, neu hinzu kam die 328. Von weiteren Lokomotiven wurde nicht berichtet. Ferner waren 16 Güterwagen der verschiedensten Ausführungen (z. B. zwei- und vierachsige O-Wagen, G-Wagen und Langholzwagen) sowie der Personenwagen 2 zugelassen worden.

Am 15. August 1899 war es dann soweit: Die Strecke Walkenried–Braunlage wurde für den Betrieb eröffnet. Und acht Tage später folgte die Zweigstrecke Brunnenbachsmühle–Tanne. Jeweils einen Tag danach folgte die Aufnahme des Güterverkehrs. Gleichzeitig wurde die Personenpostverbindung zwischen Tanne und Braunlage eingestellt. Den Betriebsdienst auf dem Bahnhof Tanne übernahm übrigens von Anfang an die HBE.

Am 20. Oktober schließlich konnte die Reststrecke Braunlage–Wurmberg abgenommen werden, die vom 1. November an ausschließlich für den Güterverkehr genutzt wurde, während auf den anderen Strecken vor allem gemischte Züge verkehrten. Dort waren täglich durchschnittlich fünf Zugpaare pro Richtung im Einsatz. Im Jahre 1903 wurden insgesamt 5676 gemischte Züge und 204 Güterzüge gezählt.

Die ersten Betriebsjahre

Erst nach der Betriebseröffnung ging man an die Fertigstellung der meisten Hochbauten. Neben dem Erwerb neuer Betriebsmittel – so war bereits 1904 ein Kredit in Höhe von 42 000 Mark für den Ankauf 16 neuer Trichterwagen aufgenommen worden – gab es zahlreiche bauliche und betriebliche Verbesserungen. Auf den Bahnhöfen Brunnenbachsmühle und Wiedaer Hütte stellte man Formsignale auf.

Einen Ersatz für alle abgelehnten Pläne zum Bau einer Nebenlinie Walkenried–Zorge–Hohegeiß bildete die 1907 erbaute normalspurige Kleinbahn Ellrich–Zorge. Auch andere Projekte wurden abgelehnt, darunter die 1911 für den Abschnitt nach

Bild 6.6. Ein SHE-Zug fährt in das Weinglastal ein.

Foto: Sammlung Zieglgänsberger

Bild 6.7. Während des Baus des Verbindungsgleises im Bahnhof Sorge: Die Gleisbauer stellen sich dem Fotografen. Im Hintergrund eine Jung-Malletlokomotive.

Foto: Sammlung Becker

Wurmberg geplante Erweiterung des Verkehrsange-
bots. Um dem konkurrierenden Kraftverkehr besser
Paroli bieten zu können, sollte bis zur Anschlußstelle
Glashütte „Personenpendelverkehr" eingerichtet
werden. Täglich sollten je Richtung 13 Zugpaare
III. Klasse verkehren, eine weitere Haltestelle hätte
eingerichtet werden müssen. Für die Gepäckbeför-
derung war ein Spediteur vorgesehen. Doch eine
Eingabe, unterschrieben von rund 80 um einen ruhi-
gen Schulbetrieb besorgten Bürgern, verhinderte
die Ausführung dieses Planes.

Die Güterverkehrsleistungen stiegen immer weiter
an, vor allem, als zwischen 1910 und 1914 in Braunlage zahlreiche Pensionshäuser gebaut wurden. Das
Baumaterial beförderte die SHE.

Im Jahre 1912 wurde seitens der Blankenburger
Kreisdirektion und der Stadt Wernigerode nochmals
vorgeschlagen, zwischen Elend und Braunlage eine
8,2 km lange Bahnverbindung zu schaffen. Kalkula-
tionen der Firma Bachstein ergaben, daß die Baukosten 500 000 Mark, die jährlichen Gewinne aber
nur 30 000 Mark betragen würden. Obwohl das Vorhaben wiederum abgelehnt wurde, griff man es
1924 und 1941 nochmals – erfolglos – auf.

1913 wurde in Sorge eine 230 m lange Gleisverbindung zwischen der SHE und der NWE geschaffen.
150 m davon lagen in der Geraden. Das Verkehrsauf-
kommen blieb jedoch gering, da nur der Austausch
von Kurswagen, nicht aber der von Güterwagen ver-
einbart wurde. Damit konnten Reisende aus Wernigerode direkt nach Braunlage gelangen. Später,
1928, konnte sogar die Fahrt Braunlage–Brocken
ohne Umsteigen absolviert werden.

Der 1912 geschlossene Vertrag zwischen den beiden
Bahnen wurde 1925 erneuert. Darin heißt es: Der
Zweck bestehe darin, „daß die Verbindung der beiderseitigen Bahnen a) dem Personenverkehr dienen
soll, derart, daß bei Anschlußzügen ein direkter
Übergang ganzer Personenzüge oder einzelner Personenwagen zwischen Wernigerode und Braunlage
und umgekehrt stattfindet und b) dem Wechselgüterverkehr zwischen den Stationen der ersteren und
der Gernroder-Harzgeroder Eisenbahn dienstbar gemacht wird" (Erweiterung des Vertrags zwischen
Harzquerbahn und Südharzbahn von 1925, STA
Magdeburg P 22g 4 S. 150 r).

Im weiteren Vertragstext verpflichteten sich die
Bahngesellschaften, etwaige Bestrebungen zum
Durchgangsgüterverkehr nach und von anschließenden Normalspurbahnhöfen unter keinen Umständen zu unterstützen. Das schloß auch die Übergabe
normalspuriger Güterwagen auf Rollböcken aus.
Der Grund dafür war das eifersüchtige Bemühen der

Dienstanweisung

für den

Zug- und Rangierdienst auf Bahnhof Sorge

der

Nordhausen-Wernigeroder Eisenbahn

und

Südharz-Eisenbahn.

Gültig ab 1. Januar 1929.

Gustav Bröschen & Sohn, Wernigerode

Bild 6.8. Die gemeinsame Dienstanweisung.
Foto: Sammlung Becker

Gesellschaften, den Güterverkehr möglichst nur auf
ihren eigenen Netzen abzuwickeln. Dadurch entstanden oft beträchtliche Umwege. Weiterhin waren bereits 1912 sehr wichtige Einzelheiten, z. B. das Was-
sernehmen und Bekohlen der Lokomotiven sowie
die Pflege der bahneigenen Eigentumsmarkierungs-
tafeln, geklärt worden. Und für den Kreuzungsbahnhof Sorge wurde – selbstverständlich – eine besondere Dienstanweisung erarbeitet, die den Zug- und
Rangierdienst regelte.

Auch während und nach Beendigung des ersten
Weltkrieges erfolgten weitere Verbesserungen an
den Bahnanlagen der SHE. Aber wegen der immer
ernster werdenden Konkurrenz des Kraftverkehrs
mußten auch für den Güterverkehr neue Lösungen
gefunden werden. Die normalspurigen Güterwagen
sollten nunmehr ohne teure Umladearbeiten zum
Endabnehmer gelangen. Als erstes wurden 1925
für den Rollbockverkehr leistungsfähigere Henschel-

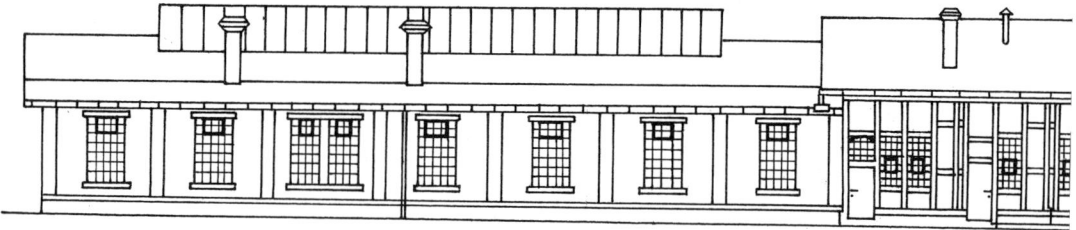

Endgültiger Entwurf! **Gültig ab 1. Juni 1923.**

Fahrplan der Südharz-Eisenbahn.

(Ohne Gewähr für die Anschlüsse fremder Bahnen).

Braunlage—Walkenried.   Walkenried—Braunlage.

Km	12	2	4	6	8	Zug-Nr. II.—III. Klasse Zug-Nr.	11	1	3	5	7
0,0	740	1000	1220	250	620	ab **Braunlage (2)** an	806	1200	150	530	752
3,97	749	1010	1230	259	629	an Brunnenbachsmühle ab	756	1150	140	520	742
	754	1015	1235	305	634	ab	750	1144	137	516	737
8,24	×804	×1026	×1245	×315	×644	ab Kaiserweg ab	×740	×1133	×127	×505	×727
13,80	826	1048	105	337	705	„ Stöberhai ab	×729	1112	106	×444	706
	837	1058	115	348	713	an	710	1100	1252	433	652
17,38	844	1101	116	357	718	an Wiedaer Hütte ab	710	1100	1252	433	652
19,07	×903	×1115	×130	×418	×733	ab Wieda ab	705	1055	1249	426	649
20,67	858	1111	126	413	729	„ Zündholzfabrik „	655	1045	1239	415	640
24,25	912	1123	138	428	741	an **Walkenried** ab	640	×1033	×1230	×408	×633
	945	941	1135	—	102	315	607	500	751	832	an Walkenried an	631	538	1000	944	—	1134	814	145	459	605
	1115	—	1202	—	315	—	711	—	943		an Northeim ab	452	430	905	—	1110	—	108	—	338	—
		1035			539		913				„ Nordhausen „		430		900		1110		105		525

Braunlage—Sorge (Wernigerode) Tanne   Durchlaufende Wagen II.—III. Kl. zwischen Braunlage—Wernigerode und umgekehrt.   Tanne (Wernigerode) Sorge—Braunlage.

Km	17	17a	12/31	19	21	Zug-Nr. II.—III. Klasse Zug-Nr.	11/30	18	20	22
0,0	550	655	740	1105	510	ab **Braunlage (1)** an	806	1048	312	711
3,97	600	705	749	1114	519	an Brunnenbachsmühle ab	756	1037	302	701
	602	707	752	1119	526	ab	745	1036	259	658
9,08	613	718	803	1130	537	an Sorge ab	734	1025	248	647
		725	808	1138	530	ab Sorge an		1030		642
		804	1205	—	619	„ Elend ab		1015	230	611
		813	814	1217	611	an Drei Annen-Hohne ab		948	301	603
			905	221	—	ab Schierke Züge verkehren ab			1201	544
			1018	302	—	„ Brocken nur bis 15. 10. „			1118	500
		912	910	—	722	an Wernigerode ab		825	W 1230	453
9,08	615	727	810	1140	545	ab Sorge an	733	1010	238	640
12,28	625	737	820	1150	555	an Tanne ab	723	1000	228	630
	635	—	1200	—	610	ab Tanne an	950	945	—	430
	929	—	302	812	812	an Blankenburg (Harz) an	802	705	—	125
	1045	—	410	957	857	„ Halberstadt ab	705	—	—	1110

Bemerkungen: Auf den Haltepunkten Kaiserweg u. Zündholzfabrik findet der Fahrkartenverkauf am Packwagen des Zuges statt. — Gepäck wird auf diesen Haltepunkten nicht abgefertigt. × Bedeutet: Zug hält nur nach Bedarf.

Die Ausgabestellen der Kursbücher werden ersucht, auch die Angabe über die durchlaufenden Wagen zwischen Braunlage und Wernigerode aufzunehmen. Ebenso ausser den Ablahrts- auch die Ankunftszeiten in Sorge, damit der Anschluss dortselbst an die Nordhausen-Wernigeroder Eisenbahn zweifellos ersichtlich ist.

Bild 6.10. Aushangfahrplan Sommer 1923.   *Quelle: STA Magdeburg KD Blankenburg 3251, S. 287 r*

Heißdampflokomotiven angeschafft. Für diese neuen Lokomotiven wurde noch im gleichen Jahr der vorhandene Lokschuppen in Braunlage spürbar erweitert.

Betriebsstörungen

Im Jahre 1925 ereigneten sich auch einige Unfälle. Am 14. August kollidierte ein Bus der Braun-

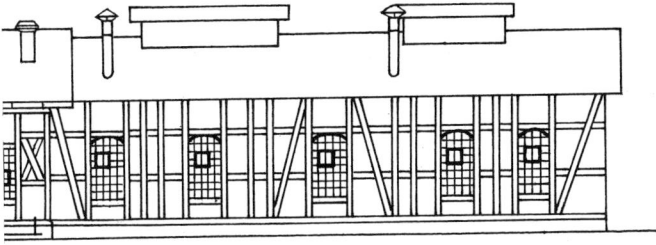

Bild 6.9.
Entwurfszeichnung des
Lokschuppens von
Braunlage nach der
Erweiterung, 1925.
*Quelle: STA Magde-
burg KD Blankenburg
3261, S. 28 r*

Bild 6.11.   Der Unfall am 14. August 1925 an der Bodebrücke in Braunlage.
Quelle: STA Magdeburg KD Blankenburg 3258, S. 8 r

schweigischen Verkehrsgesellschaft in der Elbinge-
röder Straße in Braunlage – nahe der Bodebrücke –
mit dem Güterzug, der das Anschlußgleis zum
Wurmberg befuhr. Obwohl der Bus und einige Wagen in die Bode stürzten, war kein Personenschaden
zu beklagen! Nur knapp zwei Monate später, am
1. Oktober 1925, entgleiste eine der neuen Lokomotiven bei einer Probefahrt.

Ende des Jahres schließlich kam es im Oberharz zu
folgenschweren Überschwemmungen infolge eines
Temperatursturzes und damit verbundener starker
Regenfälle. Allein die Stadt Quedlinburg erlitt Schäden in Millionenhöhe. Auch die Warme Bode zwischen Sorge und Tanne trat über die Ufer und hatte
die Gleise im Ortsbereich Tanne an mehreren Stellen
so überflutet, daß der Zugverkehr für einige Zeit un-

terbrochen werden mußte. Das war sonst nur bei starken Schneefällen notwendig geworden! Auch die Gleisanlagen der HBE waren an vielen Stellen in Mitleidenschaft gezogen.

Ein weiterer Unfall, allerdings mit beträchtlichem Schaden, ereignete sich am 12. Juli 1928 an der Straße Walkenried–Bad Sachsa. Ein Personenzug erfaßte einen Bus, der dabei vollkommen zerstört wurde. Die Bilanz: drei Tote und zwölf Schwerverletzte. Die Strecke mußte gesperrt und ein Umgehungsgleis verlegt werden. Es hatte sich leider wieder erwiesen, daß die Beschilderung der Bahnübergänge unzureichend war. Die etwa 40 cm × 30 cm großen Warntafeln mit der Aufschrift „Halt! Wenn das Läutewerk der Lokomotive ertönt oder die Annäherung eines Zuges anderweitig bemerkbar wird", waren meist stark verrostet und für Kraftfahrer kaum wahrnehmbar.

Nachdem sich die Presse eingeschaltet hatte, mußte sogar der damalige Reichsverkehrsminister, von Guérard, Stellung nehmen. Prinzipiell seien die Übergänge der SHE entsprechend den gültigen Vorschriften gekennzeichnet, meinte er. Es sei ohnehin vorgesehen, im ganzen Deutschen Reich die unzureichenden Warntafeln durch die international schon üblichen Warnkreuze zu ersetzen. Zusätzlich sollten an gefährdeten Stellen weiß-rote dreieckige Warntafeln aufgestellt werden. Leider noch nicht befriedigend verlaufen seien Versuche mit neuartigen Warnlichtsignalen (Blinklichtern), deren Einführung aber bis 1930 vorgesehen sei. Ein paar Jahre später, 1933,

begnügten sich die staatlichen Stellen damit, der SHE die Aufstellung der inzwischen bewährten Warnlichtanlagen zu „empfehlen".

Die Polemik gegen die Südharzbahn gewann an Schärfe, als noch im Jahre 1928 zwei weitere Ereignisse Schlagzeilen machten: Die „Nordhäuser Zeitung" berichtete am 26. Juli von einem Polizeimeister aus Ellrich, der im letzten Moment einen Zusammenstoß auf einem Wegübergang verhindern konnte. Und am 9. September entgleiste nahe dem Haltepunkt Kaiserweg der zweite Wagen eines Personenzugs nach Braunlage, ohne daß jedoch Personen zu Schaden kamen. Überdies machte sich drei Tage später der letzte Wagen eines Zuges, der ebenfalls nach Braunlage fuhr, selbständig.

Die SHE wurde nun mit dem wenig rühmlichen Namen „Unglücksbahn" bedacht. Bemängelt wurde u. a., daß sich in den Wagen nicht die sonst üblichen Notbremsgriffe befänden. Statt dessen begnügte man sich mit kleinen Hebeln auf den Plattformen, die allerdings nicht einmal gekennzeichnet waren. Der Zustand des Oberbaus sei so schlecht, hieß es, daß man z. B. auf dem Haltepunkt Kaiserweg mit dem Finger oder dem Spazierstock zentimetertiefe Löcher in die morschen Schwellen bohren könne.

Nach einigen Jahren ohne aufsehenerregende Betriebsstörungen kam die Bahn wieder ins Gerede: Am 17. Juni 1933 stürzten am westlichen Ortsausgang von Tanne zwei normalspurige Güterwagen auf Rollböcken samt ihrem Verbindungswagen die 4 m hohe Böschung hinab in die Bode. Personen-

Bild 6.12.
Überflutete Gleise der SHE in Tanne während des Hochwassers der Bode, 29. Dezember 1925.
Foto: Sammlung Kreutz

wagen innerhalb des gemischten Zuges kamen glücklicherweise nicht zu Schaden, da die Kupplungen des Verbindungswagens rissen. 1938 und 1944 ereigneten sich ähnliche Unfälle: Wieder entgleisten einige Rollböcke, diesmal bei Walkenried und am Haltepunkt Kaiserweg.

Betrieb und Projekte bis 1945

1927, im Zuge eines zwischenzeitlichen wirtschaftlichen Aufschwungs, fand sich ein Berliner Bankkonsortium, das das Projekt einer normalspurigen elektrischen Bahn von Bad Harzburg durch das Okertal nach den Orten Altenau, Schierke und Braunlage finanzieren wollte. Elend, Braunlage und Schierke sollten überdies per Flugzeug erreichbar sein! Alle diese, zugegeben reichlich optimistischen Vorstellungen fielen der sich anschließenden Weltwirtschaftskrise zum Opfer.

Gewinnbringend war der Personenverkehr auf der SHE offensichtlich nie gewesen. Das galt vor allem für den Abschnitt Tanne–Sorge–Brunnenbachsmühle, wo der Personenverkehr fast nur lokalen Charakter hatte, da das Gros der Touristen vom Süden her über Nordhausen/Walkenried und vom Norden her über Wernigerode/Bad Harzburg anreiste. Den-

noch kam es immer wieder zu neuen, großartigen Projekten.

Ende der 20er Jahre, als der Steintransport Wurmberg–Tanne noch voll in Aktion war, erwog man den dreischienigen Ausbau dieser Strecke, um die Umladung in Tanne zu umgehen. Die schlechte wirtschaftliche Lage dieser Zeit ließ jedoch solche Vorhaben nicht zu. Als aber in den 30er Jahren die Zahl der Erholungssuchenden und Ausflügler ständig zunahm, wurde 1940 der Entwurf einer elektrischen Schnellbahn von Magdeburg bis Braunlage, in Verbindung mit der erwähnten Nord-Südverbindung über den Harz hinweg, vorgelegt.

Den normalspurigen Ausbau der Strecke Tanne–Braunlage sollte die Halberstadt-Blankenburger Eisenbahngesellschaft übernehmen, der deswegen „vorsichtige" Verhandlungen mit der SHE wegen des Kaufs der auszubauenden Strecke empfohlen wurde. Die HBE war grundsätzlich bereit, diese Strecke zu übernehmen. Der Krieg und seine Folgen verhinderten dies jedoch.

Einen Aufschwung erlebte der im wesentlichen normal verlaufende Verkehr auf der SHE, als 1930 die Zeit der Dieseltriebwagen begann, die die Dampflokomotiven überflüssig werden ließen. Mitte April 1945 erreichten dann US-amerikanische Truppen

Bild 6.13. So sah es in den „guten Zeiten" der Bahn aus: Geruhsame Zugfahrt an der Warmen Bode in Tanne.

Foto: Sammlung Röper

den Oberharz. Bevor die zurückweichende faschistische Wehrmacht die Brücken in der Umgebung Sorges sprengte und damit den Betrieb der SHE und der NWE zum Erliegen brachte, kam es noch zu einigen wenigen Zugfahrten. Am 16. April 1945 soll die letzte Fahrt eines Personenzuges von Tanne nach Braunlage stattgefunden haben.

Die letzten Betriebsjahre der Südharzeisenbahn

1946 wurden die zerstörten Brücken bei Sorge repariert. Während die Harzquerbahn den Betrieb wieder aufnehmen konnte, lagen die Dinge bei der SHE anders. Wegen der Grenzziehung nach Kriegsende mitten durch den Harz war an eine Betriebsaufnahme zwischen Sorge in Sachsen-Anhalt und Brunnenbachsmühle in Niedersachsen nicht mehr zu denken. 1947 kam es, in Absprache mit den sowjetischen und britischen Militärbehörden, nur noch einmal zu einer Zugfahrt: Eine Mallet-Lokomotive der NWE brachte in Tanne verbliebene Rollböcke und Güterwagen der SHE nach Braunlage und führte von dort einige NWE-Wagen zurück. Die an die Tanner Hütte vermieteten O-Wagen, der G-Wagen 152 sowie ein Reisezugwagen der SHE verblieben auf dem Netz der Harzquerbahn.

Zur Aufnahme des Personenverkehrs auf der Reststrecke Sorge–Tanne kam es nicht mehr. Güterverkehr fand nur noch bis 1958 statt: Über das Verbindungsgleis in Sorge bediente die Harzquerbahn den Anschluß Tanner Hütte und den Anschlußbahnhof Tanne. Bereits 1954 abgebaut wurde der Abschnitt Tanner Hütte–Tanne.

Als man im Zuge der Vorbereitung des Rollwagenverkehrs daran ging, auf der Harzquerbahn Profilfreiheit gemäß der Lichtraumumgrenzungslinie der DR zu schaffen, mußte die eiserne Überführung der

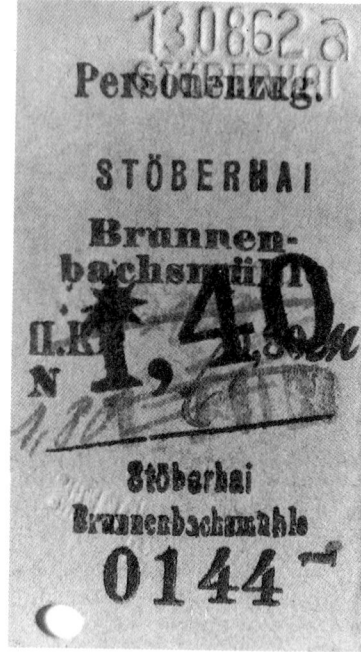

Bild 6.14. Fahrkarte vom 13. August 1962. *Foto: Sammlung Röper*

Einsatzort	Anzahl der Beschäftigten				
	1903/1904	1924	1928	1933	1938
Verwaltung	1			6	
Bahnhof Abfertigung	12			17	
Bahnunterhaltung	16			16	
Zugbegleitung	2			5	
Betriebsmaschinentechnik	6			7	
Werkstatt	1			7	
Summe	38[1])	76	95	58	66

[1]) genaue Aufschlüsselung gem. STA Magdeburg Kd Blankenburg 3250 545v, 46r:
1 Bahnverwalter (zugleich Stationsvorsteher), 1 komiss. Stationsvorsteher, 1 Haltestellenaufseher, 2 Stationsassistenten, 2 Weichensteller, 1 Bahnmeister, 1 Güterbodenvorarbeiter, 1 Fahrkartenverkäuferin, 4 Bahnwärter, 2 Zugführer, 1 Betriebswerkmeister, 1 Lokomotivführer, 2 geprüfte Heizer, 3 Hilfsheizer, 15 Stations- und Streckenarbeiter

Tabelle 6.1.
Aus der Beschäftigtenstatistik der SHE

SHE über die NWE abgerissen werden. Das vorhandene Lichtraumprofil hätte nicht mehr ausgereicht. Damit endete der Verkehr auf der ehemaligen Südharzbahn in der DDR. Noch verbliebenes rollendes Material ging an die Harzquer- und Selketalbahn. Das früher gemeinschaftlich genutzte Empfangsgebäude des Bahnhofs Sorge wurde, vom Holzschwamm befallen, 1974 abgerissen. Die Harzquerbahn erhielt ein neues Gebäude in der Ortslage Sorge.

Der Verkehr der bestehengebliebenen Südharz-Eisenbahngesellschaft in der britischen Besatzungszone war bereits 1945 wieder aufgenommen worden. Die Zahl der Fahrgäste stieg – verglichen mit der Vorkriegszeit – auf das Drei- bis Vierfache an. Angeboten wurden immer noch zwei Wagenklassen. Dennoch: Schon 1945 richtete die SHE mit einem Behelfsomnibus ihre erste eigene Kraftverkehrslinie in Richtung Goslar ein.

Der Güterverkehr ging auf ein Drittel der früheren

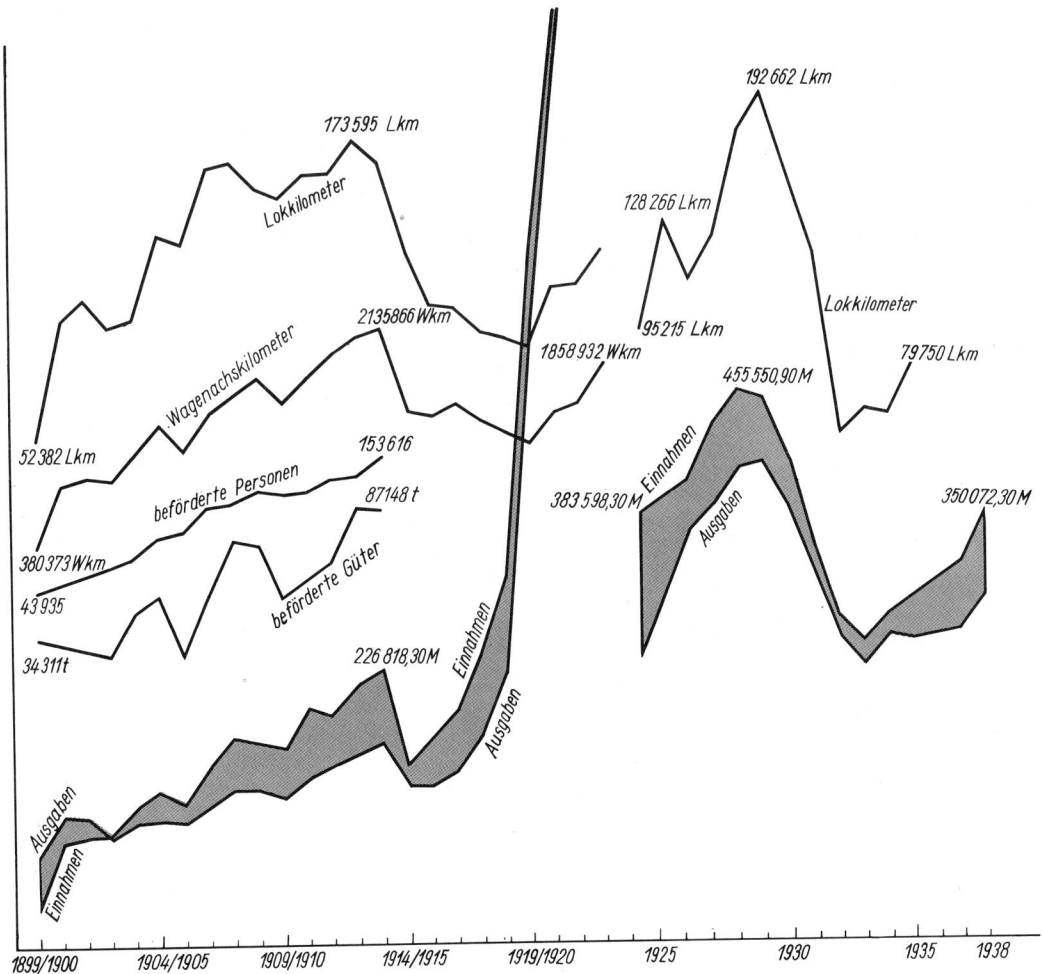

Bild 6.15.   Betriebsergebnisse der SHE.

Mengen zurück. 1958 wurde er zwischen Braunlage und Wurmberg vollkommen eingestellt. Die SHE versuchte nun, mit Omnibussen einen rationelleren Personenverkehr zu gestalten. So verkehrten 1954 zusätzlich zu den zwei Triebwagenzügen weiterhin drei bahneigene Omnibusse. Obwohl 1960 ein moderner Dieseltriebwagen beschafft wurde, sank das Beförderungsaufkommen nun auf durchschnittlich den halben Wert der Vorkriegszeit. Die Betriebseinstellung war nicht mehr zu umgehen.

Am 28. September 1962 fuhr der letzte Personenzug nach Braunlage, bestehend aus dem neuen Triebwagen T 14 und dem Wagen Nr. 2. Ein Jahr später, am 1. August 1963, wurde die SHE endgültig stillgelegt. Der allerletzte Güterzug fuhr am 3. August 1963, danach erfolgte der Abbau der Bahnanlagen.

Die Südharz-Eisenbahngesellschaft, 1973 in „Harzer Verkehrsbetriebe GmbH" umbenannt, betreibt heute mehrere Buslinien. Die Hochbauten der Bahn wurden von neuen Nutzern übernommen. Im ehemaligen Empfangsgebäude Braunlage befindet sich heute eine Dienststelle der Verkehrsbetriebe Bachstein.

6.2. Die Anlagen der Südharzeisenbahn

Der Bestand

Die Gesamtlänge der durchgehenden Hauptgleise der eingleisig verlegten 1000-mm-Spur-Bahn betrug 36,08 km. Hinzu kamen 1,53 km Nebengleise in Normalspur, 5,29 km schmalspurige Bahnhofs- und Anschlußgleise sowie acht Privatanschlüsse von 1,15 km Länge. Infolge des Gebirgscharakters der Bahn lagen nur 13% der Strecke in der Horizontalen. Reichlich die Hälfte der Gleislänge, genau 57,2%, wies keine Bögen auf. Die Strecke entsprach den Bestimmungen der „Bahnordnung für die Nebenbahnen Deutschlands" vom 5. Juli 1892.

Von den insgesamt 61 Weichen waren sechs in Normalspur ausgeführt. Sechs schmalspurige Weichen lagen auf der freien Strecke. Die Anschlußgleise wurden über zehn 1000-mm-Spur-Weichen bedient.

Die SHE verfügte über elf Bahnhöfe bzw. Haltepunkte/Haltestellen. Zu den Anlagen zählten weiterhin 97 niveaugleiche Wegübergänge, 43 Durchlässe unter Wegübergängen und 126 unter dem Bahnkörper. Von letzteren waren elf offen, acht mit Eisenkonstruktionen versehen und zwölf gewölbt. Ferner gab es 101 Rohrdurchlässe.

Der Oberbau war durchgängig gleich: 115 mm hohe, breitbasige Stahlschienen mit einer Masse von 24,39 kg/m lagen auf Eichenholzschwellen, die ihrerseits auf einem 3,30 m breiten, geschotterten Planum verlegt waren. Auf 12 m Länge verteilten sich 13 Querschwellen. Die maximale Achsfahrmasse betrug 12 t.

Tabelle 6.2. Ausgewählte Zahlenangaben zu den Beförderungsleistungen nach 1914

Jahr	Beförderte Personen	Beförderte Güter
1924/25	118 097	48 093
1928	121 223	43 277
1933	85 304	37 469
1935	106 981	50 288
1938	129 441	66 255
1947	402 932	39 466
1960	50 546	14 470

Tabelle 6.3. Höhenlage und Kilometrierung der SHE-Betriebsstellen

Betriebsstelle	Kilometrierung	Höhe ü. NN m	Klassifizierung (nach GB03/04)
Walkenried	0,00	275	Bahnhof
Zündholzfabrik	3,38	312	Haltepunkt
Wieda	5,18	339	Haltestelle
Wiedaerhütte	6,87	365	Haltestelle
Stöberhai	10,45	463	Haltestelle
Kaiserweg	16,01	592	Haltestelle
Brunnenbachsmühle	20,28	531	Bahnhof
Braunlage	24,25	548	Bahnhof
Wurmberg	27,57	618	Bahnhof
Brunnenbachsmühle	0,00	531	Bahnhof
Sorge (oberer Bf)	5,11	486	Haltepunkt Bahnhof ab 1913
Tanne	8,42	460	Bahnhof

Tabelle 6.4. Extreme Neigungen und Halbmesser bei der SHE

Strecke	Gesamtlänge km	Max. Neigung	Min. Halbmesser m
Walkenried–Braunlage	24,16	1 : 25	60
Brunnenbachsmühle–Tanne	8,18	1 : 37	70
Verbindungsgleis Sorge	0,23	1 : 28	200
Braunlage–Wurmberg	3,51	1 : 25	78

Tabelle 6.5. Anschlußgleise der SHE

Zündholzfabrik Schröder, Wieda[1]
Schachtelfabrik Fuchs, Braunlage
Glashütte Röhrig, Braunlage
Granitwerk G. N. Wurmberg
Schotterwerk Walkenried[1]
Schotterwerk Gesch. Baderstein, Brunnenbachsmühle[1]
Wiedaerhütte Wieda
Tanner Hütte, Tanne
Verladestelle bei km 5,85 der Strecke Sorge–Tanne

[1] aus den Bahnhofsanlagen abzweigend

Tabelle 6.6. Streckenbauwerke der SHE

Gewölbte Chausseeunterführung, 6,9 m lichte Weite, in Sorge
Überführung über die Harzquerbahn mit eisernem Oberbau, 5,05 m lichte Weite
Brücke mit eisernem Überbau, 14,74 m lichte Weite, in Wieda
Brücke mit eisernem Überbau, 13,25 m lichte Weite
Brücke mit eisernem Überbau, 11,25 m lichte Weite, für Anschlußgleise Wiedaerhütte
Brücke mit eisernem Überbau, 8,00 m lichte Weite
Brücke mit eisernem Überbau, 7,00 m lichte Weite
Gewölbte Brücke über die Bode, 10,7 m lichte Weite
Gewölbte Brücke, 8,00 m lichte Weite, für Anschlußgleis Glashütte

1925, im Zuge einer kompletten Oberbauerneuerung aufgrund des Einsatzes schwererer Mallet-Lokomotiven, wurden 18 000 Schwellen neu eingebaut und stärkere Schienen verlegt.

Streckenbeschreibung um 1900

● Walkenried–Braunlage

Der SHE-Bahnhof in Walkenried lag unweit des Bahnhofs der KPEV. Beide waren durch zwei Weichenstraßen miteinander verbunden. Das zweigeschossige Empfangsgebäude enthielt Dienst- und Warteräume, einen Postraum sowie eine Wohnung für Eisenbahner und Übernachtungsräume für das Zugpersonal. Daneben befanden sich der einständige Lokschuppen – der 1905 erweitert wurde – sowie die dazugehörige Wasserversorgung. Für die Güterumladung zwischen Schmalspur- und Normalspurwagen diente ein 5-t-Portalkran. Weiterhin existierte hier eine Truckgrube für den Rollbockverkehr. Die Gleisanlagen bestanden aus drei normalspurigen Nebengleisen (970 m) und aus vier schmalspurigen Bahnhofsgleisen von 1049 m Länge. Später zweigte man aus den Bahnhofsanlagen heraus ein Anschlußgleis zum nahen Schotterwerk ab. Hier sollten vor allem die bei Sorge gebrochenen Steine weiterverarbeitet werden.

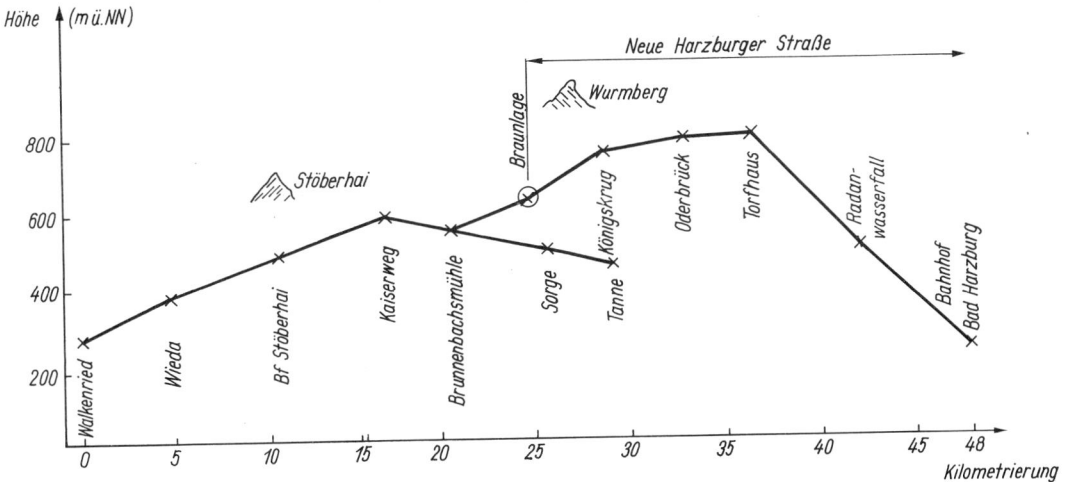

Bild 6.16. Höhenprofil Walkenried–Bad Harzburg.

Zeichnung: Zieglgänsberger

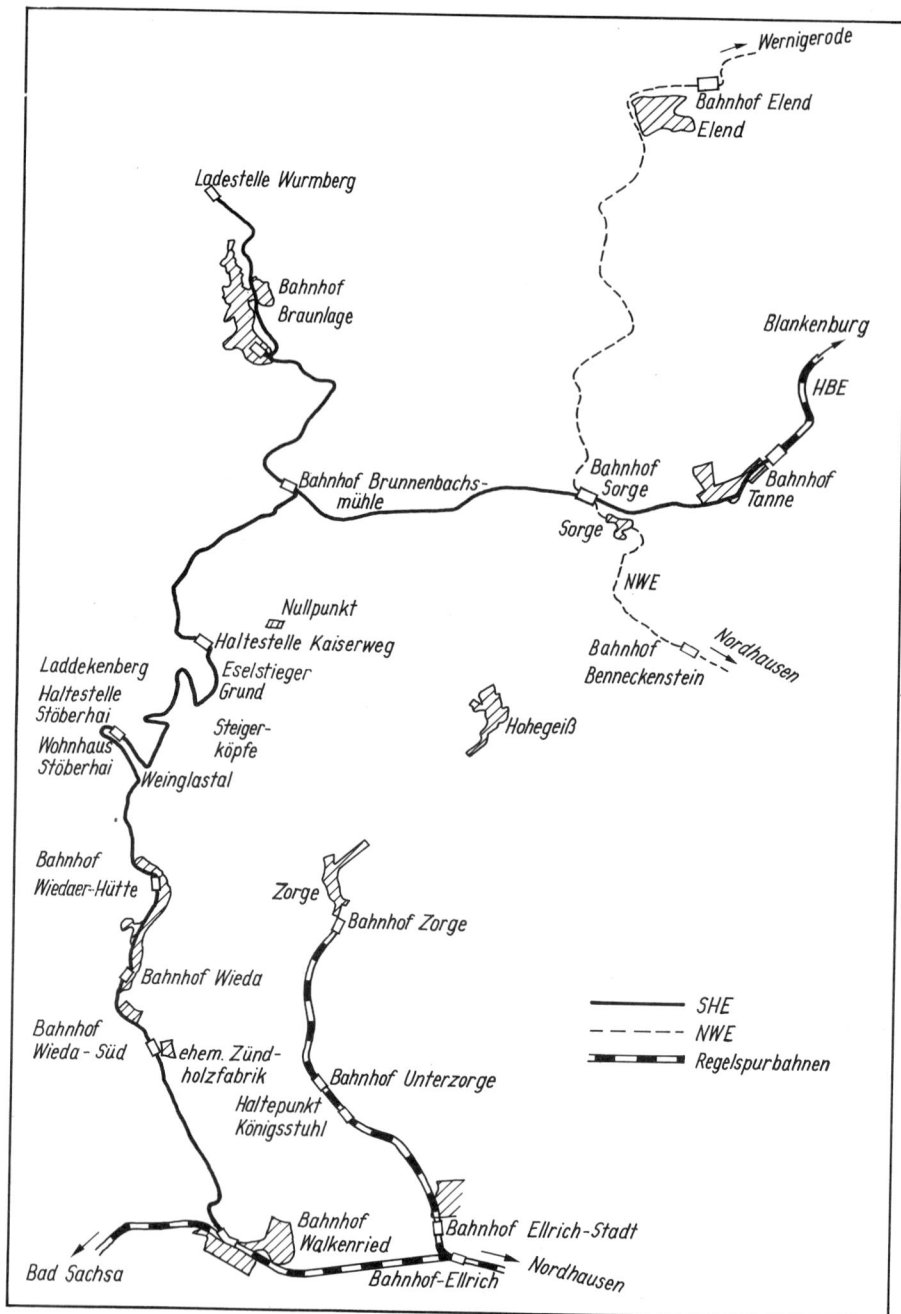

Bild 6.17.   Streckenführung der SHE um 1925.   *Quelle: Stolles Wanderkärtchen aus dem Blauen Harzführer von 1925*

Bild 6.18.
Empfangsgebäude des
SEH-Bahnhofs in
Walkenried mit Trieb-
wagen T 14 im Jahre
1962.
Foto: Spühr

Das Ausfahrgleis nach Braunlage führte, bevor es Richtung Norden ging, ein Stück entlang der KPEV-Strecke nach Northeim. Waren dann die nahe gelegenen Teiche passiert, wurde die Fernverkehrsstraße nach Bad Sachsa überquert. Danach verlief das Gleis entlang dem linken Waldrand des Wiedatales, neben der Fernverkehrsstraße Richtung Norden. Nach Überquerung der Wieda erreichte man den Haltepunkt Zündholzfabrik, der 1937 in „Wieda Süd" umbenannt wurde. Straße und Bahn waren hier nur durch eine kleine, offene Wartehalle voneinander getrennt. Kurz vor dem Bahnsteig zweigte das Anschlußgleis zur Zündholzfabrik (später zu einer Papierfabrik geworden) ab und überquerte im spitzen Winkel die Straße. Nachdem nochmals der Fluß zu überqueren war, wurde der Ort Wieda durchfahren. An mehreren Stellen im Ortsbereich waren Stützmauern zum Fluß hin errichtet worden. Gerade hier hatte die Abnahmekommission Bedenken wegen des Lichtraumprofils gehabt. 7 min Fahrzeit entfernt vom Haltepunkt Zündholzfabrik lag die Station Wieda mit ihrem kleinen, eingeschossigen Empfangsgebäude. Dieses enthielt Dienstraum, Warteraum, Güterschuppen und Wohnung des Bahnwärters, Überhol- und Abstellgleise maßen insgesamt 260 m. Zwischen dieser Station und der folgenden Haltestelle Wiedaer Hütte (für die 1937 erfolglos der Name „Wieda Nord" beantragt wurde) lagen knapp 2 km Gleis, immer noch in Ortslage. Wiedaer Hütte ver-

fügte über zwei kurze Stumpfgleise und ein Überholgleis mit einer Gesamtlänge von 230 m. Das Empfangsgebäude ähnelte dem der Haltestelle Wieda. Aber die Kulisse war eine andere: Die Berge sind hier deutlich höher als am Eingang des Wiedatals. Kurz hinter der Haltestelle zweigte das Anschlußgleis zur Hütte ab.

Nun begann der steilste und wohl auch schönste Streckenabschnitt der Südharzbahn. Zunächst verlief das Gleis entlang dem Hang der Langenecke. Dann war das Weinglastal, ein Nebental, erreicht, das in weitem Bogen ausgefahren wurde, wobei gleichzeitig ein Höhengewinn erzielt werden konnte. Die Bogenhalbmesser betrugen hier teilweise nur 60 m.

In diesem Bogen lag die Haltestelle Stöberhai, die ihren Namen nach dem nahe gelegenen 719 m hohen Berg erhielt. Das 1900 errichtete Empfangsgebäude in Fachwerkausführung brannte am 8. Januar 1907 ab und wurde später durch ein zweigeschossiges Empfangsgebäude ersetzt. Im Hinblick auf die stärker werdenden Touristenströme erhielt es später eine Bahnhofswirtschaft und zwei Warteräume. Die Gleise lagen hier im Bahnhof in einem Bogen mit nur 100 m Halbmesser. Anfangs genügte das durchgehende Streckengleis, später gesellte sich dem ein Überholgleis hinzu.

Nach Verlassen der Haltestelle und des Nebentales führte die Strecke wieder durch das Wiedatal. Längere Steigungen bis maximal 1 : 30 lagen vor der

167

Die Südharzeisenbahn

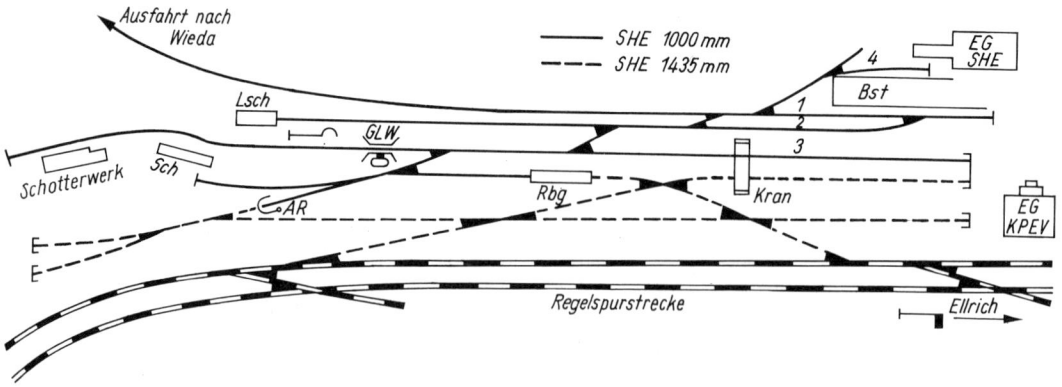

Bild 6.19. Gleisplan des Bahnhofs Walkenried um 1900. Die Gleisanlagen der Normalspurbahn sind vereinfacht dargestellt.

Zeichnung: Sammlung Schwarzbach

Bild 6.20. Haltepunkt Zündholzfabrik Wieda Süd mit dem Triebwagen T 02 im Jahre 1962.

Foto: Spühr

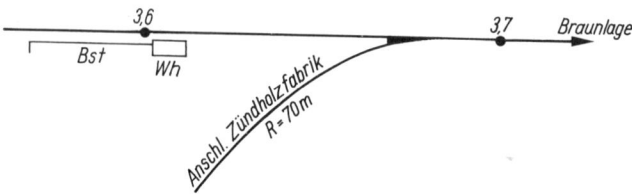

Bild 6.21.
Gleisplan des Haltepunkts Zündholzfabrik im Jahre 1899.
Quelle: STA Magdeburg KD Blankenburg 3265, S. 98 r

Hochfläche, die bei der Haltestelle Kaiserweg erreicht wurde. Das 1900 errichtete Fachwerkgebäude der Haltestelle, die sich nahe der Braunlager Fernverkehrsstraße befand, hatte einen kleinen Dienstraum und eine offene Wartehalle. Eine Weiche führte zu einem 132 m langen Nebengleis, an dem eine Holzverladerampe von 39 m Länge angeordnet war. Unweit der Haltestelle lag die Forstgemarkung Nullpunkt (850 m ü. NN). Im ersten Bauprojekt war dort die Abzweigung nach Tanne vorgesehen gewesen. Der Ursprung des Namens Kaiserweg ist umstritten: Möglicherweise wurde der Weg gleichen Namens von Kaiser Heinrich IV. benutzt, als er aus der von den Sachsen belagerten Harzburg floh. Fest steht jedoch, daß die Reste des geschlagenen preußischen Heeres nach der Schlacht von Jena und Auerstädt (1806) auf der Flucht vor den Franzosen diesen Weg benutzten.

Nach Verlassen der Haltestelle Kaiserweg traf man auf den mit 607,5 m ü. NN höchsten Punkt der Südharzbahn.

Der Abzweigebahnhof Brunnenbachsmühle wurde erreicht, nachdem Waldstücke und Wiesen des Braunlager Forsts durchfahren waren. Das zweigeschossige Empfangsgebäude, das einen Dienstraum mit Wartesaal und eine Küche enthielt, brannte vermutlich kurz nach 1900 ab. Dann wurde ein ähnliches Gebäude neu errichtet. Eine erst 1913 ausgebaute, geschlossene und heizbare Veranda erweiterte die Warteräume. Das Obergeschoß enthielt zwei Wohnungen. Weiterhin zum Bahnhofskomplex gehörten verschiedene Nebengebäude. 1917 wurde ein Stückgutschuppen aufgestellt. 340 m Nebengleise konnten bis zu drei Züge gleichzeitig aufnehmen. Zur Holzverladung diente eine 60 m lange Seitenrampe. Später baute man aus den Bahnhofsanlagen heraus einen Anschluß zum Steinbruch der Geschwister Baderstein.

Richtung Norden verlief die Bahnstrecke im Bogen der Fernverkehrsstraße nach Braunlage, kreuzte diese und führte dann ansteigend am Brandhai entlang.

Nach der Überquerung der Straße nach Hohegeiß war der größte Bahnhof der SHE, der Bahnhof Braunlage, erreicht. Hier mußten die meisten Züge gebildet und das Gros der Wagen abgestellt werden. Das Empfangsgebäude war entsprechend großzügig angelegt und wurde 1912, nach drei Jahren

Bild 6.22.   Ein Güterzug auf der Fahrt durch Wieda nahe der Gaststätte Harzklause, August 1960.   *Foto: Spühr*

Bild 6.23.   Bei Kilometer 6,0 in Wieda: ein Güterzug, 1960. Links die erwähnte Stützmauer.   *Foto: Spühr*

Bild 6.24.   Haltestelle Wieda mit Triebwagen T 02 im Jahre 1960.   *Foto: Spühr*

Bild 6.25.
Gleisplan der Haltestelle
Wieda um 1901.
*Quelle: Zeichnung Zieglgäns-
berger nach Fotografie*

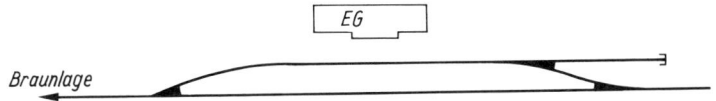

Bild 6.26.
Gleisplan des Bahnhofs
Wiedaer Hütte um 1901.
*Quelle: STA Magdeburg
KD Blankenburg 3269, S. 138 r*

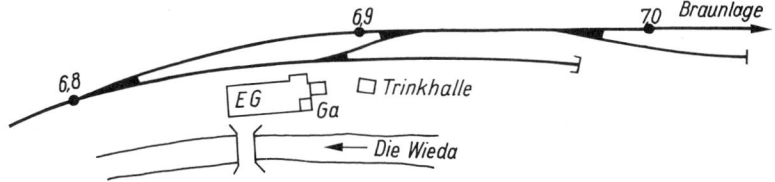

Bild 6.27. Ein Zug im Weinglastal.

Foto: Sammlung Zieglgänsberger

Reparaturarbeiten, nochmals erweitert: Der rechte Teil wurde aufgestockt. Im Erdgeschoß befanden sich zwei Diensträume, ein Gepäckraum sowie zwei Warteräume II. und III. Klasse einschließlich einer Bahnhofswirtschaft. Im ersten Stock gab es zwei Wohnungen für Eisenbahner. Und in einem Anbau war der Güterschuppen untergebracht. Weiterhin befanden sich ein vierständiger Lokschuppen, ein dazugehöriger Anbau mit Werkstatt und andere Nebengebäude auf dem Bahnhofsgelände. Speziell für den Güterverkehr waren eine 40 m lange Seitenrampe, eine Desinfektionsanlage für Viehwagen sowie eine 25-t-Gleiswaage angelegt. Die Gesamtlänge aller Nebengleise betrug 997 m.

In einem Halbkreis mit 80 m Halbmesser schwenkte dann ein Gleis um die Bahnhofsanlagen herum, um

Bild 6.28. Gemischter Zug vor der Einfahrt in den Bahnhof Stöberhai. *Foto: Sammlung H. Schmidt*

Bild 6.29. Dampflokromantik im Bahnhof Stöberhai, 8. August 1960. *Foto Spühr*

11,42 m

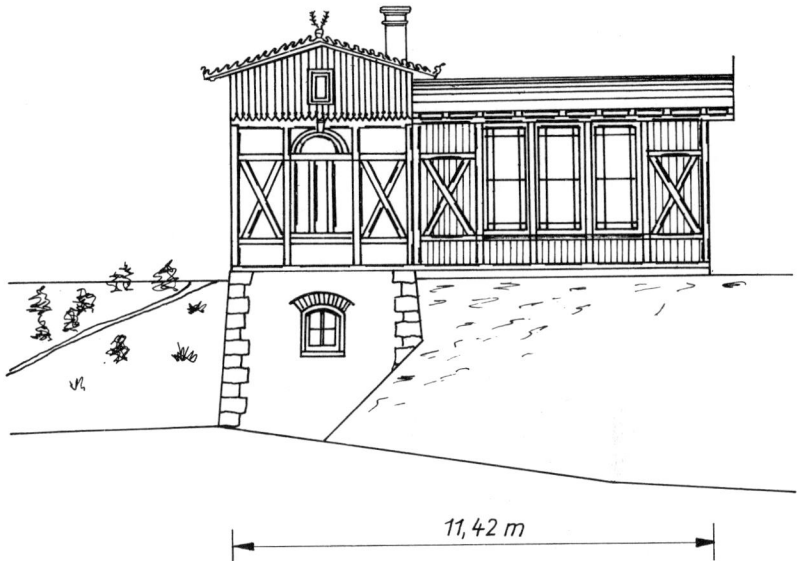

Ansicht in der Richtung nach Walkenried

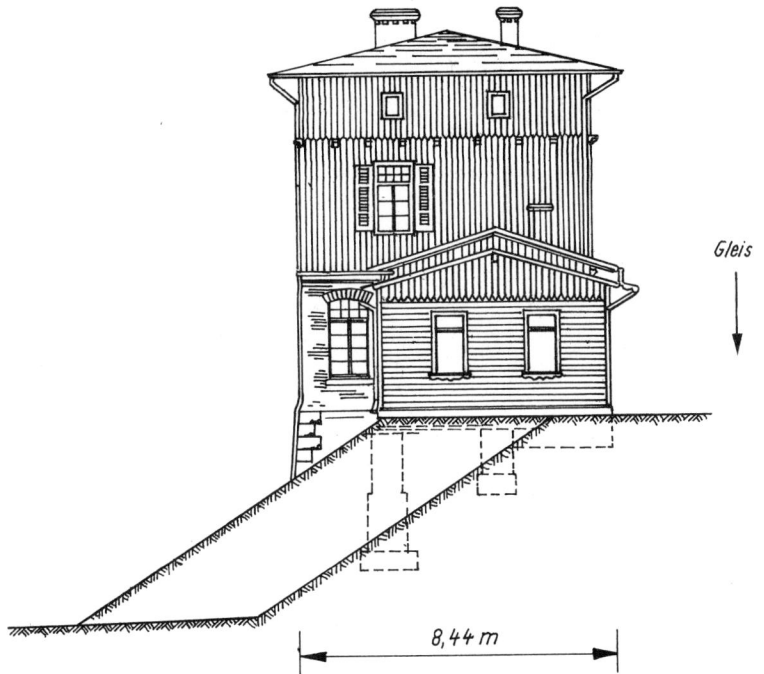

Gleis

8,44 m

Bild 6.30.
Das erste, später abge-
brannte Empfangs-
gebäude Stöberhai und
das 1907 errichtete
neue Gebäude.
*Quelle: STA Magde-
burg Nr. 3265, 14 br,
295 r*

Die Südharzeisenbahn

← Sorge   Tanne →

Bild 6.31.   Gleisplan der Verladestelle Sorge von 1904.
Quelle: STA Magdeburg KD Blankenburg 3269

Bild 6.32.   Reger Zugverkehr: Begegnung eines Güterzugs mit dem Triebwagen T 02 am Haltepunkt Kaiserweg. *Foto: Spühr*

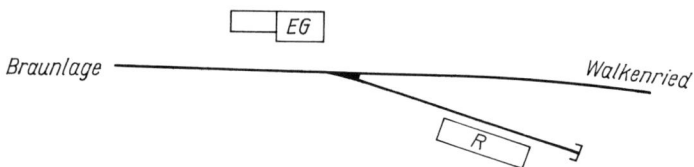

Braunlage   Walkenried

Bild 6.33.
Gleisplan des Haltepunkts
Kaiserweg, Zustand 1907.
*Quelle: Zeichnung Zieglgänsberger
nach Fotografie*

durch den östlichen Teil des Ortes Braunlage Richtung Norden zum 3,3 km entfernten Bahnhof Wurmberg zu führen, der nur dem Güterverkehr diente. Zur Verladung von Steinen besaß er zunächst eine Seitenladerampe von 195 m Länge und 543 m Nebengleise. 1920 wurden der Bahnhof ausgebaut und die Gleisanlagen vergrößert. Dazu kam eine Seilschwebebahn vom Steinbruch zur Verladestelle. Die Abfuhr der Steine erfolgte meist über Sorge nach Tanne zur HBE.

● Brunnenbachsmühle–Tanne

Die SHE-Zweigstelle nach Tanne begann im Bahnhof Brunnenbachsmühle. Nach der Ausfahrt in Richtung Süden, ging es in sanfter Neigung am Brunnenbach vorbei durch das Tal der Warmen Bode bis nach Sorge. Noch vor Sorge, am Kilometer 3,1, wurde im Jahre 1917 eine „Streckenarbeiterbude" aufgestellt, ein Hinweis auf weitere, notwendige Unterhaltungsarbeiten.

174

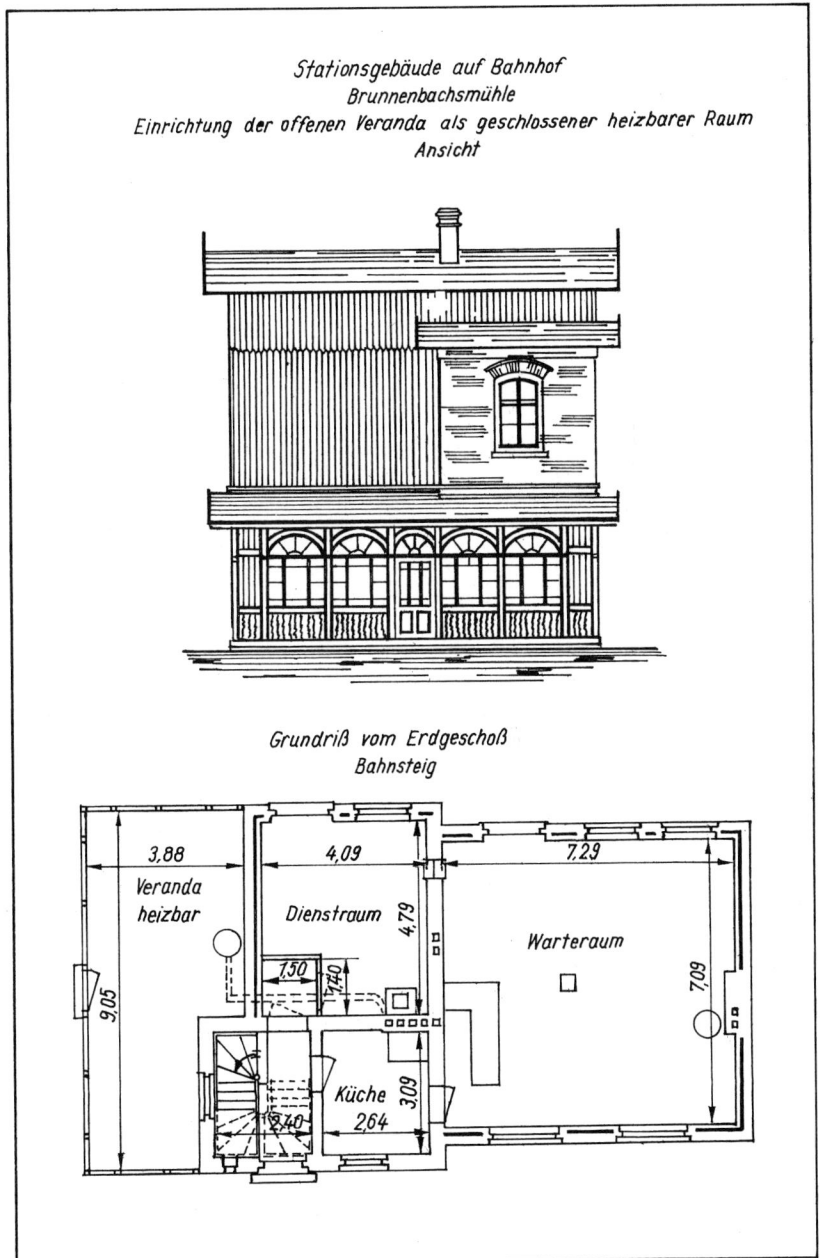

Stationsgebäude auf Bahnhof
Brunnenbachsmühle
Einrichtung der offenen Veranda als geschlossener heizbarer Raum
Ansicht

Grundriß vom Erdgeschoß
Bahnsteig

3,88 — 4,09 — 7,29

Veranda heizbar — Dienstraum — 4,79 — Warteraum — 7,09

9,05 — 1,50 — 1,40

Küche 2,64 — 3,09 — 3,40

Bild 6.34. Zeichnung des Veranda-Anbaus zum Empfangsgebäude, 1913.

Quelle: STA Magdeburg KD Blankenburg 3269, S. 122 r

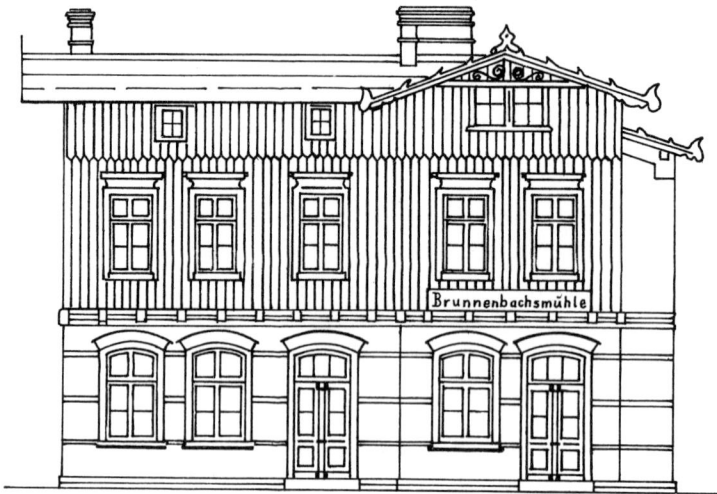

Bild 6.35.
Das Empfangsgebäude des Bahn-
hofs Brunnenbachsmühle.
Quelle: STA Magdeburg
KD Blankenburg 3269, S. 99 r

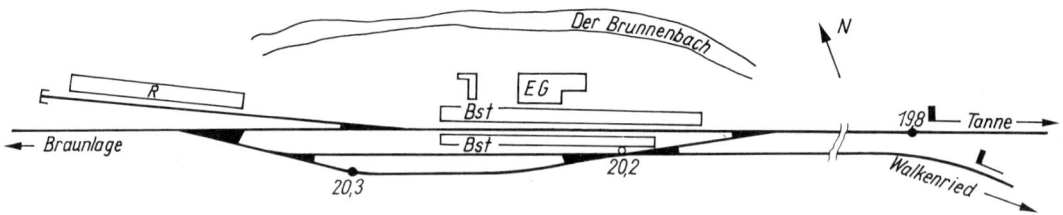

Bild 6.36. Gleisplan des Bahnhofs Brunnenbachsmühle, Zustand 1916.

Quelle: STA Magdeburg KD Blankenburg 3269, S. 99 r

Auf einer Brücke – fast im rechten Winkel – kreuzte die SHE die Gleise der NWE in Sorge. Der Höhenunterschied zwischen beiden Bahnen betrug 7 m. Eine zweite Brücke überspannte die unmittelbar in der Nähe liegende Straße von Sorge nach Elend. Das zweigeschossige Empfangsgebäude in Sorge – für beide Bahnen – war relativ groß. Zusätzlich besaß die SHE eine kleine Wartehalle und eine Böschungstreppe zum „unteren Bahnhof". 1911 wurde hier ein Gepäckaufzug eingerichtet.

Leicht talabwärts führte die Strecke weiter in Richtung Tanne. Beim Kilometer 5,85 wurde 1904 ein Ladegleis eingerichtet, das zum Abtransport der Steine aus einem neuerrichteten Steinbruch beim Forstort Lindewarte dienen sollte. Fünf Jahre später mußte der Steinbruch allerdings, nach Protesten aus Sorge, stillgelegt werden. Kurz vor dem Ortseingang in Tanne hatte das Gleis wieder das Straßen-

niveau erreicht und wechselte auf die Seite zur Warmen Bode hinüber. Am Kilometer 7,3 befand sich der Gleisanschluß der Tanner Hütte, eines Eisengußbetriebs, der zum größten Bahnkunden auf diesem Streckenteil wurde.

Die Anlagen des Bahnhofs der SHE in Tanne, Walkenrieder Bahnhof genannt und über 8 km vom Bahnhof Brunnenbachsmühle entfernt, lagen parallel neben den normalspurigen des HBE-Bahnhofs – des Blankenburger Bahnhofs – am unteren Ortsende. Bevor er erreicht wurde, mußte jedoch die Hauptstraße des Ortes gekreuzt werden. Am Bahnsteig waren lediglich eine offene Wartehalle und ein „Retiradengebäude" (Abort) aufgestellt worden. Im Bereich der Umladung befanden sich 558 m normalspurige und 698 m schmalspurige Abstell- und Übergabegleise. Erst eine, später zwei Truckgruben dienten zum Aufbocken der Normalspurwagen.

20,6 m 30,9 m

20,6 m 30,9 m

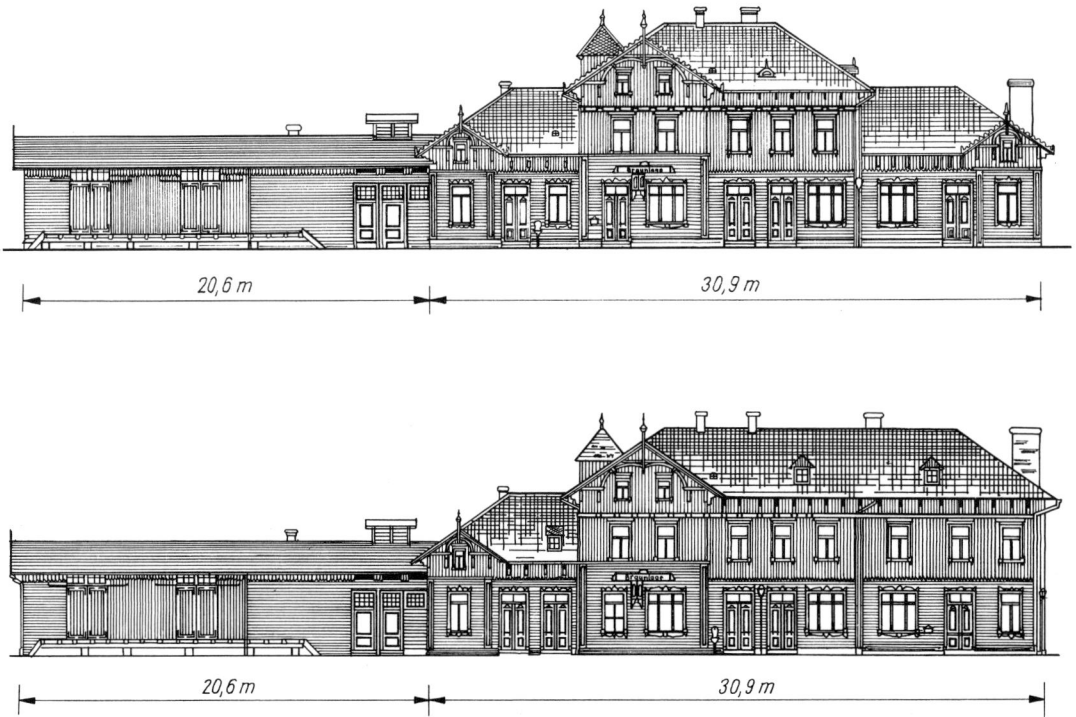

Bild 6.37. und 6.38.   Empfangsgebäude des Bahnhofs Braunlage, Bahnsteigseite: vor und nach der Erweiterung 1912.
Quelle: STA Magdeburg KD Blankenburg 3335, S. 6 r

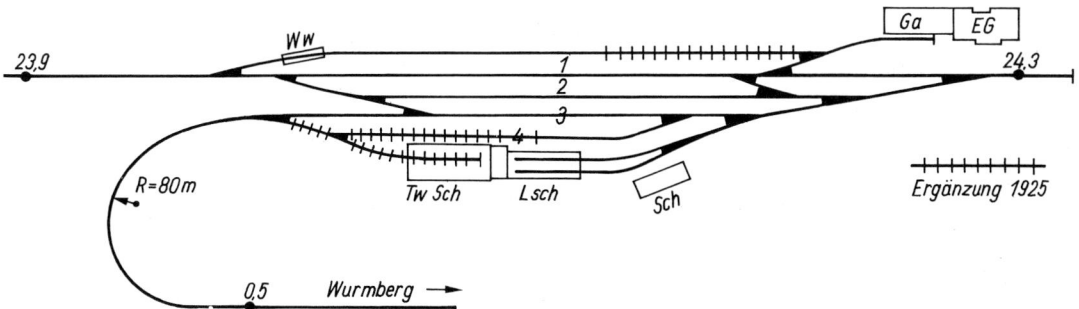

Bild 6.39.   Gleisplan des Bahnhofs Braunlage mit späteren Erweiterungen, Zustand von 1925.
Quelle: STA Magdeburg KD Blankenburg 3314, S. 235 r

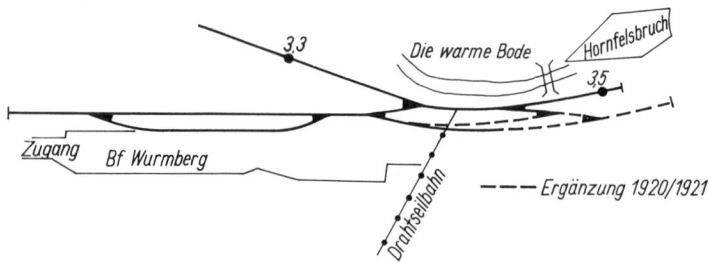

Bild 6.40.
Gleisplan des Güterbahnhofs
Wurmberg mit späteren Erweite-
rungen: Zustand 1899 bis 1921
*Quelle: STA Magdeburg
KD Blankenburg 3314, S. 6 r*

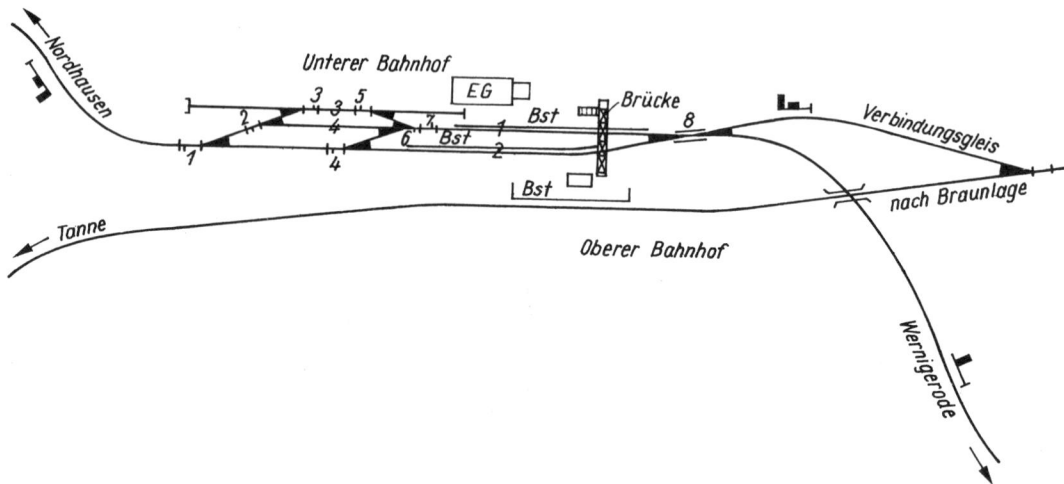

Bild 6.41.   Gleisplan des Bahnhofs Sorge um 1925.

Quelle: Besondere Dienstanweisung NWE

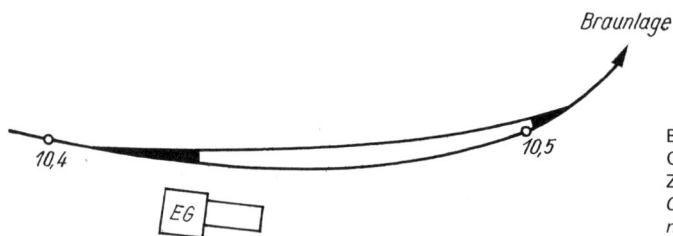

Bild 6.42.
Gleisplan des Bahnhofs Stöberhai,
Zustand 1907.
*Quelle: Zeichnung Zieglgänsberger
nach Fotografie*

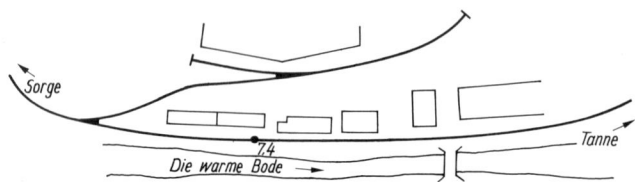

Bild 6.43.
Gleisplan der Anschlußstelle
Tanner Hütte, Zustand 1912.
*Quelle: STA Magdeburg
KD Blankenburg 3269*

Bild 6.44.   Der Bahnhof Tanne um 1914.

Foto: Sammlung Steinke

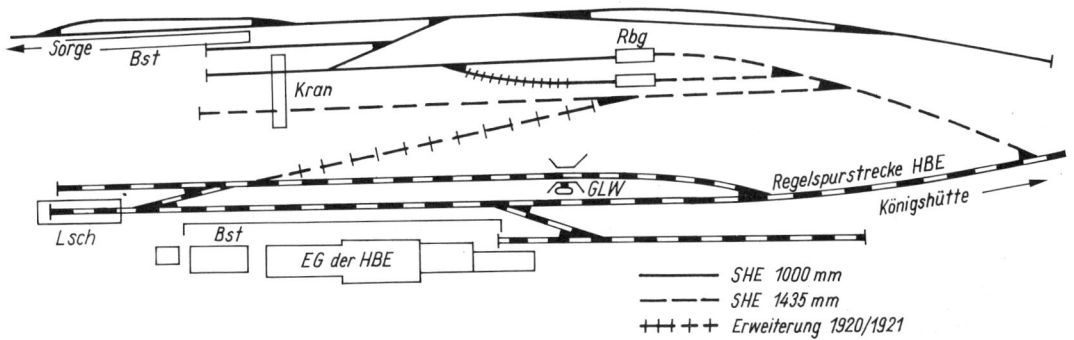

Bild 6.45.   Gleisplan des Bahnhofs Tanne mit späteren Erweiterungen, Zustand nach 1921.

Quelle: STA Magdeburg KD Blankenburg 3269, S. 84 r

6.3. Die Fahrzeuge der Südharzbahn

Dampflokomotiven

Die an die SHE und die NWE gelieferten Lokomotiven zeigten in Bauart und Abmessungen große Ähnlichkeit, so daß in bestimmten Fällen auf detailliertere Erklärungen verzichtet werden kann. 1898, rechtzeitig vor der Betriebseröffnung der SHE, lieferte die Firma Jung drei Mallet-Lokomotiven für den Streckendienst. Sie erhielten die Namen „Wurmberg", „Stöberhai" und „Achtermann" – alles Bezeichnungen von Bergen nahe der Strecke. Ausschlaggebend für den Kauf dieser Maschinen waren sicher auch die ersten guten Betriebserfahrungen mit Lokomotiven gleichen Systems, die auf der Harzquerbahn gemacht wurden. Wahrscheinlich 1907 kam eine vierte Maschine, die „Braunlage", hinzu. Erstmals erwähnt wurde sie im Jahre 1909. Sie war augenscheinlich gebraucht gekauft worden. Vermutlich um Lokomotiven der Baufirma, die Streckenbau- und -unterhaltung übernommen hatte, handelte es sich bei den beiden zweiachsigen Lokomoti-

ven „Berlin" und „Karl" von Krauss, die nach 1901 in den Bestandslisten als Rangierloks auftauchten. 1912/13 waren die Maschinen, die übrigens keine SHE-Nummer erhalten hatten, aus den Fahrzeuglisten verschwunden.

Die Numerierung der Lokomotiven hatte 1913 begonnen. Die vier zuerst erworbenen Maschinen erhielten die Betriebsnummern 51 („Wurmberg"), 52 („Stöberhai"), 53 („Achtermann") und 54 („Braunlage"). Die Namensschilder wurden an den Lokomotiven belassen, heute ein Kuriosum! Die Lokomotive 55, nachfolgend als 55.I bezeichnet und erst kurz vorher von der Ruhr-Lippe-Kleinbahn gekauft, mußte 1914 für 60 329,70 Mark an die Heeresfeldbahnen abgegeben werden. Als Ersatz konnte jedoch schon 1916 von der Firma Jung eine neue Mallet-Lokomotive erworben werden, die wiederum die Nummer 55 erhielt (hier 55II) und letztendlich – mit modernerem Aussehen und dem Kohlekasten an der Führerhausrückwand – eine Verbesserung darstellte. Die Südharzbahn verfügte damit über fünf fast gleichartige Lokomotiven des Mallet-Systems.

Nach dem ersten Weltkrieg stand bei allen drei Harz-

Tabelle 6.7. Die Dampflokomotiven der SHE

	Betriebsnummer				
	51 bis 53	54	55.II	55.I	56 und 57
Bauart	B'-Bn4vt	B'-Bn4vt	B'-Bn4vt	B'-Bn4vt	B-B1h4
Hersteller	Jung	Jung	Jung	Hohenzollern	Henschel
Baujahr	1898	1901	1916	1904	1925
Fabriknummer	327/328/329	534	2389	1792	20573/20574
Einsatzzeit	1899–1934[1]) 1899–1928[2]) 1899–1936[3])	1907–1925[4])	1916–1926[5])	1913-1914[6])	1925–1930 1925–1930
Zul. Geschwindigkeit km/h	30	30	30	20	30
Zylinderdurchmesser mm	285/425	285/425	285/425	280/420	330/520
Kolbenhub mm	500	500	500	420	500
Kuppelraddurchmesser mm	1000	1000	1000	900	1000
Laufraddurchmesser mm					690
Kesseldruck MPa (kp/cm²)	1,2 (12)	1,2 (12)	1,2 (12)	1,25 (12,5)	1,4 (14)
Rostfläche m²	1,2	1,2	1,2	1,3	1,8
Heizfläche ges. m²	64,8	64,8	64,8	67,9	76,7
Gesamtachsstand mm	4600	4600	4600	5000	7000
Länge über Puffer mm	8875	8875	8875		11 090
Leermasse t	28	28	28		43
Betriebsmasse t	36	36	36		53
Wasserkasteninhalt m³	5,0	5,0	5,0	3,8	5,0
Brennstoffvorrat t	1,5	1,5	1,5	1,0	2,0

[1]) 1934 an WRE, 1938 verschrottet
[2]) 1928 an WRE, 1936 verschrottet
[3]) 1936 an WRE, 1945 an UdSSR
[4]) 1925 an WRE, 1945 an UdSSR

[5]) 1926 an WRE, 1945 an UdSSR
[6]) 1913 gebraucht als RLE Nr. 14 gekauft,
     1914 an Heeresfeldbahn
[7]) Umbau B'-B1h4 auf Luttermöller-Antrieb 1930

Bild 6.46. Die „Achtermann", später als Nummer 53 bezeichnet, und einige Herren vom Betriebspersonal, vermutlich vor dem ersten Weltkrieg, im Bahnhof Brunnenbachsmühle.　　　　*Foto: Sammlung Museum Osterwieck*

56 und 57	61	„Berlin"	„Karl"
E h2	E h2	B n2	B n2
Henschel[7]	O & K	Krauss	Krauss
[7]	1928		
1930–1961[7]	11506		
1930–1963[7]	1928–1962	1898–1912	1898–1912
40	40		
500			
500			
1000			
1,4 (14)	1,4 (14)		
1,8			
76,7			
4600			
10300			
43	43		
53	53	12	14,5
5,0	5,0		
2,0	2,0		

bahnen die Beschaffung neuer Fahrzeuge obenan. Leistungsfähigere Maschinen waren gefragt. Dennoch war es eine Fehlentscheidung, als 1924 bei der Firma Henschel wiederum zwei Mallet-Lokomotiven – schwerer als diejenigen, die sich bisher im Harz gut bewährt hatten – bestellt wurden. Die schwereren Lokomotiven liefen zwar ruhiger, wiesen aber eine schlechte Kurvenläufigkeit und unbefriedigende Zugleistungen auf. Überdies schleuderten sie, und die Laufachsen neigten zu Entgleisungen. Der gesamte Oberbau mußte wegen der höheren Beanspruchungen verstärkt werden.

Nun endlich – 1926 – entschloß man sich für eine Lokomotive mit Luttermöller-Antrieb von Orenstein & Koppel, eine Maschine mit fünf angetriebenen Achsen, bei der die erste und die letzte Achse schwenkbar durch Zahnräder mit der danebenliegenden Achse verbunden waren. Die drei mittleren Achsen waren mit der üblichen Treibstange gekuppelt. Dadurch wurden eine ausgezeichnete Kurvenläufigkeit und gute Zugleistungen erzielt. Diese Lokomotive mit der Betriebsnummer 61 überzeugte so, daß Henschel mit dem Umbau der zwei nicht befriedigenden Lokomotiven auf den Luttermöller-Antrieb beauftragt wurde. Dazu mußte die Lizenz der Firma Orenstein & Koppel erworben werden.

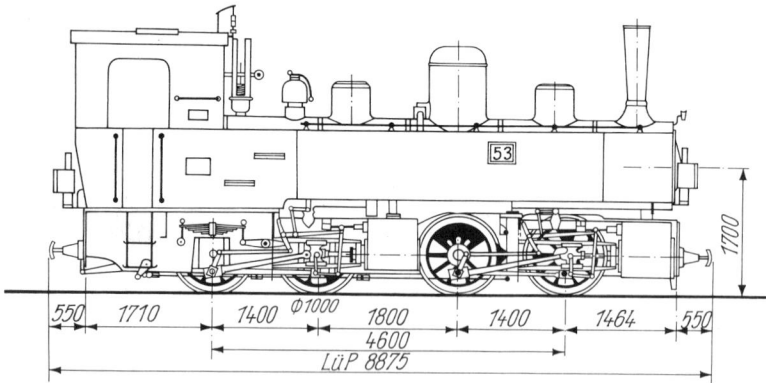

Mit dem Einsatz von Triebwagen konnten die beiden letzten Mallet-Lokomotiven an die WRE abgegeben werden. Die verbliebenen Dampflokomotiven wurden überwiegend im Güterverkehr eingesetzt. Als mit den Triebwagen sogar Rollbockzüge befördert werden konnten, ließ die Ausmusterung der letzten Dampfloks nicht mehr lange auf sich warten. Die letzte betriebsfähige Maschine war die Lok 57.

Bild 6.48.   Ein Zug, geführt von der SHE-Lokomotive 54, hier allerdings der WRE.   *Foto: Sammlung Scholz*

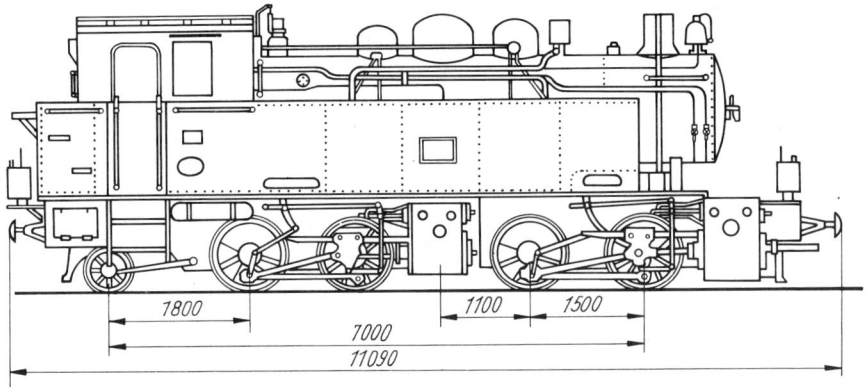

Bild 6.49.
Mallet-Lokomotive 56
vor dem Umbau
*Zeichnung: Zieglgäns-
berger*

Bild 6.50.
Werkfoto der Loko-
motive 61.
*Foto: Sammlung
Röper*

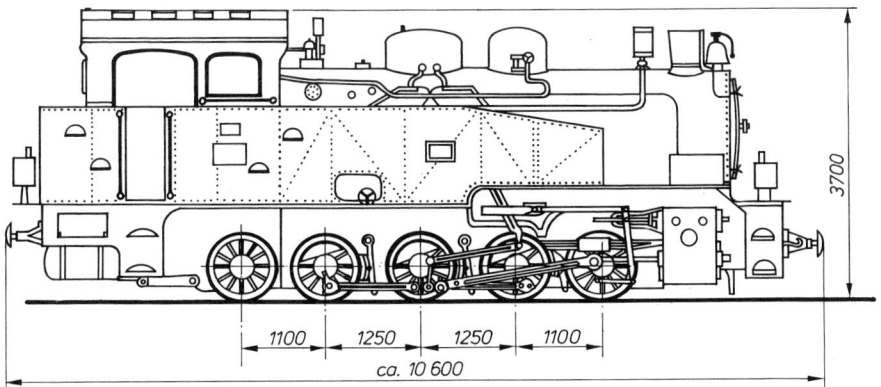

Bild 6.51.
Die Lokomotive 61.
*Zeichnung: Ziegl-
gänsberger*

Bild 6.52.   Lokomotive 57 im Bahnhof Wiedaer Hütte, 25. August 1960.

Foto: Spühr

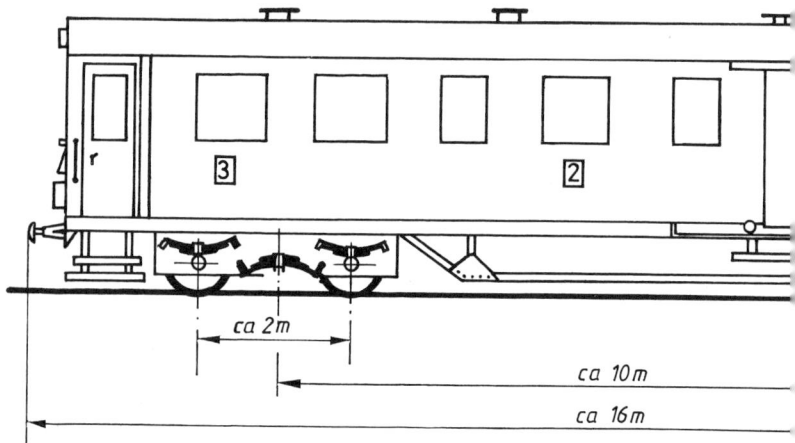

Bild 6.53.   Der Triebwagen T 02.
Zeichnung: Zieglgänsberger

Triebwagen

Die große Zeit der Dieseltriebwagen war zwischen 1932 und 1935, als diese Fahrzeuge 60 000 bis 70 000 Wagenachskilometer pro Jahr zurücklegten.

Begonnen hatte es mit einem ungemein erfolgreichen Eigenbau. Obwohl für den Dieseltriebwagenverkehr auf Gebirgsstrecken nur wenig Erfahrungen vorlagen, entschloß man sich zum Neubau eines vierachsigen Triebwagens. Damit beauftragt wurde das Bahnbetriebswerk Braunlage. Die Firma Bachstein hatte vorher bereits gute Resultate mit einem zum Triebwagen T 01 umgebauten Normalspurwagen gemacht, der sich bei der Osterwieck-Wasserlebener Eisenbahn bewährte.

Als Antrieb des SHE-Triebwagens diente ein U-Boot-Aggregat. Der Wagen erhielt die Betriebsnummer T 02 und fuhr normalerweise gekuppelt mit einem Reisezugwagen. Bei Bedarf kam noch ein zweiachsiger Güterwagen für den Gepäck- und Stückguttransport hinzu. Der Triebwagenzug trug zunächst eine elfenbein-weinrote Lackierung, war während des Krieges dunkelgrün und danach dunkelrot gestrichen. Dachbehälter und Kühler änderten im Lauf der Jahre ihren Platz am Wagen. Der T 02 war noch beim Abbau der Strecke im Einsatz und wurde erst 1963 verschrottet.

1935 erwarb die Firma Bachstein drei gebrauchte Triebwagen der Köln-Bonner Eisenbahn. Dort wurde seinerzeit gerade die Meter- auf die Normalspur umgestellt. Einer dieser Wagen kam zur SHE und erhielt hier die Bezeichnung T 07. 1939/40 wurden die Benzolmotoren – ebenfalls in der Weimarer Zentralwerkstatt – durch zwei neue MAN-Dieselmotoren ersetzt. Dabei verschwanden auch die Dachlüfter. Nachdem der T 07 einige Jahre bei der WRE im Einsatz war, kam er 1942 wieder nach Braunlage. Bis Kriegsende mußte er dann nochmals als „Aushilfe" zur WRE.

Ende der 50er Jahre ist er in der Werkstatt Braunlage völlig umgebaut worden und hat ein moderneres Aussehen – z. B. abgerundete und abgeschrägte Stirnwände – erhalten. Selbst der Anbau von Normalspurkupplungen war vorgesehen, um den Triebwagen vor Rollbockzügen einsetzen zu können. Noch während des Umbaus wurde die Bahn stillgelegt und der Wagen daraufhin halbfertig verschrottet.

Der dritte Triebwagen der SHE war der modernste. Am 11. August 1960 von MAN geliefert und T 14 genannt, übernahm er zusammen mit dem T 02 fast den gesamten Verkehr der letzten Betriebsjahre. Der T 14 hatte zwei Dieselmotoren und konnte als Schlepptriebwagen auch vor Rollbockzügen eingesetzt werden. Nach dem Streckenabbau wurde der Wagen an die Härtsfeldbahn Aalen–Dillingen verkauft und kam 1975 nach Stillegung auch dieser Bahn als T 37 zur württembergischen Eisenbahn-Gesellschaft Amstetten–Laichingen.

Der Wagenpark

Reisezugwagen, kombinierte Wagen

Bis zur Betriebsaufnahme auf der SHE waren von der Waggonfabrik Weimar drei BC-Wagen – damals als

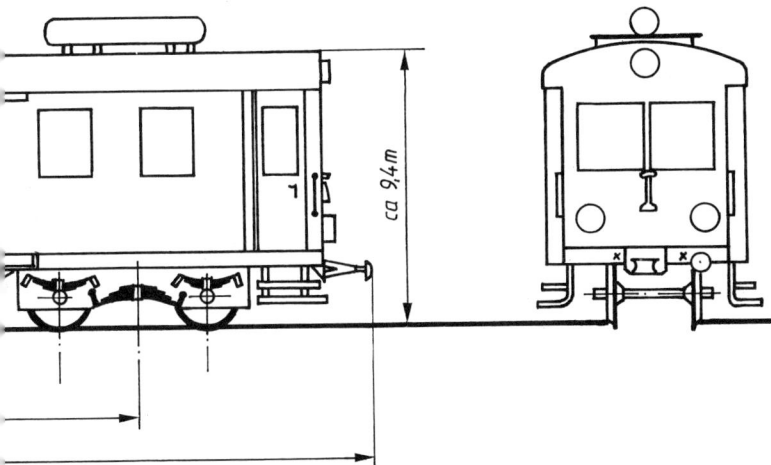

ca 9,4 m

Bild 6.54. Der Triebwagen T 14 mit einem Rollbockzug zwischen Kaiserweg und Brunnenbachsmühle.   *Foto: Spühr*

Tabelle 6.8.
Die Triebwagen
der SHE

	Bezeichnung		
	T 02	T 07	T 14
Hersteller	Eigenbau Zentral-werkstatt Weimar	DWK	MAN
Baujahr	1931	1926/1927	1960
Achsfolge		1 A A 1	B B
Antrieb	elektr. Fahrmotoren	2 Benzolmotoren[1]	2 Dieselmotoren
Leistung kW (PS)	190 (250)	91,2 (120)[1]	160 (210)
Höchstgeschwin-digkeit km/h		40	40
Masse t	28	33,6[1]	23
Platzangebot		2 Abteile 3. Klasse	70 Sitze

[1] nach dem Umbau: 2 Dieselmotoren mit 135 kW (180 PS) Leistung

Bild 6.55.   Der Triebwagen T 07 am 24. August 1962, halbfertig vor dem Bahnbetriebswerk Braunlage.   *Foto: Spühr*

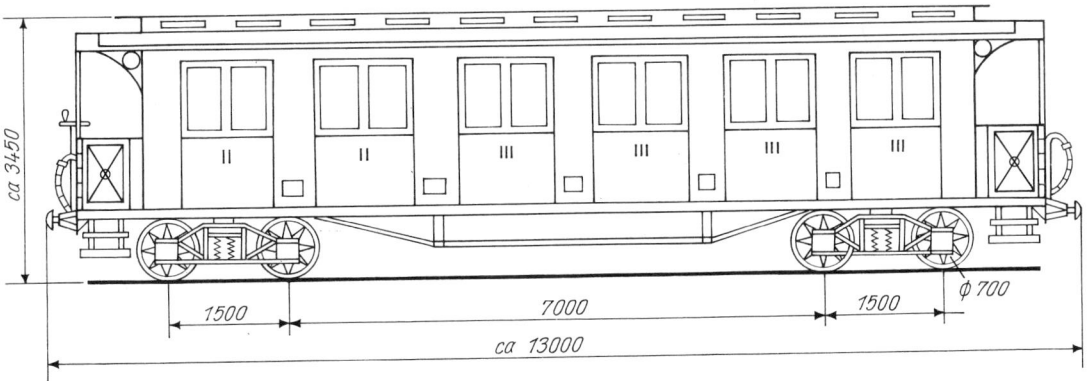

Bild 6.56.   Wagen 1 und 2 vor dem Umbau.   *Zeichnung: Zieglgänsberger nach Fotografie*

Durchgangswagen bezeichnet – geliefert worden. Sie hatten an den Stirnseiten je eine Plattform, die für sechs Stehplätze zugelassen war. Dann folgten zwei kombinierte Reisezug-Post-Gepäckwagen. Alle diese Wagen hatten vier Achsen, Dächer mit Ober-

licht und zweiteilige Fenster. Die anschließend gekauften zwei III.-Klasse-Wagen aus Hannover (C-Wagen) waren ohne Oberlichtaufbau.
1935 zählte man zehn Reisezugwagen bei der SHE, eine recht große Anzahl, die wahrscheinlich auf den

187

Bild 6.57. Kombinierter Gepäck-Post-Reisezugwagen 51.

Foto: Sammlung Röper

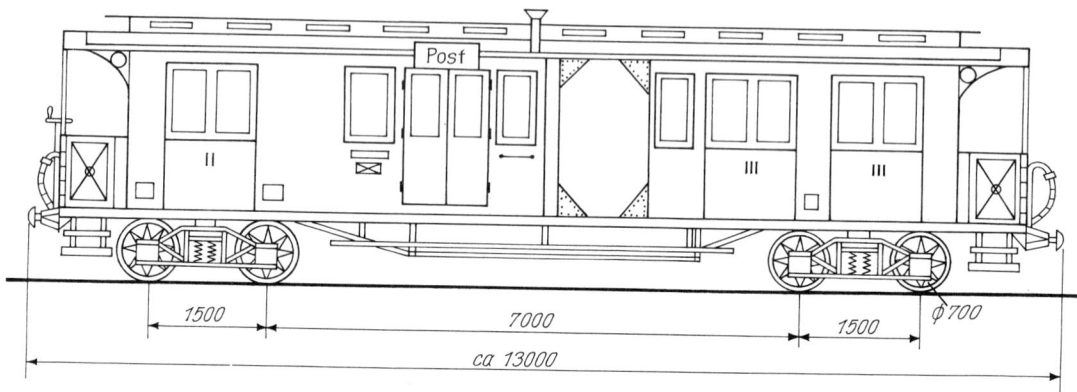

Bild 6.58. Kombinierter Pack-Post-Gepäckwagen.

Zeichnung: Zieglgänsberger nach Fotografie

Einsatz von Sonderzügen zurückzuführen war. Dazu wurden vermutlich auch Wagen bei der Köln-Bonner Eisenbahn gekauft. Fast alle noch verbliebenen Reisezugwagen wurden bis zum Ende der 50er Jahre in eigener Werkstatt völlig modernisiert. Der Wagen 10 blieb im alten Zustand. Bei Kriegsende lief er als Kurswagen auf der Strecke Braunlage–Wernigerode. Er war es, der 1945 bei der Harzquerbahn verblieb. Heute befindet er sich im Oldtimerzug.

Zusätzlich zu den kombinierten Wagen wurden auch Güterwagen zum Gepäck- und Stückgutverkehr sowie als Beiwagen für Dieseltriebwagen eingesetzt.

Bild 6.59. Der Wagen 1 nach dem Umbau, 1960 in Braunlage.

Foto: Spühr

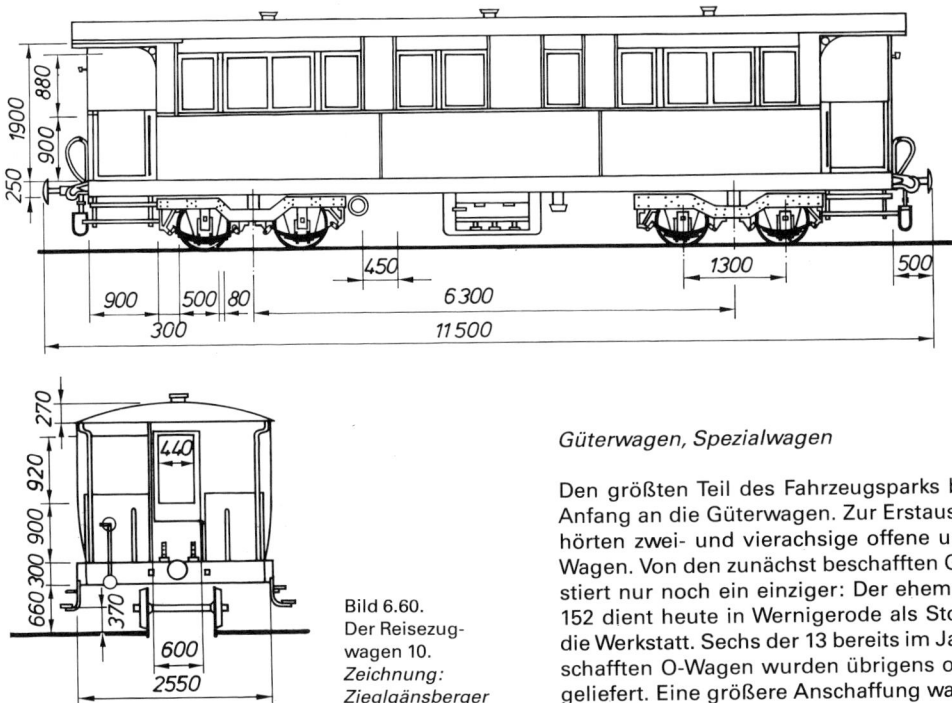

Bild 6.60.
Der Reisezug-
wagen 10.
*Zeichnung:
Zieglgänsberger*

Güterwagen, Spezialwagen

Den größten Teil des Fahrzeugsparks bildeten von Anfang an die Güterwagen. Zur Erstausstattung gehörten zwei- und vierachsige offene und gedeckte Wagen. Von den zunächst beschafften G-Wagen existiert nur noch ein einziger: Der ehemalige Wagen 152 dient heute in Wernigerode als Stoffwagen für die Werkstatt. Sechs der 13 bereits im Jahre 1899 beschafften O-Wagen wurden übrigens ohne Bremse geliefert. Eine größere Anschaffung waren 1903 die

189

Tabelle 6.9.   Die Reisezugwagen der SHE

Betriebs-nummer	Gattung	Hersteller	Baujahr	Drehzapfen-abstand mm	Drehgestell-achsstand mm	Eigen-masse t	Platzangebot II. Kl.	III. Kl.
1	BC4i	Weimar	1899[1])	7000	1500	12,3	16	32
2	BC4i	Weimar	1899[2])	7000	1500	12,3	16	32
3	BC4i	Weimar	1899	7000	1500	12,3	16	32
4	BC4i	Wismar	1909				16	32
5	BC4i	Wismar	1909				16	32
10[3])	C4i	Hannover	1899	6300	1300	10,8		48
11	C4i	Hannover	1900[4])	6300	1300	10,8		48
12	C4i	Weimar	1900[5])					

[1]) Umbau 1930
[2]) Umbau 1927
[3]) nach 1945 zur NWE als Nr. 64, dann Nr. 10164, dann 900 458, dann 909 103
[4]) Umbau 1928
[5]) Umbau 1926, 1960 noch vorhanden

Betriebs-nummer	Gattung	Hersteller	Baujahr	Ladefläche m² Post	Gepäck
51	BC Pw Post	Weimar	1899[1])		
52[2])	Pwg Post	Wendland	1900	4,37	5,47
53	BC Pw Post	Weimar	1899[3])		
15	C Post 4i	Köln	1898	11,6	9,06[4])
156[5])	Pw Post i	Ammendorf	1907	3,00	5,3

Tabelle 6.10.
Gepäck-Post-Wagen und kombinierte Wagen der SHE

[1]) Umbau 1929   [2]) später Gw 155   [3]) Umbau 1928   [4]) plus 8 Sitze   [5]) später Gw

Bild 6.61.   Der Güterwagen 157 am 6. August 1960.

Foto: Spühr

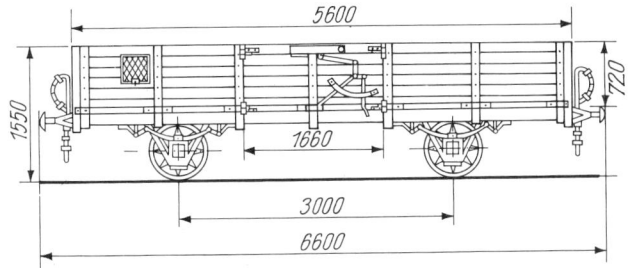

Bild 6.62.
Der Wagen 261.
Zeichnung: Zieglgänsberger

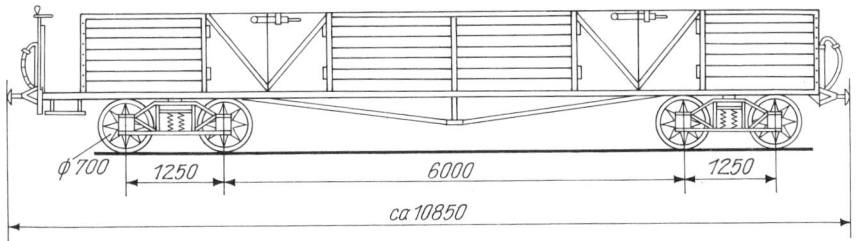

Bild 6.63.
Der OOw 307.
Zeichnung:
Zieglgänsberger

Bild 6.64.   Der Schotterwagen 268.

Foto: Sammlung Malsch

Die Südharzeisenbahn

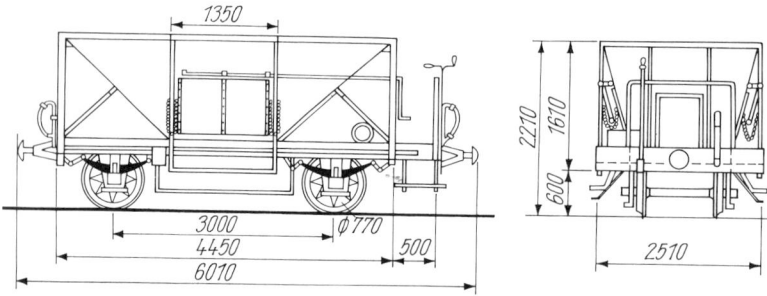

Bild 6.65.
Schotterwagen
(Trichterwagen).
Zeichnung:
Zieglgängsberger

Bild 6.66.   Holzwagen 206 im August 1960.

Foto: Spühr

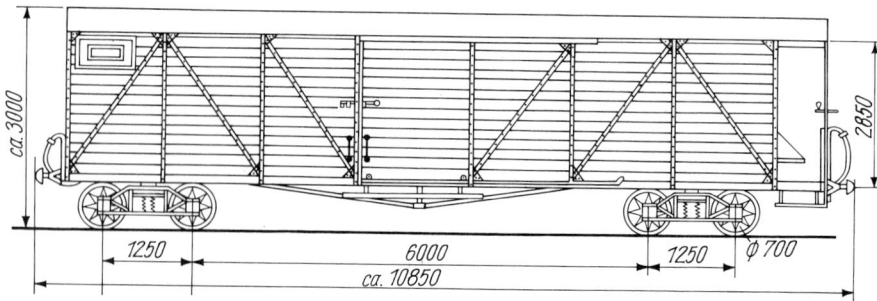

Bild 6.67.
Der GGw 101.
Zeichnung:
Zieglgänsberger

Bild 6.68. Werkfoto des GGw 101.

Foto: Sammlung Nickel

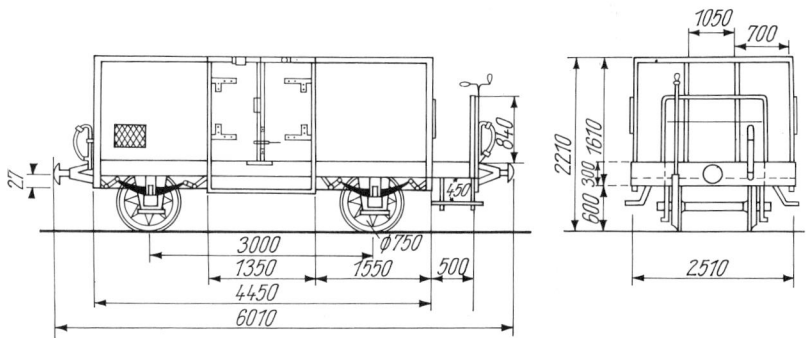

Bild 6.69.
Der Wagen 265.
Zeichnung: Zieglgäns-
berger

16 Trichterwagen, auch als Steintransportwagen bezeichnet. Sie besaßen seitliche Entladeklappen und
wurden für die Steinbrüche bei Sorge, Brunnenbachsmühle und Wurmberg genutzt. Später, nach
dem Abflauen des Schottergeschäfts, wurden sie
in offene Hochbordwagen umgebaut. Sie erhielten

Holz- bzw. Eisenblechwagenkästen und dienten vor
allem dem Transport von Sägespänen. Einer dieser
Wagen wurde zum Schneepflug (in Braunlage) und
einer zum Unkrautbekämpfungsfahrzeug umgebaut.
Für die vier Drehschemelwagen, die ebenfalls 1899
beschafft worden waren, kaufte man später hölzerne

193

Bild 6.70.   Der SHE-Schneepflug im Sommer 1960.   *Foto: Spühr*

Bild 6.71.   Unkrautbekämpfungswagen der SHE im Jahre 1960.   *Foto: Spühr*

Bild 6.72. Der Zwischenwagen Or 403 im Jahre 1960. *Foto: Spühr*

Bild 6.73. Die Aufschriften sind kaum noch zu entziffern: Der O-Wagen 99-03-45, der früher zur SHE gehörte. *Foto: Kieper*

Bild 6.74.   Der offene Güterwagen 282, 1960.   *Foto: Spühr*

Bild 6.75.   Der offene Güterwagen 289, 1960.   *Foto: Spühr*

Tabelle 6.11. Die Güterwagen der SHE

Betriebs-nummer	Gattung	Hersteller	Baujahr	Achs-stand mm	Dreh-zapfen-abstand mm	Dreh-gestell-achsstand mm	Trag-fähigkeit t	Lade-fläche m²
101	GGw	Weimar	1899		6000	1250	10,0	21,8
102	GGw	Weimar	1899		6000	1250	10,0	21,8
103	GGw				6500	1500		21,7
104	GGw				6500	1500		21,7
151	Gw	Weimar	1899	3000			7,5	12,7
152[1]	Gw	Weimar	1899	3000			7,5	12,7
153	Gw	Weimar	1899	3000			7,5[2]	12,7
154	Gw	Wendland	1900	3000			7,5	
155	Gw[3]	Wendland	1900	3000			7,5	
156	Gw[4]	Lindner	1907	3000			7,5	12,6
157	Gw	Lindner	1907	3000			7,5	12,7
201	Hw	Weimar	1899	1400			5,0	
202	Hw	Weimar	1899	1400			5,0	
203	Hw	Weimar	1899	1400			5,0	
204	Hw	Weimar	1899	1400			5,0	
205	Hw	franz. Fa.	1911					
206	Hw	franz. Fa.	1911					
207	Hw	franz. Fa.	1911					
208	Hw	franz. Fa.	1911					
251	Ow	Weimar	1899	3000			8,0	
252	Ow	Weimar	1899	3000			8,0	
253	Ow	Weimar	1899	3000			8,0	
254	Ow	Weimar	1899	3000			8,0	
255	Ow	Weimar	1899	3000			8,0	
256	Ow	Weimar	1899	3000			8,0	
257	Ow	Weimar	1899	3000			8,0	
258	Ow	Weimar	1899	3000			8,0[6]	
259	Ow	Weimar	1899	3000			8,0[6]	
260	Ow	Weimar	1899	3000			8,0[6]	
261[5]	Ow	Weimar	1899	3000			8,0[6]	
262[7]	Ow	Weimar	1899	3000			8,0[6]	
263	Ow	Weimar	1899	3000			8,0[6]	
264[8]	Kt/Ow	O & K	1903	3000			12,5	9,5
265[9]	Kt/Ow	O & K	1903	3000			12,5	9,5
266	Kt/Ow	O & K	1903	3000			12,5	9,5
267	Kt/Ow	O & K	1903	3000			12,5	9,5
268	Kt/Ow	O & K	1903	3000			12,5	9,5
269	Kt/Ow	O & K	1903	3000			12,5	9,5
270	Kt/Ow	O & K	1903	3000			12,5	9,5
271	Kt/Ow	O & K	1903	3000			12,5	9,5
272	Kt/Ow	O & K	1903	3000			12,5	9,5
273	Kt/Ow	O & K	1903	3000			12,5	9,5
274[11]	Kt/Ow	O & K	1903	3000			12,5	9,5
275	Kt/Ow	O & K	1903	3000			12,5	9,5
276	Kt/Ow	O & K	1903	3000			12,5	9,5
277	Kt/Ow	O & K	1903	3000			12,5	9,5
278	Kt/Ow	O & K	1903	3000			12,5	9,5
279	Kt/Ow	O & K	1903	3000			12,5	9,5
280	Ow	Weimar	1926					
281	Ow	Weimar	1926					
282	Ow	Weimar	1926					
283	Ow	Weimar	1926					
284	Ow	Weimar	1926					

noch Tabelle 6.11.

Betriebs-nummer	Gattung	Hersteller	Baujahr	Achs-stand mm	Dreh-zapfen-abstand mm	Dreh-gestell-achsstand mm	Trag-fähigkeit t	Lade-fläche m²
285	Ow	Herbrand	1918					
286	Ow	Herbrand	1918					
287	Ow	Bremen	1917	2700			10,0	
288[12])	Ow	Bremen	1917	2700			10,0	
289	Ow	Wismar	1917					
290	Ow	Krauss						
291	Ow	Krauss						
292	Ow	Krauss						
293	Ow	Krauss						
294	Ow	Krauss						
301	OO	Weimar	1899		6000	1250	10,0	
302	OO	Weimar	1899		6000	1250	10,0	
303	OO	Weimar	1899		6000	1250	10,0	
304	OO	Weimar	1899		6000	1250	10,0	
305	OO	Weimar	1899		6000	1250	10,0	
306	OO	Weimar	1899		6000	1250	10,0	
307	OO	Weimar	1899		6000	1250	10,0	
308	OO⁻							
309	OO							
310	OO							
350	OO							
351	OO							
401	Or[13])	Bothmann	1929	3000			2,3	8,7
402	Or[13])	Bothmann	1929	3000			2,3	8,7
403	Or[13])	Bothmann	1929	3000			2,3	8,7

[1]) ab 1945 DR-Nr. 99-02-32, ab Stoffwagen 99-01-77
[2]) ohne Bremserbühne
[3]) wahrscheinlich ex Pwg 52
[4]) ex Pwg, danach Gw
[5]) ab 1945 DR-Nr. 99-01-99, ab 1970 Schlackewagen in Gernrode (Bahnhofswagen 21)
[6]) ohne Bremse
[7]) ab 1945 DR-Nr. 99-01-97, ab 1970 Schlackewagen im Bf Westerntor

[8]) ab 1945 DR-Nr. 99-03-45 Blechhochbord, 1965 +
[9]) ab 1945 DR-Nr. 99-72-03 Blechhochbord, ab 1970 Schlackewagen in Nordhausen
[10]) Umbau in Schneepflug
[11]) ab 1945 DR-Nr. 99-72-02 Holzhochbord, ab 1970 in Nordhausen
[12]) ab 1945 DR-Nr. 99-03-37, 1965 +
[13]) Zwischenwagen für Rollbockverkehr

Wagen 301 bis 351 1914 zur Heeresfeldbahn, 401 bis 403 1963 an Steinhuder-Meer-Bahn

Wagenkästen, um sie auch als O-Wagen verwenden zu können. Dann gab es nur noch kleinere Zugänge, teilweise als Gelegenheitskäufe oder als Umsetzung von der WRE. 1914 mußten die zwölf vierachsigen O-Wagen an die Heeresfeldbahnen abgegeben werden, die etwa 1920 durch Zweiachser ersetzt werden konnten, wahrscheinlich aus Restbeständen der ehemaligen Heeresfeldbahnen.

Die Zahl der Rollböcke, die bei der SHE Bremseinrichtungen besaßen, stieg von zehn bis auf 35 im Jahre 1935. 1929 beschaffte die SHE drei Zwischenwagen, die den Rollbockverkehr wesentlich erleichterten. Fünf O-Wagen kamen 1944 zur Tanner Hütte und verblieben zusammen mit einigen anderen Wagen auf dem Netz der ehemaligen NWE/GHE. 1965 wurden einige dieser Wagen zu Schlackewagen umgebaut bzw. ausgemustert. Nach der Stillegung der SHE in der Bundesrepublik Deutschland gingen die Zwischenwagen und einige Rollböcke zur Steinhuder-Meer-Bahn.

7. Abkürzungen

Ab	Abort
Anschl	Anschluß/Anschlußgleis
AR	Aufrollrampe
Bm	Bahnmeisterei
Bst	Bahnsteig
Bw	Bahnbetriebswerk
DV	Dienstvorschrift
EG	Empfangsgebäude
Ga	Güterabfertigung
GmP	Güterzug mit Personenbeförderung
Gs	Gleissperre
Gsch	Güterschuppen
Ha	Außenliegende Heusinger-Steuerung
Hp	Haltepunkt
Lsch	Lokomotivschuppen
Lstr	Ladestraße
LüP	Länge über Puffer
Mod.-Wagen	Modernisierungswagen
R	Rampe
Rbg	Rollbockgrube
Sch	Schuppen
Stw	Stellwerk
T	Tankstelle
TwSch	Triebwagenschuppen
Wh	Wohnhaus
Wst	Werkstatt
Ww	Wagenwäsche
+	Ausmusterung/Verschrottung

Gattungen

A	Reisezugwagen 1. Kl.
ABC	Reisezugwagen 1./2./3. Kl.
B	Reisezugwagen 2. Kl.
BC	Reisezugwagen 2./3. Kl.
C	Reisezugwagen 3. Kl.
G	zwei- od. dreiachs. gedeckter Güterwagen
GP	Gepäckwagen

GG	vierachs. gedeckter Güterwagen
H	zweiachsiger Schemelwagen
K	Kübelwagen
Kt	Trichterwagen (Selbstentladewagen)
O	zweiachsiger offener Güterwagen
OO	vierachsiger offener Güterwagen
PP	Gepäck- und Postwagen
Pw	Gepäckwagen
RR	vierachsiger Rungenwagen
SS	vierachsiger Sommerwagen

Hersteller

AEG	Allgemeine Deutsche Elektrizitätsgesellschaft
Ammendorf	Waggonfabrik Ammendorf bei Halle (Saale)
B & B	Brown, Boveri & Co., Mannheim
Borsig	A. Borsig Lokomotivbau, Berlin-Tegel
Bothmann	Bothmann & Glück, Waggonfabrik Gotha
Brennabor	Brennabor-Werke, Brandenburg a. H.
Breslau	Linke-Hofmann-Werke, Breslau (heute Wrocław/Polen)
Babelsberg	Lokomotivfabrik Babelsberg (1945 bis 1949)
Bremen	Waggonfabrik Bremen
Daag	Deutsche Last-Automobilfabrik AG, Ratingen-Düsseldorf
DWK	Deutsche Werke Kiel
Esslingen	Maschinenbaufabrik Esslingen
Görlitz	Aktiengesellschaft für die Fabrikation von Eisenbahnmaterial zu Görlitz
Güstrow	Mecklenburgische Waggonfabrik Güstrow
Gotha	Gothaer Waggonfabrik AG, vorm. Bothmann & Glück
Hannover	Hannoversche Waggonfabrik AG, Linden Hannover
Hansa	Hansa-Lloyd

Henschel	Henschel & Sohn, Kassel
Hohen-zollern	Hohenzollern AG, Düsseldorf-Grafenberg
Jung	Lokomotivfabrik Arnold Jung, Jungenthal bei Kirchen/Sieg
Karlsruhe	Maschinenbau-Gesellschaft Karlsruhe
Köln	Waggonfabrik AG, vorm. Herbrandt & Cie, Köln
Krupp	Friedrich Krupp AG, Essen
LHB	Linke-Hofmann-Busch, Breslau (1928 bis 1930)
Lindner	Waggonfabrik Gottfried Lindner, Ammendorf
LKM	VEB Lokomotivbau „Karl Marx", Babelsberg (ab 1949)
M.A.N./ MAN	Maschinenfabrik Augsburg-Nürnberg AG
NAG	Neue Automobil-Gesellschaft mbH, Berlin
Niesky	Christoph & Unmack, Niesky
O & K	Orenstein & Koppel, Drewitz bei Potsdam
Rastatt	Waggonfabrik Rastatt AG
S & C	Schneider & Cie., Werk Creusot
Schwartz-kopff	Berliner Maschinenbau AG, vorm. Schwartzkopff, Wildau bei Berlin
Steyr	Steyr-Werke, Wien
VES-M Halle	Versuchs- und Entwicklungsstelle für die Maschinenwirtschaft der DR
Weimar	Waggonfabrik Weimar bzw. Aktiengesellschaft für Eisenbahn- und Militärbedarf Weimar
Wendland	Waggonfabrik Wendland
Wismar	Triebwagen- und Waggonfabrik AG, Wismar

Bahnen und Bahnverwaltungen

BHE	Buxtehude-Harsefelder Eisenbahn
Eisfeld	Schmalspurbahn Eisfeld–Schönbrunn
FKB	Franzburger Kreisbahnen
GHE	Gernrode-Harzgerode Eisenbahn
GMWE	Gera-Meuselwitz-Wuitzer Eisenbahn
HBE	Halberstadt-Blankenburger Eisenbahngesellschaft
HHE	Hildburghausen-Heldburger Eisenbahn
KLS	Kleinbahn Lüneburg–Soltau
KPEV	Königlich-Preußische Eisenbahnverwaltung
LBE	Lübeck-Büchener Eisenbahn
NWE	Nordhausen-Wernigeroder Eisenbahn
NKB	Nassauische Kleinbahn
OHE	Osthannoversche Eisenbahnen
RLE	Ruhr-Lippe-Kleinbahnen
SHE	Südharz-Eisenbahngesellschaft
Spree	Spreewaldbahn AG
Spremberg	Spremberger Stadtbahn
WEM	Waldeisenbahn Muskau
WRE	Weimar-Rastenburger Eisenbahn, ab 1923 Weimar-Großrudestädter Eisenbahn

8. Literatur und Quellen

Blankenburger Kreisblatt. – Blankenburg, 15. September 1928

Bornemann, M.: Die Südharzeisenbahn. – Clausthal-Zellerfeld, 1981

Bornemann, M./Dorner, H.: 75 Jahre Harzquerbahn und Brockenbahn. – Clausthal-Zellerfeld, 1975

Bütow, E.: Nord-Süd-Hauptbahn Harzburg–Braunlage–Nordhausen. – Braunschweig, 1913

Braunschweigische Landeszeitung. – Braunschweig, 29. Juli 1928

Der Harz, Monatszeitschrift des Harzclubs. – Quedlinburg, 1896 bis 1932

Der Modelleisenbahner. – Berlin (1981) 6 und (1983) 6

Die Brockenpost, Sonderheft zum 50jährigen Betriebsjubiläum der Harzquerbahn. – Wernigerode, 1949

Die deutschen elektrischen Straßenbahnen, Secundair-, Klein- und Pferdebahnen. – Leipzig 1900/01

Die Verkehrstechnik. – Berlin (1930) 36

Dörschel, W.: Über den Einfluß der Oberflächengestaltung auf die Linienführung der Eisenbahnstrecke Wernigerode–Brocken. – In: Geographische Berichte Nr. 22 – Berlin 7 (1962) 1

Geschäftsberichte der NWE. – Wernigerode, Kreis und Stadtarchiv

Hellrung: Die Cöthen-Göttinger Eisenbahn. – Nordhausen, 1913

Hoppe, G.: Die Eisenbahnen des Nordharzes und seines Vorgebietes (Dissertation). – Leipzig

Kieper, K./Preuß, R./Rehbein, E.: Schmalspurbahn-Archiv. – Berlin, 1980

Metzelin, E.: Entwicklung der Lokomotive. – München-Berlin, 1937

Nordhäuser Zeitung. – Nordhausen, 26. August 1928

Pohl-Strohmenger, E.: Handbuch der öffentlichen Verkehrsmittel. – Berlin, 1935

Schmiedecke, G.: Die Südharzbahn. – In: Hamburger Blätter. – Hamburg (1961) 3/4

Schweiger-Lerchenfeld, A. v.: Vom rollenden Flügelrad. – Wien und Leipzig, 1894

Weisbrod, M./Petznick, W.: Dampflok-Archiv Band 4. – Berlin, 1981

Wernigeröder Tageblatt. – Wernigerode, 1870 bis 1905

Mit Auskünften und Mitteilungen halfen:

Archiv des Ministeriums für Verkehrswesen der DDR, Berlin
Archiv der Rbd Magdeburg
Kreisarchiv Nordhausen
Kreisarchiv Wernigerode
Kreismuseum Wernigerode
Staatsarchiv Magdeburg, Kreisdirektion Blankenburg (Signaturnummern 3170, 3218, 3250, 3251, 3253, 3258, 3259, 3261, 3262, 3263, 3265, 3266, 3269, 3277, 3314, 3335, 3337, 3338)
sowie ehemalige Eisenbahner der NWE und andere Eisenbahnfreunde, insbesondere die Herren Walter Kirchner (Wernigerode), Rudolf Gallas (Wernigerode), Hans Willig (Wernigerode), Ernst Schrader (Wernigerode), Fritz Schröder (Wernigerode), Willi Wegener (Wernigerode) und Michael Schulze (Berlin).

Ein Personenzug im Bahnhof Elend, Juni 1984.   *Foto: Sprang*

Zugverkehr zwischen Elend und Sorge im Juni 1984. Die Zuglok trägt die Nummer 99 7241.   *Foto: Sprang*

Eingefahren: Personenzug auf dem Haltepunkt Netzkater.   *Foto: Sprang*

Ein Personenzug bei Tiefenbachmühle.

Baureihe 95

208 Seiten – 266 Abb. – 16 Tab. –
1 Faltbeilage
Leinen mit Schutzumschlag 64,00 DM
Bestellangaben: ISBN 3-344-00377-1
567 0008 / Baureihe 95

Der Lebenslauf der „Bergkönigin"

Die „Baureihe 95" umfaßt den vollständigen und sorgfältig recherchierten Lebensweg dieser Tenderlokomotive, ihre spannende Vorgeschichte, ihre konstruktive Vollendung und ihre Leistungen. Neben zahlreichen, bisher unveröffentlichten Bilddokumenten, Betriebsbuch-Auszügen sowie zeichnerischen Darstellungen haben die Autoren großen Wert darauf gelegt, die 95er in ihrem letzten Einsatzgebiet zwischen Saalfeld und Sonneberg vorzustellen, wo sie von Eisenbahnfreunden aus aller Welt beobachtet und „verfolgt" wurde. Das Sachbuch soll angesichts der wenigen noch vorhandenen Museums- und Traditionsloks dieser Baureihe helfen, ein Stück Technikgeschichte zu bewahren. Die besten fotografischen Erinnerungen – wobei der Tenor auf „Eisenbahn in der Landschaft" liegt – umrahmen diese Lokomotivbiographie.